Irenäus Totzke

DIR SINGEN WIR

Gesammelte Schriften

Band 1

Irenäus Totzke

DIR SINGEN WIR

Beiträge zur Musik der Ostkirche

mit einem Geleitwort von
Prof. Dr. Fairy v. Lilienfeld

Gesammelte Schriften
Band 1

EOS - Verlag
1992

Die Deutsche Bibliothek — CIP-Einheitsaufnahme

Totzke, Irenäus:
Gesammelte Schriften / Irenäus Totzke. — St. Ottilien: EOS-Verl.

NE: Totzke, Irenäus: [Sammlung]
Bd. 1. Dir singen wir. Beiträge zur Musik der Ostkirche / mit einem Geleitw. von Fairy v. Lilienfeld. — 1992
ISBN 3-88096-155-7

Umschlagbild: Hl. Romanos der Melode (aus der Diakonstür der Kleinen St.Nikolaus-Kirche der Bendiktinerabtei Niederaltaich)

Umschlaggestaltung: EOS-Verlag, D-8917 St. Ottilien

Druck: EOS-Druckerei, D-8917 St. Ottilien

LUMINOSAE MEMORIAE

PARENTIUM

SACRUM

INHALT

VORWORT

Von 1957 bis heute hat Archimandrit Irenäus Totzke eine Vielzahl von Artikeln und Beiträgen in den verschiedensten Zeitschriften und Büchern publiziert, die alle die Ostkirche, insbesondere in ihrer byzantinischen Form und hier bevorzugt in ihrer russischen Prägung zum Inhalt haben. Immer wieder werden dabei ihre ungebrochene altchristliche Tradition und ihre besondere Spiritualität offenbart. Uns im Westen läßt das die in unserer Überlieferung oft schmerzlich spürbaren Defizite und Verluste wahrnehmen, aber auch die Chancen erkennen, die die ostkirchliche Tradition für uns bietet.

Die für den deutschen Sprachraum überaus bedeutsamen Publikationen von Archimandrit Irenäus über die Ostkirche sollen nicht verlorengehen! Freunde der Abtei Niederaltaich haben es deshalb unternommen, die Beiträge zu sammeln und neu herauszugeben. Ein erster Band wird hiermit vorgelegt.

Dieser Band enthält die wichtigsten Beiträge über die ostkirchliche Musik, die wesentlich liturgischer Gesang ist. Vorangestellt sind Beiträge, in denen der Autor in die kultur- und musikgeschichtlichen Entwicklungen einführt und grundsätzliche Unterschiede zwischen Ost und West aufzeigt. Danach werden die Musiktraditionen der verschiedenen Ostkirchen in ihren Entwicklungslinien beschrieben. Schließlich führen uns einige Auszüge aus den Begleittexten zu Plattenaufnahmen unmittelbar in die Praxis liturgischen Gesanges der verschiedenen Gottesdienste ein. Dies alles macht dem Leser deutlich, daß das musikalische Element im Gottesdienst nicht einfach Ausschmückung ist, sondern stets aus dem Text erwächst, also vom Wesen her Träger des Wortes ist und dadurch zum Träger des Geistes wird.

Die einzelnen Beiträge wurden nicht ihrer Entstehung entsprechend chronologisch, sondern vom Allgemeinen zum Speziellen hin geordnet. Auftretende Wiederholungen waren aus der Entstehung dieser Sammlung heraus nicht zu vermeiden, sie sollten als willkommene Reprise angesehen werden. Ebenso treten unterschiedliche Transkriptionen der slawischen Wörter auf: Einerseits wurden bereits lange eingebürgerte, aber auch die in der Bibliographie vorgegebenen Transkriptionen beibehalten, andererseits wurde wie in der deutschsprachigen Fachliteratur üblich transkribiert. Erwähnt werden muß ferner, daß nicht alle Beiträge die gleiche Faktur haben, da einige für wissenschaftliche Fachzeitschriften, einige für populär-wissenschaftliche Handbücher, einige in Form von Essays oder hinführenden Begleittexten zu Schallplatten erschienen sind.

Es gebührt vielfältiger Dank allen, die an der Herausgabe dieser Sammlung mitgearbeitet haben, vor allem Herrn Prof. Dr. Reinhard Rößler, der in mühevoller Kleinarbeit das Scannen, Bearbeiten und Formatieren der Texte übernahm sowie allen anderen für Schreibarbeiten, das Setzen der Notenbeispiele und das Lektorat. Herzlicher Dank für das Geleitwort gilt auch Frau Prof. Dr. Fairy von Lilienfeld. Dank sei aber auch dem Verlag für Beratung und Druck. Gedankt sei schließlich allen Spendern, die das Erscheinen dieses Buches finanziell ermöglicht haben.

DIR SINGEN WIR! Dieses Buch soll nicht nur informieren. Möge es alle inspirieren, die auf der Suche sind, sowie jene erfüllen und bereichern, die sich der Ostkirche innerlich verbunden fühlen! Möge es nicht nur Augen und Ohren, sondern auch die Herzen öffnen!

Niederaltaich, im Juli 1992

Förderverein für die Byzantinische Kirche in der Abtei Niederaltaich e.V.

ZUM GELEIT

In der Kultur unserer Gegenwart hat es sich immer fester eingebürgert, runder Jahrestage, und damit auch Geburtstage, zu gedenken. Mir scheint, daß dies etwas damit zu tun hat, daß wir so stark das Gefühl haben, vom Strom der sich rasend schnell ändernden Zeit mit- und fortgerissen zu werden. Da scheint es wichtig, innezuhalten und zu bedenken, was war und was bleibt.

Umso eindringlicher wird ein solches Bedürfnis in dem Fall des von vielen von uns verehrten und hochgeschätzten Herrn Archimandriten Irenäus Totzke OSB von der Abtei Niederaltaich, dem seine Freunde zu seinem 60. Geburtstag eine Sammlung seiner Aufsätze und Vorträge vorlegen. Denn nicht nur die Zeit strömt unaufhaltsam dahin, sondern Vater Irenäus ist ein Mensch, der sich verströmt, sich den vielerlei Anforderungen an ihn dahingibt, ohne allzusehr auf bleibende Dokumentierung und Bilanzierung dessen, was er tut, bedacht zu sein. Und so haben seine Freunde und Hörer begonnen zu sammeln und aufzuheben und dem drohenden Dahingeschwemmtwerden im Fluß der Zeit zu wehren. Ein Ergebnis in der Form dieses Bandes liegt hier vor, (des ersten von geplanten zwei). Es sind die Aufsätze von Vater Irenäus, die von Musik und Musikwissenschaft handeln.

Wir hoffen, daß Gott der Herr es Archimandrit Irenäus noch lange vergönnen wird zu wirken, und finden es eigentlich zu früh, seinen Lebenslauf aus abschließender Perspektive darzustellen und sein Werk von daher zu gewichten. Was wir in dieser Einleitung wollen, ist etwas anderes: Wir wollen versuchen, für eine etwas weitere Öffentlichkeit das einmal darzustellen, was wir als die große Eigentümlichkeit und den Wert dieses seines

Wirkens ausmachen und was auch u.A.n. hinter dem vorgelegten Werk mitzusehen ist.

Dabei werden wir im Geleitwort zu diesem ersten Bande nur jene Züge seiner vielfältigen Begabung erwähnen, die mit den hier vorgelegten Arbeiten in engerer Beziehung stehen. Denn Vater Irenäus ist von seinem Schöpfer mit einer ganzen Palette von Gaben ausgestattet worden: Neben dem großen Feld der Musik steht auch das der Musikwissenschaft und der Musikgeschichte; neben der sicher der Musikalität verwandten Gabe des Worts in Dichtung, Predigt und Vortrag und der Einfühlung auch in andere Sprachen, in denen Vater Irenäus anscheinend mühelos zelebriert und die er einfühlsam ins Deutsche überträgt, steht eine Begabung für die scharfe reflektierte Analyse von Texten; neben der Gabe des meditativen Eindringens in die Welt bildgewordener Symbole steht die des Theologen, dem es um die genaue Fassung des Altkirchlichen Dogmas und seine Verständlichmachung für unsere Zeit geht. Man könnte sicher noch fortfahren. Doch eins ist schon aus der bisherigen Aufzählung deutlich: Archimandrit Irenäus ist Wissenschaftler und Künstler zugleich. (Vielleicht wird dies an einem Beispiel besonders deutlich: Archimandrit Irenäus Totzke hat sehr Gewichtiges und Genaues zur Weiterentwicklung und neueren Tendenzen der orthodoxen Kirchenmusik russischer Tradition auf westlichem, also nicht heimatlichem Boden zu sagen und ist selber einer der Komponisten solcher Kirchenmusik.)

Dieses gleichzeitig Dies-und-Das-Sein ist nun etwas, was unsere gegenwärtige Zivilisation einem Menschen als Beruf in der modernen Gesellschaft nicht zugestehen will: Entweder soll er der Wissenschaft in strenger Reflexion dienen, oder er soll aus dem Bronnen intuitiver Schau und lebensvollen Gefühls schöpfender Künstler sein. (Ob ein solches Verständnis von Künstlertum überhaupt richtig ist, lassen wir einmal dahingestellt!)

Deshalb war es wohl ein Glück für Vater Irenäus, daß es sein eigentlicher Beruf - im wörtlichen Sinne als "Berufung" verstanden - war, Mönch zu werden.

Die heute vorsichgehende Rückkehr zu den Quellen des ersten Mönchtums hat uns wiederentdecken lassen, was "Mönch", griechisch: "μοναχός", eigentlich bedeutet: "μονότροπος" sein, wie uns schon der Kirchenhistoriker Euseb von Caesarea (Anfang IV. Jahrhundert) belehrt. Es bedeutet die Hinwendung der ganzen Person allein zu Gott. Diese im Mönchsstand geforderte ganzheitliche Hinwendung, die Monotropie, hat nun paradoxerweise gerade verhindert, daß aus der - wenn wir so sagen dürfen - "Polytropie" der Gaben des Irenäus Totzke etwas zugunsten der Einpassung in unsere Gegenwartskultur gestrichen worden wäre; war er doch als ganzer Mensch von Gott in seinen Dienst genommen. Er konnte alles bleiben, Künstler und Wissenschaftler, ausübender Musiker und Sprachkünstler, Theologe und Historiker, Komponist und Musiktheoretiker.

Doch hatte dies auch zur Folge, daß unsere Öffentlichkeit und die von ihr geprägte Meinung keine Kategorien hat, sein Wirken zu würdigen. Denn er hat, je nach den Anforderungen seines Klosters und der Kirche, diese seine vielfältigen Gaben weitgehend miteinander eingesetzt zum Lobe und zur Erkenntnis des Dreieinigen Gottes, ist aber weniger darauf bedacht gewesen, dieses sein Wirken in nach errungenen Titeln, Veröffentlichungen und anderen objektivierbaren Kriterien meßbare Spezialisten-Leistungen umzusetzen.

Und doch ist Archimandrit Irenäus notwendigerweise auch ein hervorragender Spezialist geworden. Er trat in die Benediktinerabtei Niederaltaich ein, als deren damaliger charismatischer Abt Emmanuel Heufelder erkannt hatte, daß sein Kloster dazu berufen und durch den Eintritt zweier Russen auch begabt sei, dem

Rufe Papst Pius XI. zur Brückenbildung zur Ostkirche hin ganz konkret Folge zu leisten und so das schon vorhandene ökumenische Engagement der Abtei in Bezug auf den katholisch-evangelischen Dialog in entscheidender Weise zu ergänzen.

So trat der junge Irenäus Totzke in Rom in das Collegium Russicum ein und studierte an der Gregorianischen Universität und dem Päpstlichen Orientalischen Institut. Er wurde in München Schüler des hervorragenden Kenners und Erforschers der Musik der Russischen Orthodoxen Kirche, Prof. Ivan von Gardner, der übrigens selber auch Komponist war. Desweiteren studierte er in München Musikwissenschaft bei Prof. Thrasybulos Georgiades, dessen überragende Einsichten in Sprache und Musik als Träger des Geistigen bei Vater Irenäus auf fruchtbarsten Boden fielen.

Und dann war es in Niederaltaich seine Aufgabe, den täglichen und festtäglichen Gottesdienst im byzantinisch-slawischen Ritus in musikalischer Hinsicht aufzubauen und Schritt für Schritt die deutsche Sprache einzuführen.

Vater Irenäus hatte nämlich zusammen mit seinen Oberen und Mitbrüdern deutlich erkannt, daß die päpstlich gewünschte Brückenfunktion nur geleistet werden könnte, wenn dieser Gottesdienst, Stundengebete und eucharistische Liturgie, nach ostkirchlicher Tradition, gemäß eben dieser Tradition in der Landessprache, d.h. in Deutsch, gehalten würden. Damit wendete sich Niederaltaich gegen Praktiken mancher ostkirchlicher Chöre im Westen Europas, die in einer Art musealer Auffassung auch in Italien, Frankreich, Belgien, England und Deutschland griechisch oder kirchenslawisch singen, und zwar in Gottesdiensten nicht für Griechen oder Russen, Serben, Bulgaren, sondern für Italiener, Franzosen, Belgier, Briten und Deutsche.

Gewiß, Vater Irenäus knüpfte an das großartige Übersetzungswerk P. Kilian Kirchhofs OFM "Die Ostkirche betet" an. Aber er gestaltete um, er gestaltete neu, um die deutsche Sprache und den Duktus der ursprünglich mit dem griechischen und dem kirchenslawischen Wort verbundenen Musik zu einer engen organischen Verbindung zu führen. Meiner Überzeugung nach ist ihm das in überzeugender Weise gelungen, gelingt ihm immer weiter. Die Sprach- und Musikbegabung des P. Irenäus Totzke, des heutigen Archimandriten, kam hier zu einem wunderbaren, ökumenisch fruchtbaren Wirkungsfeld. Man vergleiche nur einmal die mehrfach vorhandenen, mehr oder weniger gelehrten Übersetzungen orthodoxer Gottesdienste und Gottesdienstteile, wie sie im deutschen Sprachraum existieren, und ihre Übertragung auf Noten, um die poetisch-musikalische Einheit der byzantinisch-slawischen Gesänge im Niederaltaicher Gebrauch zu würdigen.

Dabei kam dieser Übertragungstätigkeit zugute, daß sie von einem Mönch im Kloster vorgenommen wurde, denn diese Gesänge hatten sich im täglichen gesungenen Gebet zu bewähren. "Papierene" Sprache, mechanisch übertragenes Notenbild, konnten sich da nicht halten. Vater Irenäus hat aus der Erfahrung der ständigen Übung im engen Austausch mit seinen Mitbrüdern der byzantinischen Dekanie der Abtei und der gottesdienstlichen Gemeinde ihrer St. Nikolaus-Kirche, fortwährend an der sprachlichen und musikalischen Vervollkommnung ihrer Kirchengesangspraxis gearbeitet und tut es noch heute. Nie ist er zufrieden, weil er die original-sprachlichen Vorlagen ständig mit im Ohr hat; ständig feilt er weiter. Das gibt dann oft seinen Gesprächspartnern den Eindruck der Unfertigkeit, des Unvollkommenen, wenn sie sich nicht die Zeit nehmen, selber mitzubeten, sich hinhörend und mit dem Herzen - und auch dem Munde - mitsingend von der Schönheit und Angemessenheit dieses

Deutsch zu überzeugen. Viele tausend Notenblätter, die ganze komplizierte Hymnenwelt des orthodoxen Kirchenjahrs umfassend, zeugen von dieser Arbeit, sind also durchaus "quantifizierbar", und doch wird m.A.n. diese Lebensleistung von Archimandrit Irenäus nicht genügend wahrgenommen, selbst bei denen nicht, die ostkirchlichen Traditionen interessiert und offen gegenüberstehen. Es liegt, wie ich glaube, auch mit an Vater Irenäus' eigener Einstellung zu der Unabgeschlossenheit dieses Werks.

Dieser lebendige Prozeß sprachlich-musikalischer liturgischer Gestaltung steht hinter allem, was Vater Irenäus über die Liturgie und Musik der Ostkirchen sagt und schreibt. Dieser Prozeß ist naturgemäß begleitet von immer tieferem Eindringen in die originale Hymnik, ihre Geschichte und ihren Geist.

Wiederum eigentlich entgegen seiner in viele Richtungen drängenden vielfältigen Begabung ist Archimandrit Irenäus darüber zu einem hochspezialisierten Kenner ostkirchlicher Liturgik geworden, dem nur wenige in den Westkirchen an praktischer Kenntnis wie historischer Durchdringung (zugleich - das ist das Wichtige!) das Wasser reichen können. Man würde sich gerne von ihm einen Kommentar über das spät-byzantinisch-frühneuzeitliche orthodoxe Typikon wünschen. Es ist dies das Buch der zusammengefaßten Regeln über die liturgische Gestaltung der Gottesdienste nach Tages-, Jahres- und beweglichem Osterfestkreis, die aber auch viele praktische Vorschriften für liturgische Reinheit und Einhaltung der Fastenzeiten und andere Regeln kirchlicher Lebensführung umfassen. Orthodoxe Praktiker rechnen, daß man mindestens 11 Jahre intensiven liturgischen Lebens am Altar (als Priester, Diakon, Chor-Regent oder treues, das Gotteshaus täglich besuchendes Gemeindeglied) braucht, ehe man im Typikon wirklich zu Hause ist. In Ermangelung eines solchen Kommentars hat der Verfasserin dieser

Zeilen bis jetzt nur eines geholfen: Vater Irenäus anrufen - er hat die absonderlichsten und seltensten Einzelfälle beim Zusammentreffen bestimmter Festtage im Kalender eines bestimmten Jahres in seinem Gedächtnis zur Verfügung wie die Praxis der Kathedralen, Klosterkirchen und Pfarreien in den wichtigsten orthodoxen Landeskirchen. Man würde hoffen, er würde diese Erkenntnisse noch niederschreiben oder diktieren, solange er mit uns weilt,- aber dann müßte er soviel anderes lassen, was er jetzt auch tut, bis hin zur anscheinend "unproduktiven" Kontemplation von Musik aller Zeiten und Gegenden - und darüberhinaus bis zum meditativen Vorstoß ins Objektlose, in der die Kreativität ihre nährenden Wurzeln schlägt.

Denn Musik, das ist denn eben doch Archimandrit Irenäus' "eigentlichstes" Geschäft. Und wieder ist er Spezialist unnachahmlicher Art für die Musik aller Ostkirchen, besonders aber der russischen Orthodoxie. Und wieder kommt ihm die Vielfachbegabung gleichzeitig zunutze und in die Quere. Die Verfasserin dieser Zeilen hat vor Jahrzehnten noch erlebt, wie P. Irenäus "westliche" Komponisten meisterlich auf der Orgel oder dem Cembalo spielte, vom Klavier und der Musik der Klassik und der Romantik gar nicht zu reden. Er hat das, aufgezehrt von der Hingabe an die ostkirchliche Musik, mit der Zeit fallen lassen müssen. (Gelegentliche Freizeit- oder Urlaubsbeschäftigung zählt nicht). Aber die musizierende, ebenso wie die musikwissenschaftliche Kenntnis der abendländischen Musik kommt Vater Irenäus beim Eindringen in die ostkirchliche Musikgeschichte und -praxis außerordentlich zugute.

Denn gerade hier, ganz besonders in der russisch-orthodoxen Kirchenmusik, sind die Brücken zwischen dem christlichen Osten und Westen, die auch die byzantinische Dekanie der Benediktinerabtei Niederaltaich nach kirchlich-klösterlicher Intention bauen soll, längst gebaut.

Die gottesdienstliche Praxis der St. Nikolaus-Kirche macht damit immer wieder ihre Erfahrungen. Doch Archimandrit Irenäus pflegt dort nicht nur die russisch-orthodoxe musikalische Tradition, sondern ganz im Geiste gerade auch der russischen Praxis ertönen dort auch Weisen anderer orthodoxer Traditionen, natürlich vor allem die der "Großkirche" von Konstantinopel. Man sollte hier auch erwähnen, daß im Lauf der Jahrzehnte, sich in St. Nikolaus, so wie in jeder orthodoxen Kathedral-, Pfarr- oder Klosterkirche, seine eigene kirchenmusikalische Praxis bei der Auswahl, Zusammenstellung und festtäglichen Variation der Musik zu den liturgischen Texten des jeweiligen Tages unter der Leitung von Archimandrit Irenäus herausgebildet hat. "So pflegen wir das an diesem Tage zu singen!" Die Mitbeter und Hörer werden so in das eigentümliche Spannungsfeld orthodoxer Kirchenmusik gestellt, die ihre uralten Traditionen nicht vergißt und pflegt und gleichzeitig die Möglichkeit hat, diese Traditionen durch westlich beeinflußte Ausgestaltung und Neukomposition für die Kinder eines anderen Musikempfindens zugänglich zu machen, andererseits auch auf das musikalische Erbe ihrer Schwesterkirchen zurückzugreifen. So wird die eine Orthodoxie in ihrer Einheit - ihren auf dem Worte der Bibel und der Auslegung der Kirchenväter gründenden Hymnentexten - und ihrer Vielfalt - in deren gesungener Gestalt - an diesem einen gottesdienstlichen Orte erlebbar.

Vater Irenäus weiß dieses eigentümliche ostkirchliche Musikgeschehen in seinen Aufsätzen und Vorträgen dem Verständnis der Hörer zu eröffnen. Er hat auch neue interessante Züge des Miteinander von Orient und Okzident in der orthodoxen Kirchenmusik entdeckt. Der Leser dieses Bandes kann sich davon überzeugen.

Aber man irre sich nicht! Es geht Archimandrit Irenäus nicht um irgendeine Wischi-Waschi-Mixtur von kirchlichem "Osten" und "Westen", sondern um die Auffindung des Ostens durch den Westen, um die Liebgewinnung, die nicht anders geschehen kann als durch das Eingehen, das Eindringen in das tiefste Selbst der orthodoxen Kirchen - nach dem russischen Religionsphilosophen und Märtyrer Priester Pavel Florenskij: durch die nur in Liebe mögliche Identifikation - in diesem Fall: mit der Orthodoxie, um dann in einem zweiten Erkenntnis- und Liebesschritt, sich selbst als das Gegenüber, als das "Du" des anderen zu erfahren und sich so in ganz neuem Lichte selbst zu verstehen. (Übrigens, wenn wir Archimandrit Irenäus mit dem muttersprachlichen "Vater" nach ostkirchlicher Weise titulieren, - an sich sagt es überhaupt nichts anderes aus, als das lateinische "Pater"! - dann wollen wir ihm damit zum Ausdruck bringen, daß er uns solch liebende Identifikation mit dem christlichen Osten immer wieder vorlebt.)

Man lese unter solchen Aspekten etwa den Aufsatz "Sakral und profan in der Kirchenmusik" oder "Die frühen Erneuerungsbestrebungen in der russischen Kirchenmusik des XIX. Jahrhunderts".

Uns kam es in diesem Geleitwort darauf an, darauf hinzuweisen, daß diese vorliegenden Arbeiten von Archimandrit Irenäus Totzke in einen größeren dahinströmenden und doch geordneten Zusammenhang gehören, wie die Musik und die Zeit, wie die Musik als gestaltete und immer wieder neu zu gestaltende Zeit. Sie weisen auf ein nichtendenwollendes, nichtendenkönnendes Werk hin: das benediktinische "Opus Dei" des Gotteslobes, auf daß die Eine Heilige, Katholische und Apostolische Kirche, die wir alle im nizänischen Glaubensbekenntnis bekennen, das bleibe und werde, was sie zu Pfingsten war: der Ort, da der Heilige Geist in den vielen Sprachen - Wort-, Musik- und Gestensprachen! - der Völker verschiedenster Erdregionen spricht und die Kirche gerade darin eine sein läßt (vgl. Apostelgeschichte, Kap. 2), so wie es der Westen ausdrückt:

Der Geist des Herrn erfüllt den Erdkreis,
Halleluja, halleluja.
Er, der das All umfängt, kennt jede Sprache,
Halleluja, halleluja.
Ehre sei dem Vater und dem Sohne und dem
Heiligen Geiste
Jetzt und allezeit und von Ewigkeit zu Ewigkeit,
Amen.

Oder wie es der Osten singt:

Als der Höchste herniederfuhr,
verwirrte Er die Sprachen,
zerteilte die Völker.
Nun da Er feurige Zungen austeilt,
ruft Er alle zur Einheit,
einmütig preisen wir deshalb den allheiligen Geist.

Pfingsten 1992

Fairy v. Lilienfeld

Erster Teil

OSTKIRCHE - WESTKIRCHE

1

VERGLEICHENDER ÜBERBLICK*)

Die historisch-kulturellen Grundlagen der "Ostkirche" und der "Westkirche"

Es ist klar, daß es sich weder bei der Ost- noch bei der Westkirche um eine glaubens- oder verfassungsmäßige Einheit handelt. Vielmehr haben wir es sowohl in konfessioneller als auch in jurisdiktioneller Beziehung mit einer Vielfalt von Kirchenkörpern zu tun. Diese gehören außerdem den verschiedensten Kulturkreisen an: Im Westen sind es die verschiedenen Kirchen katholischen und protestantischen Typus, im Osten drei deutlich voneinander verschiedene Konfessionen: die Orthodoxen, die Altorientalen und die Assyrer. Durch Mission, Proselytismus und moderne Wanderungsbewegungen sind inzwischen alle Kirchen in jedem Teil der Erde zu finden. Und dennoch bleibt jenseits der konfessionellen und jurisdiktionellen Gliederung der um- und übergreifende Ausdruck *die* Ostkirche und *die* Westkirche bestehen im Sinne jener alten Welteinteilung, die einst von den Griechen vorgenommen wurde, dann im Jahr 286 unter Kaiser Diokletian politische Formen annahm und - von geringen

---

*) entnommen aus: W. Nyssen / H. J. Schulz / P. Wiertz (Hrsg.), Handbuch der Ostkirchenkunde, Bd. II, Patmos-Verlag Düsseldorf 1989, "Die Musik der altorientalischen Kirchen"

Grenzverschiebungen abgesehen - im Grunde bis heute akzeptiert wird: die Kirchen ost-mittelmeerischer Herkunft einerseits und west-mittelmeerischer Herkunft anderseits sowie alle von diesen jeweils durch Mission gegründeten Kirchen. Unstreitig gibt es eine Art "westlicher" Geisteshaltung, die bis zum heutigen Tag alle Kirchen des europäischen Westens sowie deren Tochterkirchen miteinander verbindet, und ebenso unstreitig trifft dies auch für den Osten zu.

Worin freilich das typisch "Westliche" und das typisch "Östliche" nun besteht, ist weitaus schwieriger zu umschreiben; die Gefahr der Generalisierung ist groß, und zu leicht übersieht man die stets lebendig gewesenen und bis heute lebendigen Wechselbeziehungen und gegenseitigen Beeinflussungen. Und dennoch sagen all jene nichts Falsches, die - wissend, daß es sich um Annäherungen an die Wirklichkeit handelt - auf immer wieder auftauchende Grundhaltungen und Grundeinstellungen hinweisen, die man als typisch betrachten darf. Hierzu zählt etwa, daß der Westen als Ganzes stark an ethischen moralischen, sozialen und juridischen, der Osten mehr an metaphysischen, ontischen, mystischen und liturgischen Bezügen interessiert ist. Beide jeweils nicht im Sinne eines Entweder-Oder (hier haben die Ideologen beider Kirchen in der Vergangenheit zu oft gesündigt), sondern eines Mehr oder Weniger.

Außerdem ist zu beachten, daß beide Kirchenhälften eine verschieden lange Anlaufzeit brauchten um geistig zu sich selbst zu kommen. Das Christentum traf im ost-mediterranen Raum auf mehrere über tausend Jahre alte Kulturen, die bereits auf immense geistige Leistungen hinweisen konnten und deshalb auch von Anfang an dem jungen Christentum ihren je eigenen Stempel aufdrückten: die ägyptische, die syrische und die griechische Kultur, denen sich bald die sehr kleine, aber sehr selbständige armenische hinzugesellte. Im Westen gab es dagegen im Grunde nur eine einzige hochstehende Kultur: die römisch-lateinische. Da sie aber sehr bald anfing, unter den Schlägen anbrandender Barbarenvölker zu zerbröckeln, kam die gesamte westliche Christenheit geistig ins Schlepptau der östlichen, die für etwa 1000 Jahre das Antlitz der Gesamtkirche bestimmte. Im zweiten Jahrtausend dagegen verlagert sich das Schwergewicht der geistigen Entwicklung nach dem Westen, wo sich die politischen Verhältnisse inzwischen stabilisiert haben, wohingegen der Osten nun unter dem Ansturm seiner Barbarenvölker immer mehr zu leiden hat.

Vergleichender Überblick über die Musikgeschichte der Ostkirche und der Westkirche

Für die Musik ist dies insofern von Bedeutung, als sich im ersten Jahrtausend - ohne Zweifel unter dem Einfluß des gesamten Ostens auf den gesamten Westen - eine große Einheitlichkeit der Musik, trotz zahlreicher lokaler "Idiome", darbietet, während im zweiten Jahrtausend die Musik des Westens erst eigentlich zu sich selbst kommt, sich aber auch zugleich vom Osten separiert und der notwendigen Kommunikation mit den Ursprüngen immer mehr entbehrt. Es beginnt für den Westen jene großartige Periode, die für ihn im eigentlichen Sinne erst Musik - d.h. seine Musik - ist, während er alles, was davorliegt, eher als Vorstufe, und alles, was räumlich seitab liegt - etwa Ägypten und Syrien -, als Nebenstufe betrachtet.

Hier wäre übrigens einer der Hauptunterschiede - wenn auch zunächst äußerer Art - zu nennen, der sich dem Auge des heutigen Betrachters der beiden Musikkulturen bietet. Bei beiden haben wir es mit dem Phänomen der Vielfalt in der Einheit zu tun. Im Westen ist diese Vielfalt aber im Zeitablauf hintereinander in Form von Epochen, Perioden und Stilen entstanden, während sie im Osten das Ergebnis einer räumlichen Entfaltung nebeneinander ist. Umgekehrt ist im Westen eine große Einheitlichkeit hinsichtlich des Raumes zu beobachten: Geistige Entwicklungen, die Umbrüche der künstlerischen Technik zur Folge haben, breiten sich schnell von Ort zu Ort und von Land zu Land aus, während im Osten die von Anfang an herrschenden, starken lokalen "Idiome" konstant bleiben und sich bis zum heutigen Tag nicht miteinander vermischt haben. Dies wiederum hängt mit der Bedeutung der Sprache zusammen. Die Selbständigkeit der ostmediterranen Kulturen erlaubte nicht die Bildung irgendeiner für alle verbindlichen "Kultsprache", vielmehr wurde von Anfang an ägyptisch, syrisch und griechisch gedacht, geschrieben und - gesungen. Mag auch im Ausklang des Hellenismus die griechische Sprache bis etwa ins V. Jahrhundert hinein eine gewisse Präponderanz innegehabt haben, die ägyptische und die syrische Sprache waren deswegen nicht untergegangen; und auch die Gebildeten, die sich der griechischen Sprache bedienten - das zeigen jetzt in steigendem Maße Untersuchungen, die anläßlich des orthodox-altorientalischen dogmatischen Gesprächs angestellt werden -, dachten nach den Denkmustern ihrer angestammten Kultur; und wenn sie so dachten, ist nicht daran zu zweifeln, daß sie auch so fühlten - und so sangen. Vollends aber seit dem V. Jahrhundert, da der Hellenismus zu Ende geht, sich das frühbyzantinische Bewußtsein herauskristallisiert und Ägypten und Syrien (zusammen mit Äthiopien und Armenien) die Verbindung zum Römischen Reich und zu dessen Kirche dogmatisch lösen, kommt es zu einem Aufschwung der syrischen und ägyptischen (bald "koptisch" genannten) Kultur, und sie schaffen sich nun in besonders bewußter Weise ihre ihnen je eigenen Musikkulturen, die bis zum heutigen Tag so gut wie unverändert bestehen. Alle drei Kulturen - griechisch, syrisch und ägyptisch - sind "östlich", haben eine gewisse, sie alle drei verbindende Grundhaltung. die man mystisch nennen könnte, haben aber zugleich ihre eigene Färbung, Ausprägung, Eigenart, ihr "Idiom".

Mit dem Westen hat der Osten gemeinsam, daß im gesamten ersten Jahrtausend nur die Musik der Kirche im eigentlichen Sinn Musik, d.h. Geistträger ist. Der Westen beginnt ab dem XVII. Jahrhundert, paraliturgische Musik in und neben der Kirche, also etwa Kirchenlieder und religiöse Spielmusiken, zu entwickeln. Der Osten kennt den Ansatz zu solchen "Mysterienspielen" auch, hat ihn aber nicht weiter entwickelt, sondern eher bekämpft. (Die letzten Spiele dieser Art wurden in Rußland im XVII. Jahrhundert verboten; neuerdings versucht man aber, sie in Griechenland wieder zu beleben.) Zur Bildung von Kirchenliedern im eigentlichen Sinn kam es nicht, da die östlichen Liturgien dergleichen nicht nötig haben, doch sind "Geistliche Lieder" außerhalb der Kirche seit Jahrhunderten bekannt.

Im Westen kommt es während der Renaissance zu starken soziologischen Verschiebungen, die sich musikalisch u.a. darin äußern, daß sich neben der Liturgie der Kirche eine Art Liturgie des Staates, nämlich Oper und Höfisches Fest, als Öffentlich-Verbindliches etablieren. Dieser Entwicklung folgt der Osten nur sehr zögernd. Der einzige Staat, der hierfür in Frage kam, war - nach dem Untergang des Römischen Reiches - Rußland. Hier läßt sich in der Tat seit dem XVII. Jahrhundert die Herausbildung einer Art Staatsliturgie beobachten, doch steht sie etwa zweihundert Jahre lang unter stärkstem westlichen Einfluß; Italiener und Deutsche bestimmen den Charakter der inszenierten Theateraufführungen und Höfischen Feste.

Doch zurück zum ersten Jahrtausend. Zur Eigenart aller Ostkirchen gehört es, daß sie die Liturgie (in all ihren Erscheinungsformen, vor allem aber: Eucharistie, Vesper und Matutin) als

Zentralplatz ihrer geistig-seelischen Erfahrung, insbesondere aber ihrer geistig-seelischen Inspiration sehen.

Alles Handeln der Kirche - und des einzelnen Gläubigen - hat in der Liturgie seinen Ursprung. Hier ist der eigentliche Platz der Begegnung mit dem Erlöser, hier wird dessen tägliche Wiederkunft erfahren, hier hört man sein Wort, vernimmt seine Anweisungen, hier erfolgt die Antwort auf seinen Anruf hier wird seiner "Doxa" unser "Doxa Si, Kyrie" reflektierend (zurückleuchtend) entgegengerufen. (Nur im Lateinischen kann dies richtig wiedergegeben werden: Seiner auf uns in der Liturgie herabstrahlenden "Gloria" ["Herrlichkeit"] rufen wir unser "Gloria tibi, Domine" ["Ehre sei dir, o Herr"] reflektierend entgegen.)

Die konstante Pflege dieser Erfahrung hatte nicht nur zur Folge, daß die Musik aller Ostkirchen rein liturgisch (bis heute) geblieben ist, sondern auch, daß sich etwas von dieser "Doxa", von dieser empfangenen und reflektierten "Herrlichkeit" in ihr verspüren läßt.

Dies wird durch zwei Tatsachen unterstützt: durch die Sprache und durch den hymnischen Charakter der vorgetragenen liturgischen Werke, die beide, Sprache und Hymnus, dem gesamten ostkirchlichen Gottesdienst - und damit seiner Musik - eine Direktheit verleihen, wie sie der westliche Gottesdienst anderthalb Jahrtausende nicht gekannt hat und die erst die Kirchen der Reformation mühselig zu erringen versuchten (hier allerdings meist auf Kosten des Liturgischen, d.h. des Objektiven, Umfassenden, Gemeindlichen; erreicht wurde sie auf dem Umweg über das Subjektive, Personale, Individuelle; nur die Anglikanische Kirche scheint eine Art authentischer westlicher Liturgie hervorgebracht zu haben).

Die Sprache: Jede der drei großen genannten östlichen Kulturen feierte den Gottesdienst in ihrer Sprache. Durch Mission wurden sehr früh neue Völker hinzugewonnen, für sie wurden als erstes Liturgie und Evangelium übersetzt. Waren die Sprachen dieser Völker noch nicht literaturfähig, so wurden sie es anhand dieser Übersetzungen. Das war etwa im frühen V. Jahrhundert bei Armeniern und Georgiern der Fall, ein Jahrhundert zuvor schon bei den Äthiopiern. Die drei großen Kirchen kreierten aus ihrer Sprache je eine eigene Musik und gaben sie an ihre Tochterkirchen weiter, die sie sofort mittels ihrer eigenen Liturgiesprache adaptierten und amalgamierten. Selbst wenn aus Gründen der Pietät hier und da einige Formeln aus der Sprache der Mutterkirche oder gar aus der bei diesen (allen dreien) ursprünglich verwendeten griechischen Sprache übrigblieben, übte dies doch keine Wirkung auf die Gesamthaltung der Zelebranten und der Gläubigen aus; vielmehr führte die allen verständliche Sprache dazu, daß die Gottesdienste mit einem Höchstmaß an innerer Beteiligung gefeiert wurden (und gefeiert werden). Selbst wenn es an vielen Orten im Lauf der Jahrhunderte zu einer großen Dekadenz des Gemeindegesangs kam, so daß die Gesangsteile des Volkes nun dem Chor zufielen - der ursprünglich eine unabhängige dritte Funktion zwischen Zelebranten und Volk hatte (und hat) -, so wurde die Gemeinde dadurch keineswegs von der Feier ausgeschlossen; denn nun - und hiervon kann man sich bis heute in östlichen Kirchen überzeugen - ging die Gemeinde ganz und gar nach innen und folgte (und folgt) dem Gottesdienst mit: innerer Aktivität: schauend und meditierend. An der Direktheit des Vollzugs hat sich auf keiner Seite, weder auf der der Zelebranten noch auf der des Volkes, etwas geändert.

Das Hymnische: Aller christliche Gottesdienst ist von Anfang an in seinem Grundcharakter hymnisch, d.h. in erhobener Geistesverfassung das gefeierte Mysterium direkt an- und aussprechend. Dies war etwa 200 Jahre lang seit Erscheinen der ersten

Christengemeinden der Fall. Schon der Gottesdienst der Synagoge (und des Tempels) war im wesentlichen hymnisch strukturiert. (Der Gottesdienst der Synagoge ist es bis heute geblieben.) Psalmen wurden nur in beschränkter Auswahl, und dann auf das jeweilige Fest hin interpretiert, verwendet. Dann aber kam es zu den bekannten furchtbaren Auseinandersetzungen mit dem Gnostizismus, ein Kampf, der besonders mit dem literarisch-musikalischen Mittel des Hymnus ausgefochten wurde. Um das Eindringen gnostizistischen Gedankengutes zu verhindern, sprachen sich fast alle Kirchen gegen die weitere Verwendung von Hymnen aus. Statt dessen bot das gerade im Entstehen begriffene Mönchtum in Ägypten und Syrien das Liederbuch des Alten Testaments, den Psalter, als Grundlage auch des christlichen Betens und Singens an. Während nun die Westkirche im Grunde bis heute auf dieser Stufe stehenblieb - ihr Stundengebet ist im wesentlichen aus Psalmen aufgebaut -, kehrten die Ostkirchen nach Abklingen der Auseinandersetzungen mit den Gnostikern und vor allem nach dem Verschwinden der gnostizistischen Gemeinden zum Hymnus zurück. Nicht in dem Sinn, daß sie ihn an die Stelle des Psalms gesetzt hätten, sondern indem sie diesen versweise mit - im Westen Antiphonen, im Osten Stichiren oder anders genannten - Hymnenstrophen interkalierten. (Nur in der syrischen Kirche kam es zu einer fast vollständigen Wiederersetzung des Psalters durch das Hymnar.)

Psalm und Hymnus unterscheiden sich in ihrem Charakter wesentlich voneinander. Da der Psalm aus vor-christlicher Zeit, wenn auch aus dem auserwählten Volke, stammt, ist er für Christen eigentlich nur bedingt betbar. Nur Zeilen allgemein preisenden oder bittenden Inhalts können ohne weiteres, und vor allem: ausfüllenderweise, von einem Christen gesungen werden. Wo aber bringt er seine ihm ureigenen Mysterien unter? Wo sind Christi Leben, Tod und Auferstehung? Dies führte zur Bildung zweier theologischer Schulen, die sich speziell mit der Psalter-Interpretation, das heißt in diesem Fall mit seiner christlichen Umdeutung, befaßten. Die eine hatte ihren Sitz in Alexandrien, die andere in Antiochien. Die erste war mehr historisch-moralisch, die zweite allegorisch-mystisch im Ansatz. Obwohl beide Schulen sich bemühten, das Psalmenbeten für Christen fruchtbar zu machen, konnten sie doch nicht verhindern, daß wegen fortdauernder Uminterpretation das Psalmengebet zu einem "gebrochenen", d.h. indirekten, Gebet wurde. Dies war (und ist, denn beide Schulen stehen bis heute in hohem Ansehen) besonders bei der antiochenischen Methode der Fall, die den Sprung vom historischen Psalmensänger David zum heutigen Beter viel schwerer werden läßt, als das bei der allegorischen alexandrinischen Methode der Fall ist, die von vornherein annimmt, es handle sich bei allen Psalmen um ein mystisches Gespräch zwischen Mensch und Gott. Freilich muß sie dann bei allen eindeutig auf die historische Situation der Davidszeit gemünzten Stellen dem Psalter interpretativ Gewalt antun und in ihn etwas hineinlesen, was sehr wahrscheinlich zu Davids Zeiten nicht gemeint war. Das Ungenügen am Psalmenbeten also führte hauptsächlich zur Wiederbelebung der Hymnendichtung. Diese wurde neben die Psalmen gestellt, färbte aber von ihrer eigenen direkt an- und aussingenden - eben hymnischen - Grundhaltung den ganzen Gottesdienst ein.

Sprache und Hymnus also sind es, die den Gottesdienst in all seinen Formen in allen Ostkirchen bestimmen. Es ist bekannt, daß dies im Westen nicht so der Fall ist. Hier war eine Sprache maßgebend, die schon sehr bald eine bloße Sprache der Gelehrten war, außerdem bestimmte der Psalm Struktur und Charakter des Stundengebets - beides Fakten, die eher das indirekte als das direkte Beten begünstigten. Wohl erreichte die katholische Liturgie - durch Anleihen beim höfischen Fest - im XVIII. Jahrhundert eine Musiksprache, die alle gleichermaßen ansprach: Zelebranten und Volk (und dies in seinen gelehrten und ungelehrten Teilen), so daß letzteres sich in der Liturgie nicht nur an-, sondern auch ausgesprochen und damit im Sinne eines hohen Zu-Hause-Seins aufgehoben fühlte - doch waren ihm inzwischen die Zeremonien am Altar unverständlich geworden, deren Sprache es ohnehin nie verstanden hatte.

2

UNSERE VERPFLICHTUNGEN GEGENÜBER DER OSTKIRCHLICHEN MUSIK[*)]

Das mir gestellte Thema ist nicht leicht zu behandeln. Die ihm innewohnende Schwierigkeit ergibt sich aus den verschiedenartigen Aspekten, unter denen wir die Ostkirchen betrachten können. Zur grundsätzlichen Klärung möchte ich vorausschicken, daß die in der westlichen Literatur immer wieder zitierte Ostkirche in gar keiner Hinsicht eine einheitliche Größe darstellt, vielmehr haben wir es mit einer konfessionell-rituell und jurisdiktionell mannigfach gestalteten Pluralität zu tun. Hinsichtlich der Konfession begegnen wir den Orthodoxen, den Monophysiten und Nestorianern. Hinsichtlich des Ritus unterscheiden wir fünf Hauptgruppen mit zahlreichen Spielarten. Hinsichtlich der Jurisdiktion schließlich haben wir es mit den verschiedenen unabhängigen Patriarchaten, Metropolien und Erzbistümern zu tun.

Neben diesen drei Aspekten, unter denen das östliche Christentum betrachtet werden kann (dem konfessionellen, rituellen und jurisdiktionellen), gibt es einen vierten, und der scheint mir

---

[*)] entnommen aus: J. Overrath (Hrsg.), IV. Internationaler Kongreß für Kirchenmusik 1961, Dokumente und Berichte, Schriftenreihe des Allgemeinen Cäcilien-Verbandes 1962, Bd. 4, Bachem-Verlag Köln 1962

für unser Thema der wichtigste: die Unterscheidung zwischen unierten und nicht unierten Orientalen.

Zwischen den Konfessionen der Orthodoxen, Monophysiten und Nestorianer und Rom besteht keine eucharistische Gemeinschaft. Einige Gruppen von Ost-Christen unternahmen aber im Lauf der Jahrhunderte und unter verschiedenartigsten Umständen diesen Schritt und stellten Kommuniongemeinschaften zwischen sich und Rom her. Man nennt sie die "Unierten". Sie werden der katholischen Kirche beigezählt, erkennen den Papst als Oberhaupt der Gesamtkirche an und haben ihre orientalischen Eigenheiten, leider allerdings nur zum mehr oder weniger geringen Teil, bewahren können.

Diesen Unierten gegenüber haben wir, die Angehörigen der abendländischen Kirche, eine ungeheure Verantwortung. Wir sind aufgerufen, nicht nur zu verhindern, daß sie der völligen Verwestlichung und Entwurzelung anheimfallen, sondern mitzuwirken, daß sie ihre angestammten orientalischen Traditionen behalten und pflegen.

Dies darf indessen nicht den Charakter von Museumspflege annehmen. Es geht nicht darum, etwas zu erhalten, weil es alt ist, vielmehr wohnt diesem Bemühen ein zutiefst theologischer Beweggrund inne: Christus hat seine Kirche wohl in der Einheit der Lehre, nicht aber in der Einförmigkeit der Lebensformen (Riten) gewollt.

Zu diesen Lebensformen gehört die Liturgie, und ein nicht wegzudenkender, integrierender Bestandteil von ihr ist die Musik. Wir haben es heute mit Auge und Ohr beim Pontifikalamt im Kölner Dom wahrnehmen können, wie sehr liturgische Handlung und Musik in den orientalischen Kulturen miteinander verwoben sind. Ohne die Musik ist eine solche Liturgie schlechthin nicht vorstellbar. Wie kaum ein anderes Kommunikationsmittel ist sie aber geeignet, den Orient in einer uns verständlichen Sprache sprechen zu lassen. Und indem wir diese Musik anhören und den Klang der orientalischen Sprache vernehmen, kommen wir selbst dem Osten näher, lernen ihn kennen und lieben. Und indem wir ihn kennen und lieben lernen, nehmen wir ihm gegenüber eine andere Haltung als vorher ein, die oft genug von Mißtrauen, wenn nicht gar heimlicher Verachtung geprägt war. Da wir an der Liturgie einer mit Rom nicht in voller Gemeinschaft stehenden Glaubensgemeinschaft nicht in vollem Umfang - leider noch nicht, wir gehen der Einheit ja erst entgegen! - teilnehmen können, müssen wir dankbar sein, wenn sich uns solche Möglichkeiten in einem Gottesdienst der Unierten ergeben.

Aus dem bisher Gesagten leuchtet schon hervor, welch einen eminent ökumenischen Aspekt unsere Verpflichtung gegenüber der ostkirchlichen Musik enthält.

Unsere Verpflichtungen gegenüber der Musik der Nicht-Unierten, die wir hier einfach Orthodoxe nennen wollen, gleich ob sie nun chalcedonensisch oder nicht-chalcedonensisch sind, sind daher noch größer und bedeutender. Unsere Verpflichtung beginnt bei der Musik der Unierten, sie vollendet sich aber erst an der Musik der Orthodoxen.

An der Liturgie der Orthodoxen, die im Gegensatz zu den Unierten die reine, von westlichen Einflüssen unberührt gebliebene östliche Tradition des Christentums darstellt, erkennen wir erst, was wir selbst, die abendländischen Christen, bei einer künftigen Einigung zwischen Orient und Okzident gewinnen werden. Denn es ist wahrlich nicht so, als ob die einen sich getrennt und alles dabei verloren, die anderen geblieben und alles behalten hätten. Gerade beim Großen Schisma von 1054 erkennen wir schmerzlich, daß es weniger dogmatische als vielmehr Traditionsverschiedenheiten waren, die zur Trennung führten. Nach dem Schisma ging dem Westen die östliche, dem Osten die westliche Tradition verloren.

An der Liturgie wird diese Verschiedenheit der Tradition besonders deutlich. Wir erkennen, wie dem Westen das kosmische Verständnis jeder liturgischen Ordnung verlorengegangen ist, wie der Osten den kerygmatischen Charakter der Liturgie besser bewahrt hat, wie Liturgie und Offizium bei ihm eng miteinander verwandt sind (sowohl hinsichtlich der äußeren Gestaltung als auch der pastoralen Wertung), wie Gebet und Offizium und nicht zuletzt Gebet und Musik eine lebendige Einheit darstellen. Die Musik fehlt bei keinem Gottesdienst, gleich, ob es sich um Messe oder Offizium handelt. Die Komponisten der Musica Sacra, namentlich in der russischen Kirche, wetteifern darin, großartige Werke sowohl für das eine wie für das andere zu schreiben, und es kennzeichnet das orthodoxe Verständnis vom Göttlichen Offizium, wenn zwei der bedeutendsten von ihnen, nämlich Tschajkovskij und Rachmaninov, als kirchenmusikalische Hauptwerke nicht feierliche Messen, sondern feierliche Offizia schrieben.

Deshalb ist es begrüßenswert, wenn sich im Westen Chöre der Pflege echter östlicher Kirchenmusik widmen. Der einzige Wunsch, den wir bei solchen Bemühungen haben, ist der nach Authentizität. Gewiß klingt oftmals unserem Ohr eine Musik angenehmer, wenn sie nach westlichem Vorbild geschaffen wurde. Wir betrügen uns aber damit nur selbst. Der Geist des Ostens spricht durch eine solche Musik nicht zu uns, vielmehr nur der Geist, den wir begreifen. Heute morgen hörten wir zwei Musterbeispiele: den bewunderungswürdigen Johannes-Damascenus-Chor aus Essen und den mustergültigen Chor der Heilig-Geist-Missionare aus Knechtsteden. Diese Musik war authentisch, durch sie vernahmen wir den Geist des christlichen

Ostens, erfuhren eine Ahnung von der großen, unserem eigenen Bewußtsein längst entschwundenen orientalischen Tradition. Mögen diese und ähnliche Chorvereinigungen in ihrer bisherigen Weise fortfahren, uns die orientalische Liturgie und durch sie den ganzen Orient näherzubringen.

So leistet die östliche Kirchenmusik einen entscheidenden Beitrag zur Annäherung der Kirchen. Damit sie diesen Beitrag leisten kann, sind wir aufgerufen, uns mit ihr zu beschäftigen, sie zu pflegen, in ihren Geist einzudringen.

So hilft sie mit, uns dem näherzubringen, worauf die Christen aller Konfessionen hoffen, wenn sie den Satz des Symbolums sprechen:

"Is Mian, Agian, Katholikin kai Apostolikin Ekklisian!"

"Ich glaube an die Eine, Heilige, Katholische und Apostolische Kirche!"

LITURGISCHE MUSIK DER OSTKIRCHE*)

Ein Gespräch des Schriftleiters von Musica Sacra mit Archimandrit Irenäus Totzke

Mehr und mehr liest und hört man von Schallplatteneinspielungen und Dokumentationen liturgischer Musiken der Ostkirche, ökumenische Gottesdienste und Gottesdienste im byzantinischen oder russisch orthodoxen Ritus werden angekündigt und an vielen Orten durchgeführt. Voll Begeisterung wird danach häufig von den diese oft auch zeitlich recht ausgedehnten Zeremonien erlebt Habenden berichtet, andere machen sich Gedanken über Art und Weise, besonders auch der musikalischen Gestaltung, besonders auch in deutscher Sprache. Musica Sacra hat in Heft 5/1981 mehrere Schallplatten dieser Art vorgestellt. Aus all den Überlegungen entstand der Plan, in einem Gespräch mit einer kompetenten Persönlichkeit Näheres über die Musik der Ostkirche zu erfahren. Der in der Benediktinerabtei Niederaltaich lebende und dort im Ökumenischen Institut tätige Archimandrit Irenäus Totzke hat sich zu diesem Gespräch bereiterklärt, wofür ihm Musica Sacra sehr herzlich dankt.

---

*) entnommen aus: Musica Sacra, Zeitschrift des Allgemeinen Cäcilienverbandes für die Länder der deutschen Sprache, 102. Jahrgang - Heft 5 September/Oktober 1982

Zu Beginn des Gespräches, das ich am 10. August mit Archimandrit Irenäus führen konnte, gab er seiner Freude darüber Ausdruck, daß nun auch vom Allgemeinen Cäcilienverband ein Echo auf die Musik der Ostkirche und die diesbezügliche Arbeit komme, was lange nicht der Fall gewesen sei, "was natürlich musikhistorisch zu erklären und verständlich ist", wie er sagte, und fuhr dann fort, "aber gerade mit den Zunftmusikern, sei es auf evangelischem oder katholischem Gebiet, war am wenigsten ein Dialog möglich, weil ihnen meistens doch die Voraussetzungen fehlen, die orthodoxe Musik richtig zu beurteilen. Sie hören natürlich das, was verwandt zum Eigenen klingt, das andere, was außerdem noch da ist, das hören sie nicht. Infolgedessen kommt es dann zu sehr einseitigen Beurteilungen der orthodoxen Musik, namentlich der russischen, die ja zwischen den beiden Kulturen steht. So hat es mit den Cäcilianern immer am Dialog gehapert, um nicht zu sagen, daß es sogar zu geradezu feindlichen Gegenüberstellungen und Abwertungen gekommen ist, was zu vertiefen die Freude über dieses Gespräch verbietet."

MS: Wenn heute vom ökumenischen Dialog mit der Ostkirche die Rede ist, welche Kirchen sind da gemeint? Reicht es zu sagen, es gehe um die Orthodoxie und den Katholizismus, oder muß dabei mehr differenziert werden?

T: Ja. Natürlich gibt es im Osten mehrere Konfessionen, d.h. drei große Konfessionen: die Nestorianer, die Altorientalen und die Orthodoxen. Ich glaube aber gleich sagen zu können, daß im ökumenischen Dialog für die westlichen Christen, also für die evangelischen sowohl wie für die katholischen, am ehesten die Orthodoxie in Frage kommt, zumindest schon deswegen, weil sie die größte der östlichen Kirchen ist. Es gibt etwa zwischen 150 und 200 Millionen Orthodoxe. Die Altorientalen - das sind die Kopten, die Syrer, die Armenier, die Äthiopier und ein Teil der Thomas-Christen - sind zusammen vielleicht 20 Millionen. Sie wohnen aber in Vorderasien, Afrika und Asien, also weit entfernt, und die Nestorianer sind heute eine kleine Gruppe von, wenn es hoch kommt, 200 Tausend Gläubigen, was ökumenisch kaum ins Gewicht fällt. Der große Partner für uns West-Christen ist die orthodoxe Kirche mit ihren 150 bis 200 Millionen. Die Zahl ist deshalb so ungenau, weil in den Ostblockstaaten keine Kirchenlisten geführt werden dürfen. Man kann also nur zwischen einem Minimum und einem Maximum ansetzen, und das sind eben diese 150 bis 200 Millionen. Man kann also durchaus sagen: es geht für unsere Frage um Orthodoxie und Katholizismus.

MS: Welche dieser Kirchen sind dabei für den deutschsprachigen Raum von besonderer Bedeutung? Spielt dabei die Emigration und die Fremdarbeitersituation eine Rolle?

T: In der Tat. Die orthodoxe Kirche, d.h. sogar das gesamte östliche Christentum ist von Anfang an landeskirchlich organisiert. Es hat infolgedessen eine viel größere kulturelle Vielfalt hervorgebracht als der Westen. Der Westen hat diese kulturelle Vielfalt natürlich auch, aber er hat sie durch die Unterscheidung der einzelnen zeitlichen Epochen, also Renaissance, Barock und Moderne; diese bilden einen viel größeren Unterschied, als sich solche Zeitunterschiede im Osten feststellen lassen, wo die Kontinuität viel größer ist. Dort ist aber eine ungeheuere lokale Vielfalt zu verzeichnen. Ägyptische Musik unterscheidet sich fundamental von syrischer, syrische von griechischer usf. Und innerhalb der orthodoxen Kirche haben wir es ebenfalls mit einer Vielfalt von Landeskirchen zu tun. Nicht nur, daß sich die einzelnen Landeskirchen autonom verwalten - das würde ja noch keine kulturelle Vielfalt bedeuten -, daß sie also ihre eigenen Patriarchate bilden, sondern das interessante ist eben der Umstand, daß sie dadurch, daß die Mission von Anfang an immer die Landessprache eingesetzt hat, im Laufe der Jahrhunderte ihre Liturgien in der Landessprache, also sprachgezeugt, entwickelt haben. Infolgedessen hat sich 30, 40 oder 50 Jahre nach der Missionierung eines Landes, sagen wir Bulgarien, Serbien oder Rußland, eine Liturgie und eine liturgisch-musikalische Sprache, sprich Kirchenmusik, gebildet, die eben sehr voneinander differieren.

Und für Deutschland spielt nun tatsächlich die Emigration eine Rolle. Wir unterscheiden drei russische Emigrationen: eine nach dem 1. Weltkrieg, eine nach dem 2. Weltkrieg, und jetzt die vielen Ausweisungen aus der Sowjetunion; sie sind so zahlreich, daß wir von einer dritten Emigration sprechen können. Für uns kommen also in Deutschland in Frage: die russische Tradition, aber auch die griechische und vielleicht auch die serbische Tradition. Denn wir haben es durch die Gastarbeitereinwanderung mit einer weiteren starken Quantität zu tun, nämlich mit 400 Tausend Griechen und 150 Tausend Serben. Das sind nicht mehr zu übersehende Größen, so daß man sagen kann: Alle Orthodoxen zusammen sind in Deutschland eine halbe Million, sprachlich verteilt auf Russen, Griechen und Serben. Die also kommen für die Begegnung in Deutschland am ehesten in Frage.

MS: Welchen Stellenwert hat die Kirchenmusik in der Liturgie der Ostkirche? Bedeutet sie mehr als das, was vor- oder nachkonziliar in der katholischen Kirche mit "integrierender Bestandteil" bezeichnet wird?

T: Ich wage keine definitive Antwort zu geben. Mindestens bedeutet sie genau so viel, vielleicht mehr. Auf orthodoxer Seite wird die Rolle der Kirchenmusik etwa dadurch umschrieben, daß man sagt: sie ist ein untrennbarer Bestandteil des Gottesdienstes. Charakteristisch scheint mir auch zu sein, daß sämtliche östlichen Liturgien überhaupt nur in gesungener Form vorhanden sind, daß gesprochene Liturgie, die sogenannte stille Messe, aber auch eine Liturgia recitata unvorstellbar sind. Das wäre kein Gottesdienst. Vielleicht im Gefängnis oder in den Katakomben möglich, aber sobald die Kirche sich normal organisieren kann, ist sie ohne Gesang überhaupt nicht denkbar. In Rußland wurde bis ins XVII. Jahrhundert unter dem Wort "Gesang" überhaupt nur der Gottesdienst verstanden. Man sagte etwa am Sonntagvormittag: "Jetzt gehen wir zum Gesang", und man meinte den Gottesdienst.

MS: Heißt das, daß solche Gottesdienste wegen dieser gesungenen Feierlichkeit nicht so häufig stattfinden, vielleicht nur in großen Gemeinden und Klöstern?

T: An sich findet doch täglich Gottesdienst statt, zumindest aber, etwa in der Diaspora, an allen Sonn- und Feiertagen; nicht immer mit großem Chor, sondern mit Kantoren- oder Volksgesang oder gemischt. Zwei, drei Kantoren vorne leiten dann die Sache und achten darauf, daß es richtig weitergeht, und das Volk singt mit.

MS: Das Volk kennt also die gesungenen Dialoge oder das, was ihm zukommt?

T: Ja natürlich. Es ist eine Art von Ordinarium, ein Grundstock von Gesängen, die jeder kennt, die man auch früher in der Schule lernte!

MS: Entspricht das in etwa dem früheren Zustand in der katholischen Kirche, wo man vielerorts einige der Choral-Ordinarien auswendig kannte oder zumindest nach dem Gesangbuch eifrig mitsang?

T: Genau das ist auch in der Orthodoxie der Fall, aber ich muß hinzufügen: die einzelnen Länder sind unterschiedlich strukturiert, und wir haben es auch hier, ähnlich wie in der katholischen

Kirche, mit Hochglanz- und Dekadenzperioden zu tun. Es hat Zeiten gegeben, in denen der Volksgesang blühte, und es hat Zeiten gegeben, in denen die Chöre alles an sich gerissen haben und das Volk zum Schweigen verdammt war. Das ist das Auf und Ab in der Geschichte. Als Ideal aber muß für die Orthodoxie immer betrachtet werden eine Dreiteilung der Liturgie, der liturgischen Akteure: Zelebrant, Volk und Chor. Volk allein würde nicht genügen. Schon von der antiken Auffassung her, daß der Chor der Artikulator des Volkes und der Seele ist, hat der Chor integrierender Bestandteil zu sein. Er ist der dritte notwendige Partner in der Liturgie. Außerdem garantiert er durch die Auswahl der Stücke und deren Intonation (es gibt ja keine Orgel!), auf Seiten des Volkes den Fortgang der Liturgie. Ein Wort zum dialogischen Charakter der Liturgie in der Ostkirche: Da gibt es vielleicht einen Unterschied. Während man in der westlichen und namentlich in der katholischen Liturgie große, blockhaft auskomponierte Teile kennt- sie sind vom Text her gesehen wahrscheinlich erst durch die Komposition zu solcher Blockhaftigkeit gewachsen - ist es in der Ostkirche nicht zu solch ausladenden Kompositionen gekommen, sicherlich auch deswegen, weil man gemeint hat, der Gottesdienst würde dadurch aufgehalten. Man komponiert seit dem XVII. Jahrhundert zwar auch mit Textwiederholungen, aber im Grunde doch immer syllabisch. Nur zu lyrisch-meditativen Höhepunkten der Liturgie, Höhepunkten anbetenden Charakters - etwa zu den feierlichen theophorischen Einzügen oder zur Wandlung - werden meslismatische Kompositionen verwendet; dies übrigens schon seit den ältesten Zeiten, nicht erst seit Einführung der Mehrstimmigkeit. Wegen der vielen Responsorien und kurzen Verse aber hat der östliche Gottesdienst in der Tat einen stark dialogischen Charakter. Es gibt nicht diese großen Teile, bei denen der Gläubige sich hinsetzt und den Eindruck gewinnt, er habe nichts zu tun.

MS: Könnte man darin vielleicht eine Parallele zum Schmuck des Gotteshauses sehen? Ich meine den architektonischen oder den Bilderschmuck, der von der romanischen Strenge bis zur Ausuferung im Rokoko gehen kann, und, wie mir scheint, im Gegensatz steht zu der Ikonenwand in der Ostkirche, wobei dann die Ikone mit der unmittelbaren Aussage des Wortes gleichzusetzen wäre.

T: Ich glaube, wir kommen der Sache noch näher, wenn wir den Begriff des Ornamentes einführen. Das Ornament hatte ursprünglich eine dienende Rolle. Im Barock und namentlich im Rokoko aber wird das Ornament verselbständigt. Das ist im Osten nie der Fall. Das Ornament bleibt ein kleiner dienender Bestandteil. Die Ikone dagegen ist nicht Ornament oder Ausschmückung, die Ikone ist Verkündigung

MS: Ist bei dem vielen Gesang in der Ostliturgie für den die Liturgie vollziehenden Priester eine sängerische und musikalische Ausbildung oder zumindest Veranlagung Voraussetzung?

T: Sicherlich nicht mehr als früher in der katholischen Kirche. Eine besondere Musikalität ist nicht notwendig. Es kann ja auch nicht jeder in der gleichen Weise musikalisch sein. Es ist wichtig zu wissen, daß in der Ostkirche vom Priester, vom Zelebranten also, eigentlich keine Melodien gesungen werden wie etwa die lateinische Präfation, die ein kunstvolles Gebilde ist. Im Osten ist dem Zelebranten im Grunde für seine Rezitation nur ein melodischer Rahmen vorgegeben, und sie ist von daher immer ein improvisatorischer Vorgang.

MS: Es gibt also kein Regelbuch für die Lektionstöne, wie in der katholischen Kirche?

T: Eigentlich nicht. Die Rezitation findet innerhalb eines Rahmens statt. Der Rest ist Improvisation. In Griechenland z.B.

rezitiert man gerne innerhalb einer Quarte, in Rußland innerhalb einer Terz, beide mit Ausweichungen nach oben. Es werden nie zwei Priester denselben Text gleich rezitieren.

MS: Spielt die sängerische Qualifikation bei der Besetzung entsprechender Ämter in der Liturgie eine Rolle?

T: Es ist natürlich verständlich und üblich, daß an der Kathedrale ein Bischof darauf achtet, daß er musikalische Leute bekommt. Namentlich die Diakone, die Leiter des Gebetsgottesdienstes, sind davon betroffen, denn der größte Teil der Liturgie wird von Diakonen vorgetragen. Man achtet auf möglichst schöne und tragende Stimmen, denn bis vor kurzem gab es ja noch keine Mikrophone. Dann muß die Diakonstimme in der größten Kathedrale bis in die letzte Ecke gehört werden. Dazu hat man z. B in Griechenland die hohen und scharfen Tenöre, in Rußland das Gegenteil dazu, die abgrundtiefen Bässe, die mit ihrem Volumen und ihrer Resonanz den Raum füllen.

MS: Wie weit können bei der musikalischen Liturgiegestaltung entsprechend ausgebildete Laien herangezogen werden?

T: Der Dienst der Laien ist in der ganzen Kirche sehr alt. Die Chorknaben sind z.B. immer Laien gewesen. Interessanterweise waren in der Ostkirche auch die Lektoren, die die Epistel vortrugen, immer Laien, sogar Frauen, lange bevor das Vatikanische Konzil solches für die katholische Kirche anregte. Auch Laienpredigten waren und sind in der Ostkirche immer sehr beliebt, außerhalb und innerhalb des Gottesdienstes. Versteht sich natürlich, daß es sich für die Liturgie dabei um biblisch und katechetisch gebildete Leute handeln muß wie bei den Lektoren und Chorsängern um musikalisch erzogene.

MS: Sie sagen, daß der Chor der dritte Partner des Liturgievollzuges ist. Sind die Gesänge des Chores dabei streng festge-

legt oder gibt es auch wie im katholischen nachkonziliaren Meßbuch die Rubrik "oder ein anderer passender Gesang"?

T: Im allgemeinen sind die Texte der Gesänge für jeden Tag und für jede Gelegenheit vorgeschrieben. Es gibt eine einzige Stelle in der Liturgie, wo hiervon eine Ausnahme gemacht werden kann, das ist die Kommunion. Dort muß nicht unbedingt die kanonische Communio, das Kinonikon, gesungen werden, sondern es kann auch etwas anderes erklingen, weil man hier auf eine Verlängerung oder auch eine Verkürzung der musikalischen Zeitgestaltung eingestellt sein muß.

MS: Das von mir gebrachte Zitat aus dem Meßbuch bezieht sich besonders auf den Antwortgesang, den Zwischengesang.

T: Sie meinen das Graduale! Im Osten wäre es nicht möglich, daß hier etwas anderes eingefügt würde.

MS: Sie sagten schon, daß Frauen in der Kirche zur Liturgiegestaltung eingesetzt werden können. Wie steht es da in Bezug auf die Chöre?

T: Die gemischten Chöre sind die Regel, dort wo Mehrstimmigkeit eingeführt ist. Bei den Griechen gibt es keine Mehrstimmigkeit, sie singen choraliter; aber die anderen Völker singen meist mehrstimmig. Knabenchöre waren im alten Rußland selbstverständlich, heute sind sie ausgestorben, da Kinder im Gottesdienst nicht beschäftigt werden dürfen. Es ist staatlicherseits verboten. Das Normale ist der gemischte Chor mit Frauen.

MS: Wie steht es mit der Orgel oder anderen Instrumenten?

T: Die gesamte Orthodoxie kennt seit dem Konzil von Trullo im VII. Jahrhundert nur die vokale Musik. Der Einsatz von Instrumenten ist verboten. Bei den Altorientalen aber gibt es gelegentlich den Einsatz von rhythmischen Instrumenten:

Sistrum, Handpauke und kleine Becken. Die Armenier haben in ihrer großen Anpassungsfähigkeit an einzelne Kulturen hier und da die Orgel eingeführt, ebenso vereinzelt in Amerika auch die Griechen. Man kann aber sagen, daß in der Gesamtorthodoxie der Gesang allein die musikalische Grundlage der Liturgie ist.

MS: Die Ostkirche hat schon seit der Zeit der Missionierung sich der jeweiligen Sprachen der vorhandenen Kulturen bedient, in anderen Fällen sind Sprache und Schrift im Zusammenhang mit der Missionierung entstanden, ich denke an das Kyrillische. Wie ist es dadurch dem byzantinischen Choral im Gegensatz zum gregorianischen ergangen? Gibt es ihn heute noch?

T: Ich muß gleich zu Anfang sagen, daß es eine Einheitssprache überhaupt nie gegeben hat, denn zur Zeit der Verkündigung des Christentums gab es bereits vier alte Kulturen am Mittelmeer, von denen keine einzige willens war, sich einer anderen unterzuordnen. Das waren die ägyptische, die syrische, die griechische und die römische. Es hat zwar Versuche der Assimilierung gegeben, aber mindestens ebenso heftigen Widerstand dagegen. Gerade zur Zeit der Ausbreitung des Christentums geht die Zeit der Hellenisierung zu Ende und es meldet sich wieder das nationale Ägyptertum, jetzt in der Form des Koptentums. Es meldet sich ebenso wieder das neue Syrertum, aus dem heraus sich ja die christliche Hymnodie entwickelt hat, und das Griechentum erneuert sich zum byzantinischen Griechentum wie sich das Römertum zum christlichen Lateinertum erneuert. So hat es von Anfang an vier große Sprachen gegeben, die auf je einen bestimmten Raum beschränkt waren, und durch die Benutzung der Muttersprachen bei der Mission sind dann neue Kulturen in der Kirche entstanden. Die Frage nach dem byzantinischen Choral ist am besten mit dem Hinweis auf die genannten Kulturen zu beantworten.

MS: Heißt das, daß nicht nur Reste dieser Liturgiekulturen erhalten sind in Text und Melodie?

T: Natürlich. Wir haben gut und gerne noch rund 6 Millionen Kopten, die eine blühende Musikkultur in den Kirchen pflegen, und zwar völlig unberührt von westlicher Musik. Genauso die Syrer und die Äthiopier. Lediglich die Armenier haben ob ihrer langen Diasporaexistenz viele westliche Einflüsse angenommen.

MS: Kann man annehmen, daß bei dieser Erhaltung der musikalischen Tradition die mündliche Überlieferung eine wesentliche Rolle spielt?

T: Das ist ein ganz wichtiges Thema! Je weiter wir nach dem Osten kommen, desto weniger werden die schriftlichen Aufzeichnungen. Das koptische Notationssystem, das sich aus dem alten pharaonischen entwickelt hat, ist völlig in Vergessenheit geraten. Es werden seit Jahrhunderten sämtliche Gesänge nur mündlich überliefert. Sie werden vorwiegend von blinden Kantoren nach dem sogenannte cheironomischen System, nach Handzeichen also, weitergegeben. Die Syrer haben etwas mehr an Aufzeichnung bewahrt, die Griechen sehr viel mehr, aber im allgemeinen existiert sowohl der altorientalische wie der orthodoxe einstimmige Choralgesang auf der Basis mündlicher Überlieferung.

MS: Ist man dabei bestrebt, daß diese Gesänge in exakter Monodie, also absoluter Einstimmigkeit, praktiziert werden, wie wir das bei der Gregorianik tun?

T: Nein. Man behauptet zwar, einstimmig zu singen, aber es handelt sich in der Praxis immer um eine Art Heterophonie.

MS: Es stimmt also, wenn Missionare berichten, daß man Eingeborene in Afrika z.B. wohl gregorianische Melodien lehren, der einzelne sie auch singen könne, wenn aber mehrere zusam-

men singen, sie immer bewußt voneinander abweichen, weil sie das als schön empfinden?

T: Das stimmt absolut. Das Singen nach Vorschrift oder das bloße Nachsingen des Eingelernten würde als unvollkommen, als unschöpferisch gelten. Man muß von sich aus etwas dazu tun, um zu zeigen, daß man es beherrscht. Der eine weicht nach unten ab, der andere nach oben und schon ist die Heterophonie da. Es improvisiert also jeder bis zu einem gewissen Grad, auch beim gemeinsamen Gesang, etwas, was nach unseren musikalischen Schönheitsvorstellungen ganz unmöglich wäre. - Und zur Frage nach dem Byzantinischen noch einmal: der byzantinische Choral ist heute in höchster Perfektion noch bei den Griechen erhalten, außerdem in slawischer Sprache bei den Bulgaren, in rumänischer bei den Rumänen.

MS: Bedeutet die Übernahme der Volkssprache auch schon immer eine enge Verbindung mit der jeweiligen Musik im Hinblick auf die Kompositionspraxis liturgischer Texte für den Gottesdienst? Kann man sagen, daß die Ostkirche von Anfang an das getan hat, was das Konzil heute für die Missionsländer empfiehlt, die eigenständige Kunst und Kultur besonders zu beachten?

T: Nein. Indigenisationsprozesse waren stets unbewußt. Offiziell hat man im Namen des Christentums zunächst die Kultur des Herkunftslandes gebracht, und dann hat via facti eine Amalgamierung stattgefunden. Propagiert wurde eine solche Amalgamierung und ein Indigenisationsprozeß eigentlich nicht. Sie sind immer ein - und zwar als selbstverständlich betrachtetes - Factum der Geschichte gewesen.

Die Griechen z.B. sind in dem Bewußtsein nach Rußland gekommen, nicht nur das Christentum zu bringen, sondern die gesamte christliche Kultur, denn die alte Zeit unterschied ja nicht zwischen Religion und Kultur. Und diese christliche Kultur war für die Griechen der griechische Gesang, die griechische Malerei und die griechische Architektur. Daß dabei etwas anderes herauskam, als die Russen das in die Hände nahmen, der russische Gesang nämlich, die russische Ikonenmalkunst und die russische Architektur, das hat sich eben so ergeben. In der vorrationalen Epoche entsteht Veränderung immer unbewußt.

MS: Man kann also sagen, daß mit dem christlichen Kult die Kultur kam und nicht der Versuch unternommen wurde, einer existenten Kultur christlichen Kult einzuverleiben, wiewohl man mit letzterem Weg vielleicht an leichtere Missionierungserfolge glauben mag.

T: Das hängt aber, so glaube ich, auch damit zusammen, daß man im Gegensatz zum X. Jahrhundert in unserer Mission des XIX. Jahrhunderts einen bereits säkularisierten Kulturbegriff hatte. Deshalb glaube ich, daß unsere Importe im XIX. Jahrhundert nach Afrika sich zerstörerischer ausgewirkt haben als die Importe der Griechen im IX. Jahrhundert nach Bulgarien. Ein wichtiger Unterschied bei dem Indigenisationsprozeß scheint mir noch der zu sein, daß man heute vielfach ins andere Extrem verfällt und dem vergewaltigenden Import des XIX. Jahrhunderts jetzt eine "Anstelle-von"-Ideologie entgegensetzt: "Wir wollen keine europäische Musik, wir wollen keine Gregorianik, stattdessen wollen wir unsere afrikanischen Lieder". Der richtige Weg, den auch die Ostkirche immer gegangen ist, scheint mir aber der zu sein, dem Missionsland ein Fundament christlicher Kultur zu bringen, und es zu animieren, etwas ihm Entsprechendes daraus zu machen.

MS: Welche ostkirchlichen Liturgien kann man z.B. in Deutschland, Österreich und der Schweiz, dem Gebiet des ACV, erleben?

T: Es sind in der Regel die Liturgien der orthodoxen Kirchen in den genannten landeskirchlichen Ausformungen: russisch, griechisch, serbisch. Daneben gibt es noch viele andere kleine Gemeinden, durch die sich immer weiterauffächernde Emigrationsbewegung des Orients. So kann man jetzt bei uns auch koptische und syrisch-jakobitische Gemeinden finden. Vor vier Wochen ist die erste äthiopische Gemeinde gegründet worden. Man kann also heute alle orthodoxen Gemeinden wie auch die altorientalischen vorfinden. Seit kurzem gibt es in Ludwigshafen sogar einen nestorianischen Bischof.

MS: Welche Rolle spielt dabei die deutsche Sprache?

T: Die deutsche Sprache spielt eine große Rolle, besonders bei den Gemeinden, die schon längere Zeit in Deutschland sind, wo sich das Problem der Sprache ganz einfach durch die Kinder und Enkel stellt. Leute, die erst ganz frisch eingewandert sind, haben diese Probleme nicht. Außerdem sind sie zuerst einmal von dem Wunsch beseelt, ihre Identität zu wahren, d.h. im Gottesdienst keine fremden Sprachen aufkommen zu lassen. Aber wenn man, wie die Russen etwa, in der dritten Generation hier ist und die Kinder die Großeltern nicht mehr verstehen, oder sogar die Kinder nicht die Eltern, wie es bei griechischen Gastarbeitern schon beobachtet wurde, dann stellt sich die Frage der Sprache. Die Kirche reagiert allerdings sehr gespalten. Die einen sehen ihre Identität in Gefahr, die anderen befürworten aus pastoralen Gründen die Einführung der deutschen Sprache.

MS: Wenn die Ostkirchen den jeweiligen Kulturkreisen Fundamente anbieten, aus denen diese ihre eigene liturgische Musik z.B. gestalten sollen, auf diesem Fundament aufgebaut natürlich, kann es dann sein, daß dabei Ergebnisse entstehen, die beim Anhören ganz andere Assoziationen erwecken, wie etwa beim Hören von Schallplatten mit russischer Liturgie in deut-

scher Sprache, wobei durch eine gewisse Terzen- und Kadenzenseligkeit sehr romantische Liedertafelpraktiken im Augenblick in den Sinn kommen. Wie weit is' da der Weg zu volkstümlichen oder gar Mundartmessen oder zu den Neuen Geistlichen Liedern, wenn ich diese Frage so provokatorisch stellen darf, ohne von vornherein etwas Negatives feststellen zu wollen?

T: Da glaube ich etwas allgemeines und etwas spezielles sagen zu müssen. Einerseits fallen Sie natürlich in den Irrtum aller Cäcilianer, wie ich eingangs schon erwähnte, die eben lediglich Verwandtes im Anderen hören und dann ein Urteil fällen. Aber wenn zwei dasselbe tun, ist es eben doch nicht dasselbe, und so auch hier in diesem Fall. Die Terzen haben eine ganz andere Herkunft als im Westen, auch die Kadenzen speisen sich aus anderen Quellen. Im allgemeinen ist gerade das, was wir in Niederaltaich pflegen, und was Sie auch auf den Schallplatten hören, der sogenannte strenge Stil, ein Begriff, den Sie ja auch aus dem Cäcilianismus kennen, und der Orientierung am strengen Stil des XVI. und XVII. Jahrhunderts meint. Daß dazu hie und da Romantik kommt, ist verständlich; im Westen wird ja z.B. neben Palestrina auch Bruckner gepflegt. Der Gottesdienst ist bei uns in Niederaltaich aber nicht romantisch konzipiert, sondern die durchlaufenden Responsorien sind modal gehalten, und für kurze Responsorien, z.B. "Dir o Herr" bietet sich die Kadenz I-V-I oder I-IV-V-I einfach an. Wenn man nur musikalisch hinhört, entsteht vielleicht der Eindruck, daß es zu viele Kadenzen gibt. Ein ostkirchlicher Hörer hört diese Kadenzen aber nicht, denn er hört den Text. Weil nun die Dialog-Sätze so kurz sind und man sie nicht auf einem einzigen Ton singen will, singt man eben eine kurze Melodie mit Auf- oder Abwärtsbewegung um einen Ton am Schluß, wodurch solche einfachen Kadenzen entstehen.

Die Terzen kommen von etwas anderem. In der Tat gibt es in der russischen Musik eine Bevorzugung der Terz, was dann noch stärker auffällt, wenn sie im gemischten Chor umgekehrt ist und zur Sext wird. Die Terz kommt nämlich aus dem altrussischen Organum, und das war ein Terz-Organum, hat also ursprünglich überhaupt nichts mit Mendelssohn oder Romantik zu tun. Die ersten Zeugnisse dieses Organum gibt es im XVII. Jahrhundert, und das ist ja noch nicht die romantische Zeit. Das russische Organum kommt aus der Folklore, aus der ganz harten, unsentimentalen Volksmusik. Vielleicht merken Sie dabei auch, daß diese Musik keine große Septime kennt. Dieses Terzorganum aus der Volksmusik wurde dann später durch Baßtöne erweitert. Die Melodien sind in der russischen Musik schon oft Choralmelodien, die lediglich mehrstimmig ausgeführt werden, in der von Ihnen angesprochenen Dreiklangsform; dies gilt insbesondere für die mehrstimmig gesungenen psalmodischen Formeln.

Die von Ihnen angesprochene Verbindung zu den sogenannten Neuen geistlichen Liedern, die man schlicht mit primitiver Popularisierung der geistlichen Musik bezeichnen muß, wäre in der orthodoxen Kirche schlechthin undenkbar.

MS: Eine Frage aus aktuellem Anlaß: Stravinskij wäre heuer 100 Jahre alt geworden. Wie sehen Sie seine Stellung zur Orthodoxie, aus der er doch sicherlich kommt, und wie sehen Sie seine geistliche Musik im Verhältnis zur katholischen Kirche, zum katholischen Ritus?

T: Er ist sowohl väterlicher- wie mütterlicherseits orthodox, kommt aus einer orthodoxen Familie traditionellen Zuschnitts - der aus dem katholischen Polen eingewanderte mütterliche Teil war schon lange orthodox geworden -, wurde in seiner Jugend zunächst liberal, hatte im Jahre 1924 in Paris eine Art Bekehrungserlebnis und war von da an ein sehr gläubiger Christ. Er hat von seinem eigentümlichen Ordnungsdenken in seinem Werk - es gibt seine berühmte Definition, Komponieren sei Ordnen von Tönen -, von diesem inneren Ordnungswillen her eine starke Neigung zur katholischen Kirche an den Tag gelegt und sogar vorübergehend daran gedacht, katholisch zu werden. Aufgegeben hat er diesen Plan interessanterweise dann, als die katholische Kirche in ihrer Heiligenreform eine Vielzahl der für ihn bedeutenden Heiligen für nicht existent erklärt hat. Das war nun nicht mehr die Ordnung, die er suchte. Der Orthodoxe lebt ja von den Heiligen, denn das Heil wird einem durch die Heiligen, die lebenden und die toten, vermittelt; durch Menschen, durch die das Heil in ihrem eigenen Leben und Handeln erfahren wird. Daher ist die Heiligenverehrung in der Ostkirche so groß. Stravinskij hat für die orthodoxe Kirche drei Sachen unmittelbar komponiert: 1926, 1932 und 1934 ein Pater noster, ein Credo und ein Ave Maria. Sie sind unmittelbar für die Orthodoxie geschaffen. In anderen Werken lassen sich orthodoxe Einflüsse aufzeigen, aber im allgemeinen wirkt auf mich seine Musik eher katholisch. Lindlar findet zwar das Hymnische bei ihm bis zum Schluß als ein Zeichen orthodoxer Haltung, aber ich halte das Analytische bei Stravinskij für bedeutender als das Hymnische, denn das Hymnische ist mitreißend, aber die Musik von Stravinskij ist, besonders die spätere, zwar fesselnd, aber kaum mitreißend.

MS: Bezieht man das auf die Messe z.B., dann spielt natürlich das ordnende, analytische Prinzip eine große Rolle, denn sie ist ja der analytischen Formenwelt der Ars nova, Machaut genau, nachempfunden und eigentlich auch nicht mitreißend, sondern interessant, wenn auch bis zur Faszination.

T: Richtig. Stravinskij hatte ein unwahrscheinliches Anverwandlungsvermögen, und so ist gerade die Messe ausgesprochen westlich, katholisch, ganz am Latein orientiert, und er gefiel sich ja auch darin, sich in fremde Kulturen hineinzuleben und in ihnen für sie zu schaffen. Ich entdecke an dieser Messe von 1948 nichts orthodoxes.

MS: Warum hat er dann drei orthodoxe Stücke lateinisch umgeschrieben?

T: Das war rein künstlerisch gedacht! Der Westen sollte sie singen, damit sie und damit er selbst nicht in Vergessenheit geraten. Wer kann schon Kirchenslawisch! Deshalb sind sie lateinisch. Aber ihr Charakter ist wegen der rezitativischen, psalmodischen Setzweise und wegen des quasiorganalen Stils durchaus orthodox. Stravinskij kannte sowohl den Dirigenten wie auch den Chor der orthodoxen Gemeinde in Paris, für die er die Stücke schrieb.

MS: Daß die Stücke heute vielfach Allgemeingut der Chöre sind, hat ihm also Recht gegeben. Und eine letzte Frage: Unsere Zeitschrift heißt Musica Sacra. Um den Begriff des "Heiligen" in der Musik gehen heute mehr denn je die Meinungen auseinander. Wird die Musik durch ihre Verbindung mit dem liturgischen Wort oder der liturgischen Handlung heilig oder ist sie nur Musik für die Kirche, Musik in der Kirche, Musik zum Gottesdienst, Musik zur Liturgie, was bedeuten würde, daß jede Musik dafür taugt, oder ist sie wirkliche Kirchenmusik, heilige Musik, Musica Sacra und gehört damit zum Thesaurus musicae sacrae, entsprechend dem Motu proprio, nach dem eine Musik je kirchlicher und heiliger ist, je näher sie dem Geist des Gregorianischen Chorals steht oder aus diesem Geist erwachsen ist?

T: Ich habe zu viele Gedanken dazu und habe mich eigentlich noch nie komprimiert in vier oder fünf Sätzen dazu geäußert. Ich kann daher nur etwas ins Unreine sagen.

Auf der einen Seite bin ich gegen die Ideen des XIX. Jahrhunderts. Ich bin dagegen, von einer christlichen Literatur oder einer christlichen Musik, infolgedessen auch dagegen, von einer katholischen oder sakralen Musik zu sprechen. Ich glaube, daß Musik von ihrem Charakter her, wenn man sie bloß hört, nicht sakral ist; daß sie allein aus den Tönen, aus der Tonzusammenstellung ihre Sakralität nicht bezieht. Wenn wir gewisse Akkordverbindungen hören, etwa F-dur, C-dur, d-moll, A-dur, wenn wir das automatisch als sakral empfinden, dann glaube ich, ist das eine Folge der Gewöhnung. Die Assoziation mit der Umwelt, mit einer Handlung etc. spielt dabei eine bedeutende Rolle.

Sakrale Musik ist Musik in der Kirche, Musik für die Kirche, sie ist dienende Musik an der Liturgie; sie ist liturgische Musik, insofern sie in der Liturgie verwendet wird und an das liturgische Wort gebunden ist.

Ich würde mich aber nie dazu verstehen zu sagen, daß nun deswegen jede Art von Musik für die Kirche taugt. Das glaube ich unter gar keinen Umständen. Aber es fällt mir schwer zu sagen, wo sich meine beiden Ansichten vereinen. Mindestens sollte immer noch jener alte Satz gelten, daß die geistlichen Dinge die weltlichen heiligen. Vor mir liegt auf dem Titel Ihrer Zeitschrift das Bild von Joseph Haydn. Man hat ihm ja unter anderem vorgeworfen, daß er eine Melodie mit einem Text sehr frivolen Inhaltes ausgerechnet zu einem Incarnatus verwendet habe. Natürlich hat er das, aber jetzt kommt die Heiligung hinzu, und diese Heiligung geht immer in einer Richtung, niemals umgekehrt. Man kann also niemals sakrale Melodien auf der Straße verwenden, wohl aber umgekehrt! Nicht die Straße heiligt den Tempel, sondern der Tempel heiligt die Straße. Die Heiligung aber, was ist sie?

Sie besteht ja nicht nur darin, daß ich jetzt Hänschen klein in der Kirche singe, sondern daß in diesem Anverwandlungsprozeß eine Veränderung geschieht, so wie Haydn es gemacht hat und Johann Sebastian Bach auch: Mein Gemüt ist mir verwirret - O Haupt voll Blut und Wunden. Die Behandlung und Einkleidung der Melodie bedeutet dabei Verwandlung, und diese Verwandlung erst ist Heiligung.

Nun ist es sehr schwer zu sagen, worin solche Verwandlung besteht. Was haben die Komponisten denn getan? Sind es die Instrumente oder ist es einfach die getragenere Form der Ausführung, daß man also langsamer singt, daß man dunkler instrumentiert? Dabei glaube ich, kommen wir auf ganz alte Strukturen und auf alte Formen zurück, nämlich: Ich bin zutiefst davon überzeugt, daß mindestens im christlichen Bereich - von den heidnischen Kulten weiß ich es nicht - jede musikalische Äußerung wortgezeugt ist, vom Wort herkommt und vom Wort herkommen muß. Selbst wenn sich in der westlichen Kirchenmusik - und man kann das nachweisen, wobei ich nur an Georgiades und seine Forschungen denke - eine rein instrumentale Musik gebildet hat, so ist sie doch durch eine lange und langsame Loslösung vom Wort entstanden. Es ist kein Zufall, daß das Trullanum die Instrumentalmusik verboten hat. Und was später entstand, ist nicht die Fortsetzung antiker Lärminstrumentalmusiken, sondern eine Musik, die sich aus der Wortgebundenheit allmählich gelöst hat. Gerade im XVIII. Jahrhundert, im Zeitalter des sogenannten "sprechenden" Stils, läßt sich diese sprechende Musik nachweisen, eine musikalische Wortartikulation ohne Worte.

Es ist also alle christliche Musik im Grunde wortgezeugt. Und so weist im letzten die Art der Instrumentierung, die ein Haydn seinem Scherzlied gegeben hat, oder die harmonische Fassung, die Bach dem Haßlerlied angedeihen läßt, es weist dieses

Denkmodell, das solche Verwandlung bewirkt, auf die Zeit des einstimmigen Chorals. Und insofern muß man - vielleicht mit Abstrichen - doch das wieder gelten lassen, was im Motu proprio steht, man darf es nur nicht zu eng fassen. Aber im Grunde ist es richtig zu sagen, die Kirchlichkeit einer Musik wird nicht durch ihre Tonzusammenstellung bewirkt, sonst landen wir beim Plüschstil des XIX. Jahrhunderts, wo bedeutete, daß alles sakral sei, was getragen und feierlich musiziert wird. Ich glaube, wenn wir nicht auf das Gefühl abzielen, sondern auf das Sein, daß wir dann sagen können: Es ist tatsächlich so, daß sich im Christentum die Kirchlichkeit einer Musik darin erweist, inwieweit sie sich an ihrem Choral - gregorianisch, byzantinisch, russisch - orientiert und sich diesem verbunden weiß!

MS: Ich bedanke mich sehr herzlich für dieses ausführliche Gespräch, das unseren Lesern sicher helfen wird, den für die Ökumene so notwendigen Zugang zur Liturgie der Ostkirche zu finden oder zu vertiefen.

SAKRAL UND PROFAN IN DER KIRCHENMUSIK*)

"Sakral" und "profan" haben verschiedene Bedeutungen. Die beiden Begriffe sollen im folgenden unter christlichem Gesichtspunkt verstanden sein: "Profan" als das Naturhafte, Kreatürliche (d.h., das auf der Ebene des Bloß-Geschöpflichen Liegende), das noch nicht für die Erlösung in Dienst Genommene, das noch nicht Geheiligte, noch nicht Geweihte. Demgemäß ist "sakral" das auf der Ebene der Erlösung Liegende, das für die Erlösung in Dienst Genommene, das Geheiligte, Geweihte.

Alles Sakrale war in unserer christlichen Geschichte vorher profan; alles Profane aber soll geheiligt werden. Die Hl. Väter predigen deshalb die Theose der Welt (griechisch: "theiosis tou kosmou", slawisch "obožestvlenie mira"). Nur einer ist von sich aus - genuin - sakral: der Heiligende, der Weihende: Gott, und zwar als heiligender Sohn und heiligender Geist. Wir aber, die zu Heiligenden, erfahren diese Heiligung durch das Instrument des Bildes als Wort, Farbe, Klang und Handlung, wobei dem klarifizierenden Wort eine gewisse Präponderanz zukommt. Keine Ikone ohne Aufschrift, keine Musik ohne Text, keine liturgische Handlung ohne Hl. Schrift bzw. Hymne bzw. Gebet.

---

*) entnommen aus: K. Chr. Felmy, G. Kretschmar, F. v. Lilienfeld, T. Rendtorff und Cl. J. Roepke (Hrsg.), Kirchen im Kontext unterschiedlicher Kulturen, Verlag Vandenhoeck & Ruprecht Göttingen 1991

Brot und Wein sind - rein natürlich betrachtet - profan. Sie werden aber durch die Heiligung sakral, ja sie werden als einzige zu Anti-Typen (Nachbildern) des Leibes und des Blutes Christi. Andere Gegenstände, wie z.B. das Hl. Öl (Chrisam bzw. Myron) werden auch sakral, bleiben aber in ihrer Substanzialität unverändert. Ähnlich die Musik: Sie ist zunächst profan. Erst durch Bindung an das Heilige Wort wird sie sakral. So ist die Entwicklung in der ganzen christlichen Kirche im ersten Jahrtausend. Erst durch diese Bindung an das sakrale Wort aber entstand die Voraussetzung zur Entstehung einer weltlichen Musik, die zwar nicht mehr sakral ist, aber doch noch das Gütezeichen der alten Weihe an sich trägt. Sie kann ihre sakrale Herkunft - genau wie das europäische Theater seine Herkunft aus dem antiken Kult - nicht verleugnen, obgleich sie es je länger desto mehr versucht. Diese Entwicklung hin zu einer weltlichen Musik ist im west-römischen Europa ab dem XIII., im ost-römischen Europa ab dem XVII. Jahrhundert zu beobachten. Weltliche Musik entsteht als Abzweigung von der sakralen.

Für die sakrale Musik ist folgender Umstand besonders wichtig: Die musikalisch gefaßte, d.h., in den Ornat der Musik eingekleidete sakrale Sprache erklingt im Kult einer Gruppe zugleich als Ausdruck dieser Gruppe, als ihre Darstellung, ihr Zeugnis, als ihre Hingabe. Sie ist "ekklesial". Deswegen ist sie auch nicht Umgangssprache, sondern - wie dies schon vom jüdischen Gottesdienst gefordert wird - "gehobene" Sprache, Sprache der Dichtung. Die "gehobene", d.h. von höherer Warte aus zusammen-schauende und in-die-Tiefe-blickende "poetische", d.h. kreatorische Sprache aber drängt, da vom Logos bestimmt und vom Pneuma getrieben, in voneinander abgesetzte Intervalle, und aus Seufzer und Schrei wird Gesang. Wortlose Haltung wird zum Hymnus, anbetender Gestus zum Gebet. So entsteht in der christlichen Kirche der einstimmige liturgische Gesang. Er ist "tönende Verkörperung der Gemeinde" (Georgiades) und als Klang "Musik der Textaussprache" (Jammers). Wort und Ton bilden eine unauflösliche Einheit, beide sind jetzt "sakral".

"Profane" Musik ist demnach dort, wo sie nicht an das sakrale Wort gebunden ist: im instrumentalen Bereich und in jener Mehrstimmigkeit, die instrumentaler Herkunft ist. Letzteres ist im Westen durchwegs der Fall (mit Ausnahme der ungeklärten Herkunft der vokalen Mehrstimmigkeit des italienischen Trecento). Eine - im Westen leider nicht gebührend beachtete - Ausnahme im Osten ist der russische gottesdienstliche Gesang des XVI. Jahrhunderts, der seine eigentümliche homophon-polyphone Gestalt allem Anschein nach allein aus dem Wort aufgerichtet hat. Seine Tragik ist - und hierin spiegelt sich die ganze Tragik der Entwicklung des russischen Lebens im XVII. Jahrhundert -, daß nicht er die kommende Entwicklung bestimmte, sondern der aus dem Westen importierte venezianisch-polnische Stil, der sogenannte Partes-Gesang ("partesnoje penie"). Gleichzeitig dürfen wir aber nicht vergessen, daß alle Profanität geweiht werden soll, kann und muß. Und so wurde auch diese Profanität geweiht. Im Westen entstanden die verschiedenen Schulen des Kirchengesanges: Notre-Dame, die Niederländer, die Italiener und im Osten der sogenannte polnisch-ukrainische Stil. Die Frage aber, die sich erhebt, wenn man die verschiedenen Transformationen des europäischen Denkens betrachtet, lautet: Wird sich jede Profanität in den Dienst der Erlösung nehmen lassen oder wird sie ihrerseits eines Tages versuchen, die Sakralität zu profanisieren oder gar zu profanieren?

Im Westen dauert der Prozeß der Heiligung der Profanität durch die Sakralität vom X. bis zum XVII. Jahrhundert. In dieser Zeit ist Musik - Musik als Sinnträger, nicht Musik als Unterhaltung und Zerstreuung wie Tanzmusik - also nichts anderes als mehrstimmige Bearbeitung des einstimmigen Gesanges. Ähnlich verläuft die Transformation in Rußland: Aus dem einstimmigen Gesang werden zwei-, drei- und vierstimmige Partituren. Es entsteht die sogenannte "frühe russische Mehrstimmigkeit" ("ranee russkoje mnogogolosie") im mittleren und späten XVI. Jahrhundert, die sich etwa 100 Jahre lang behauptet. Im XVII. Jahrhundert aber geschieht etwas Neues: Es erfolgt im Westen der Einbruch der instrumental- und damit profan-gezeugten Musik. In der Öffentlichkeit wird die Kathedrale vom Hof verdrängt, an die Stelle der Liturgie tritt mehr und mehr die Oper. Die orthodoxen Sänger der Ukraine entwickeln gegen diese profanen Allmachts-Tendenzen den mit den Mitteln der Modernität - kurze und mehrstimmige Melodien! - ausgestatteten "Kiewer Choral" ("kievskij rospev") und als zweiten Schritt den polnisch-ukrainischen Kathedralstil, den sie ab 1652 nach Moskau exportieren. Im Westen entwickelt die Kirche gegen die Oper das Oratorium, doch gelingt es nicht, deren Vorherrschaft in der Öffentlichkeit zu brechen. So beschreitet man den nicht ungefährlichen Weg der "Überwindung durch Angleichung": Um den Einfluß in der Öffentlichkeit und damit die Möglichkeit der Evangelisation nicht zu verlieren, bilden die Bischöfe ihre Kurien zu Höfen um; Elemente der höfischen Festmusik werden in die Kirchenmusik übernommen. Die weltliche Instrumentalmusik aber erlernt von der sakralen Sprache das Artikulieren, die Musik wird sprachähnlich. Melodische Figuren werden entworfen, die dem dafür gebildeten Hörer artikulierte Gedanken vermitteln. Ab dem XVIII. Jahrhundert drängt sie ihre - ursprünglich der sakralen Sprache abgewonnene - Art zu artikulieren dann der Sprache auf. Auch die wortgebundene Musik wird nun in ihrem Charakter instrumental. Es ist der erste Versuch des Übergriffs der Profanität auf die Sakralität; denn die Inhalte der mitgeteilten Artikulierungen sind nicht mehr lange christlich! Im Osten versuchen die Russen, die polnische Musik zu "orthodoxisieren" - und es gelingt ihnen zunächst. Im Westen aber geht der Weg zur

Darstellung des - einstweilen noch - von der Sakralität bestimmten Menschen, etwa in der "Zauberflöte" oder im "Fidelio". Die russische Musik des XVII. Jahrhunderts ist eine Verbindung von (russisch-) kirchenslawischer Sprache mit instrumental-gezeugter, aber durch die Sakralität geweihter mehrstimmiger Musik. Höhepunkt ist der Komponist Vasilij Titov: Bei ihm deckt sich Struktur der Musik mit Struktur der Sprache (wie in Deutschland bei Schütz). Seine Musik zeigt den Menschen von einer neuen, bis dahin nicht geahnten, aber immer noch authentischen Seite.

Das XVIII. Jahrhundert bringt insofern etwas Neues, als bis dahin die Faktur der gesamten Musik durch die sakrale Musik bestimmt war. Die Musik war an das sakrale Wort gebunden, die Mehrstimmigkeit war durch das Wort geheiligt, die Instrumentalmusik der Kirche war integriert. Bedrohlich aber waren die Entwicklung von Fürstenhof und Oper. Ab dem XVIII. Jahrhundert wird die Faktur der weltlichen Musik maßgebend auch für die geistliche. Der alte Prozeß der "Heiligung" gelingt nur an einem Ort: in Wien bei Haydn, Mozart und Beethoven. Die Versuche in Italien - etwa bei Galuppi, Cimarosa, Paisiello und Sarti - sind nicht überzeugend, ebenso die Versuche in Rußland bei Berezovskij, Bortnjanskij und Vedel. In den Vordergrund schiebt sich das Individuelle, Subjektive, Private. Nur in Wien gelingt für kurze Zeit eine Synthese: Die Wiener Klassiker verwandeln das spezifisch Sakrale der Sprache und der Musik, nämlich die Wortgebundenheit, den Inhalt der Worte, die sakrale Artikulation, die geweihte Instrumentalität in "zutiefst christlich-verankertes Allgemein-Gültiges" (Georgiades). Was in der "Zauberflöte" noch möglich war: Mythos-Märchen plus Evangelium, zerfällt später in "Parsifal" einerseits und "Fledermaus" andererseits (Georgiades).

Übrigens hat die gesamte Musik der Wiener Klassik - nicht nur ihre Opern - diesen weltlich-geistlichen bzw. geistlich-weltlichen Doppelcharakter. Selbst da, wo sie keine sakralen Wörter verwendet, ja auch da, wo sie überhaupt keine Wörter verwendet, ist ihr Inhalt immer noch christlich. Die Symphonie stammt formal gesehen von der Oper ab, die Faktur ihrer Sprache aber kommt von Händel, Bach und Schütz. Das Streichquartett stammt formal gesehen aus der Unterhaltungsmusik, aus dem Divertimento, die Faktur seiner Sprache aber hat die gleiche Herkunft wie die Symphonie; ihr "sprechender", artikulierender Charakter war ursprünglich durch das sakrale Wort herbeigeführt worden. Das Wissen um das religiöse Faktum bleibt in der Wiener Klassik oft unausgesprochen, ist aber vorhanden. Bei den anderen europäischen Völkern, die diese im Sinne der Apokalypse "aufhaltende" Barriere der Wiener Klassik nicht kennen, beginnt schon im XVIII. Jahrhundert die Teilung zwischen weltlicher und geistlicher Musik, wobei die geistliche Musik unwillentlich in den Sog, ja in den Bann der weltlichen gerät. Denn das Wichtigste geht verloren: das Ekklesiale. In beiden Teilkulturen - der geistlichen und der weltlichen - wird nun das Individuum in Riesendimensionen dargestellt. An die Stelle des meditierenden Ernstes tritt Düsterkeit (vgl. die Requiem-Kompositionen des XIX. Jahrhunderts, besonders die Dies-irae-Vertonungen), an die Stelle des durchgottenden Taborlichtes treten grelle Farben (überhaupt tritt Farbe an die Stelle des Lichtes), und die Tränen der Tiefe - das donum lacrymarum der Mystik - werden durch jene der Sentimentalität ersetzt. Die Komponisten schöpfen aus der privaten Sphäre des Subjekts; dies aber steht - und sogar mit Stolz - gegen das Öffentlich-Verbindliche, gegen das Geschichtlich-Verankerte, gegen das Ekklesiale. Waren früher auch weltliche Werke durch die Sakralität geweiht, so sind seit dem XIX. Jahrhundert sogar die religiösen Werke - wegen ihres nicht-ekklesialen Charakters - ungeweiht (man denke an die religiösen Werke Berlioz', Verdis oder Tschajkovskijs!). Rühmenswerte Randerscheinungen, die aufgrund ihres historischen Gedächtnisses sich wenigstens die Gestik der alten Musik bewahrt haben, sind im Westen Anton Bruckner und im Osten - im Westen leider zu wenig bekannt - Sergej Rachmaninov. Die "Vigil" ("vsenoščnaja") des letzteren ist ein Jahrhundertwerk.

Trotzdem tragen beide Komponisten, besonders Bruckner, die Mängel des allzu Privaten und allzu Subjektiven an sich. Die weltlichen Werke des XIX. Jahrhunderts verstehen sich, da sie der historischen Verankerung immer mehr entbehren, sehr zu Recht als "autonome Kunst" und als "absolute Musik". Ihr teilweise zu beobachtendes Historisieren (etwa bei Reger) ist ebenso künstlich wie der historisierende Baustil. Die geistlichen Werke der gleichen Zeit aber verkünden nicht mehr, sondern versetzen "in Stimmung". Die auch bei ihnen zu beobachtende gelegentliche Historisierung (etwa bei den Cäcilianern) ist ebenso künstlich.

Abschließend sei noch ein Blick auf die sogenannten "Erneuerungsbestrebungen" geworfen, die wir in der Kirchenmusik des Westens und des Ostens seit dem XIX., besonders aber seit dem XX. Jahrhundert beobachten können. Im Westen wendet man sich zunächst an den Beginn der Neuzeit und propagiert eine Musik, die sich an Palestrina anlehnt. Im orthodoxen Bereich hat diese Richtung eine Entsprechung in den sogenannten "Petersburger Strengen Stilisten" ("peterburgskije strogostilniki"). Beider Einfluß ist bescheiden, vor allem verfügen sie über keine bedeutenden Komponisten. Die zweite Stufe geht im Osten und im Westen von verschiedenen Überlegungen aus, weist aber auch Gemeinsamkeiten auf. Als erstes tritt der Osten in Erscheinung und zwar in Gestalt der bisher im Westen zu wenig beachteten sogenannten Moskauer Schule, die unter Führung von Alexander Kastalskij (1856 - 1926) stand. Er fordert die Anlehnung an die alten Choralsysteme in der Melodie und die Anlehnung an die Volksmusik in der Harmonik. Durch beides soll aus subjektiver Privatfrömmigkeit wieder objektive Volksfrömmigkeit werden. Der weltlichen Ästhetik dagegen entstammt seine Forderung, die Stimmführung des Chores derjenigen des Orchesters anzugleichen. Durch Angleichung an die Harmonie des Volksliedes aber und durch die ebenfalls von ihm betriebene Förderung des Volksgesanges ("obscenarodnoje penie") erweist sich Kastalskij als Parallele zum Westen, wo man seit der Jahrhundertwende, besonders aber seit der Zerstörung der alten Gesellschaftsstrukturen durch den 1. Weltkrieg, durch ein neues Gemeinschaftsgefühl und Gemeinschaftserlebnis den früheren Subjektivismus und Individualismus zu überwinden sucht. Gleichzeitig werden aber auch zwei Unterschiede deutlich: Im Westen wird die "Gemeinschaft" mehr und mehr das Ziel der Bestrebungen, während sie im Osten neue Voraussetzung für eine wieder zu gewinnende verbindliche Öffentlichkeit sein soll. Im Westen verfällt die weltliche Musik völlig dem Eklektizismus: Jeder kann seine Musik zwischen Perotin und Pärt auswählen; die geistliche Musik folgt entweder diesen Tendenzen oder aber pervertiert die "Gemeinschaft-als-Voraussetzung" zur "Gemeinschaft-als-Ziel". Im Osten geht die weltliche Musik denselben Weg wie im Westen. Die religiöse Musik wollte auf dem Weg über die Volksmusik die alte sakral-profane Einheit wieder herstellen. Die ausbrechende Revolution von 1917 hinderte sie daran. Wir alle - im Westen und im Osten - stehen vor diesem Problem der Wiederzusammenführung der auseinandergefallenen Hälften. Mögen wir dabei nicht in die Fehler der Vergangenheit fallen, mögen wir dabei nicht einer die Fehler des anderen nachahmen, mögen wir zu fruchtbarer Zusammenarbeit finden. Einer allein schafft es nicht mehr. Die Probleme sind übergreifend. Nur der Glaube - und damit eine vom nicht nur christlichen, sondern ekklesialen Glauben getragene sakrale und das Profane weihende Kirchenmusik - hat Zukunft.

Zweiter Teil

DIE MUSIK DER ORTHODOXEN KIRCHE

EINFÜHRUNG*)

Die Musik der Orthodoxen Kirche ist wie die aller Ostkirchen liturgischer Gesang. Instrumente sind beim Gottesdienst nach wie vor nicht zugelassen. Da das Trullanische Konzil (691) den Gebrauch von Instrumenten beim Gottesdienst verbot, ist anzunehmen, daß sie vorher in Gebrauch waren. Genaues ist aber nicht bekannt. Die Tatsache, daß die ägyptische (koptische) und die äthiopische Kirche ein bescheidenes Instrumentarium - und dies nur zur Unterstützung rhythmischer Akzente - benützen, läßt vermuten, daß solche rhythmus-stützenden Geräte einst überall verbreitet waren. (Die Einführung der Orgel in der Armenischen Altorientalischen und in der Griechisch-Orthodoxen Kirche von Nordamerika ist neuen Datums; das Harmonium auf den west-griechischen Inseln dagegen wurde wahrscheinlich schon während der venezianischen Herrschaft eingeführt; ebenso gab es versuchte Orgeleinführungen bei den galizischen Unierten im XVII. und XVIII. Jahrhundert. Doch sind dies alles die berühmten Ausnahmen, die die Regel bestätigen.)

Die Orthodoxe Kirche, so wie sie heute konfessionskundlich umschrieben wird, ist zunächst jener Teil der universalen Kir-

---

*) entnommen aus: W. Nyssen / H. J. Schulz / P. Wiertz (Hrsg.), Handbuch der Ostkirchenkunde, Bd. II, Patmos-Verlag Düsseldorf 1989, "Die Musik der orthodoxen Kirche"

che, der nach den Kirchentrennungen von 431 und 451 im Verband der Reichskirche blieb. 431 war die Einheit zwischen Reichskirche und Ost-syrischer (Assyrischer) Kirche, 451 die zwischen Reichskirche und Altorientalischer Kirche auseinandergebrochen. Im Reich blieben die Kirchen griechischer und lateinischer Sprache, d.h. die Patriarchate Rom, Konstantinopel und Jerusalem; hinzu kamen außerhalb des Reichs jene Gemeinden in Ägypten und Syrien, die die Kirchentrennung nicht mitgemacht hatten, sondern treu zum Kaiser standen.

Diese Einheit ging im Jahre 1054 verloren, als das Schisma zwischen Rom einerseits und Konstantinopel und den übrigen Kirchen andererseits ausbrach. Diese auf der Ostseite des Schismas stehenden Kirchen werden seitdem die Orthodoxe Kirche genannt. Es sind zunächst die Kirchen griechischer Sprache und griechischer Kultur. Die Patriarchatsteile in Ägypten und Syrien, die die Kirchentrennung von 451 nicht mitgemacht hatten, waren ebenfalls schnell unter griechischen Einfluß gekommen, da sie sich naturgemäß an Konstantinopel anlehnten, das nun zum mächtigsten Patriarchat des Ostens wurde. Sehr bald organisierte Konstantinopel die Mission der Ost- und Süd-Slawen. Große Gebiete konnten dem Christentum zugeführt werden, die gleichzeitig - wenn auch nur vorübergehend bis zu ihrer administrativen Verselbständigung - zur Jurisdiktion dieses Patriarchats gehörten: Rußland, Serbien, Bulgarien und das heutige Rumänien. Nicht umsonst wird daher auch die Orthodoxe Kirche oft als "griechisch-orthodox" bezeichnet wegen ihrer Prägung durch die griechische Kultur.

Wie alle Ostkirchen ist auch die Orthodoxe Kirche landeskirchlich strukturiert. Jede Landeskirche (im Osten bevorzugt man den Ausdruck "Ortskirche", der aber im Westen schlecht zu verwenden ist, da man hier darunter nur die Kirche einer Stadt versteht) verwaltet sich selbständig, für Glaubensfragen größerer Bedeutung ist das Ökumenische Konzil zuständig.

Alle orthodoxen Landeskirchen befolgen den gleichen Ritus beim Gottesdienst, die lokalen Varianten sind - jedenfalls für den Außenstehenden - geringfügig. Geprägt wurde der Gottesdienst in Jerusalem und Konstantinopel; von Konstantinopel aus verbreitete er sich durch Mission in alle Länder der heutigen Orthodoxie. Fast immer folgte die sofortige Übersetzung in die Landessprache - und damit die Adaptierung der ursprünglich griechischen Melodien und gleichzeitig ihre Amalgamierung an die neue Sprache. Der Prozeß der Amalgamierung war indes sehr unterschiedlich, doch darüber mehr bei den einzelnen Landeskirchen.

DIE MUSIK DER GRIECHISCHEN KIRCHE*)

In allen Kirchen, in denen die griechische Kirchensprache benützt wird, wird ein Gesang gepflegt, der unter dem Namen "Byzantinischer Gesang" oder auch "Byzantinischer Choral" bekannt ist. Dieser weist drei wichtige Stadien auf: die alt-, mittel- und neu-byzantinische Periode. Die neubyzantinische datiert aus dem Anfang des XIX. Jahrhunderts und beschränkt sich im wesentlichen auf die Reform bzw. Vereinfachung der musikalischen Notation, der sogenannten Neumen.

Allgemein ist man der Meinung, daß an der Struktur der Musik nichts geändert wurde. Das aber heißt, daß wir es hier mit einer Musik zu tun haben, die im wesentlichen die Musik des XIV. Jahrhunderts ist. Freilich muß auf die Bemerkung "im wesentlichen" besonderer Wert gelegt werden. Erstens verfügt der gesamte Osten über kein Neumensystem, das rückwärts über das XVII. Jahrhundert hinaus mit Sicherheit lesbar wäre (meistens hört die Lesbarkeit schon mit den Zeichen des XIX. Jahrhunderts auf), zweitens war und ist die Musik im Osten nie Monument, sondern Tun - und damit ständiger, wenn auch in minimalen Schritten sich ereignender Veränderung ausgesetzt. Der

---

*) entnommen aus: W. Nyssen / H. J. Schulz / P. Wiertz (Hrsg.), Handbuch der Ostkirchenkunde, Bd. II, Patmos-Verlag Düsseldorf 1989, "Die Musik der orthodoxen Kirche"

oft gehörte Vorwurf des Westens, die Kunst des Ostens - und damit auch seine Musik - kenne keine Entwicklung, ist völlig falsch. Der Unterschied ist nur der, daß die "Entwicklung" (die man sich natürlich nicht im romantischen Sinn einer Zielentwicklung vorstellen darf) im Osten nie revolutionär, sondern stets evolutionär im Sinne kleinster Veränderungen verlief und verläuft. Während die abendländische Musik mit der Musica Enchiriadis bereits in karolingischer Zeit den Weg zur Denkmalhaftigkeit, zum Werkcharakter einschlägt, bleibt im Osten die Musik vornehmlich Tun. Und da sie sich in der Liturgie stets als wortgezeugtes Singen und nicht als ein autonomes Wesen - etwa in Gestalt von Instrumentalmusik - neben Bild und Wort der Liturgie stellt, ist sie nach dem treffenden Wort von Ewald Jammers nichts anderes als die "Musik der Textaussprache".

Der im Tun begründete Ereignischarakter der ostkirchlichen Musik hatte u.a. auch zur Folge, daß ein historisches Interesse an ihr erst sehr spät erwachte, und dies geschah ohne Zweifel unter abendländischem Einfluß. Die Kenntnis der alten Neumensysteme war aber überall - sei es durch ständige Reformen des Systems, sei es durch Einführung des abendländischen Fünf-Linien-Notensystems - so weit zurückgegangen, daß eine monumental-museale Rekonstruktion der alten Musik durch "Entzifferung" so gut wie unmöglich geworden war. (Die von dem Österreicher Eugen Wellesz in die Wege geleitete Dechiffrierung der mittel- und altbyzantinischen Neumen wird von vielen, u.a. von der Münchener Schule, mit äußerster Skepsis, wenn nicht mit ausgesprochener Ablehnung betrachtet.) Da aber andererseits bekannt ist, daß Entwicklung im Osten sich nur in kleinsten Schritten ereignet, kann wiederum angenommen werden, daß im gegenwärtigen, auf der Reform des frühen XIX. Jahrhunderts beruhenden byzantinischen Choral die Musik seiner früheren Stufe, der mittelbyzantinischen Periode, relativ unverändert erhalten ist. Über den Charakter der altbyzantinischen Musik dagegen, so wie sie sich in den Codices des X. - XIV. Jahrhunderts darbietet, lassen sich so gut wie keine Angaben machen. (Die Forschungsergebnisse der Wellesz-Schule sind, wie schon erwähnt, nicht unbestritten.)

Dem byzantinischen Choral liegt das - wahrscheinlich aus Syrien stammende - Acht-Töne-System, die sogenannten Kirchentonarten, zugrunde. Diese sind auch im Abendland bekannt, haben aber überall, wo sie auftreten, einen anderen Charakter. Während das Abendland sie ziemlich eng bei ihrer ursprünglichen Bedeutung hielt - etwa die strenge Systematik: 1. Ton über d, 2. über a, 3. über e, 4. über h usw. beibehielt -, ist die Systematik bei den Byzantinern oft und in nicht genau zu verstehender Weise geändert worden.

Außerdem kennen die byzantinischen Kirchentöne im Gegensatz zu den römischen chromatische Leitern. Bis heute ist deren Herkunft ungeklärt. Die Erklärung, sie stammten aus der arabischen bzw. türkischen Musik, muß als zu vordergründig abgewiesen werden, da sowohl die arabischen als auch die türkischen Leitern grundsätzlich andere Intervallverhältnisse als die byzantinischen haben. Die chromatischen Leitern könnten auch ihren Ursprung in der Volksmusik haben - wenn sie nicht gar antiker Herkunft sind.

Die byzantinische Musik unterscheidet acht Töne (griechisch ἦχος, slawisch glasy), vier werden als authentisch, vier als plagal bezeichnet. Jedes Stück steht in einem Kirchenton. Die Oktav wird nicht in 12 Teile (Halbtöne), sondern in 68 Teile zerlegt; auf diese Weise gibt es Intervalle von 6, 7, 9, 12 oder 18 solcher Teile.

Gesungen wird stets einstimmig, zur Bildung einer eigenen Mehrstimmigkeit kam es nicht. Erst im späten XIX. Jahrhundert wurden hier und da Versuche gemacht, Stücke im Stil italienischer oder deutscher Komponisten zu verfassen, doch war diesen Versuchen bisher keine Breitenwirkung beschieden. Auch die in Amerika eingeführte Orgel setzte sich in Europa nirgends durch. Charakteristisch für den griechischen Gesang ist ferner, daß einige Bassisten den Grundton nach Art eines Orgelpunkts aushalten, so daß eine Art Zweistimmigkeit entsteht. Solch ein Grundton wird "Ison" ("das gleiche" = der gleiche Ton) genannt, die betreffenden Sänger heißen Isokraten (Ison-Halter).

Gesungen wird ferner in drei Stilarten. Man unterscheidet: 1. die irmologische Art; sie wird hauptsächlich bei den Irmen des Kanons, gelegentlich aber auch bei Stichiren verwendet; auf jede Silbe trifft ein Ton; 2. die stichirarische Art; sie wird hauptsächlich bei den Stichiren, Troparien und Kondakien angewendet; auf jede Silbe treffen 1 - 4 Töne; 3. die kalophone oder papadische Art; sie wird bei feierlichen Anfangs- oder Schlußgesängen (z.B. Ps. 103 bei der Vesper, Phos hilarón bei der Vesper oder abschließende Stichiren-Strophen, sogenannte Doxastika) verwendet. Auf eine Silbe kommen viele Töne, im Extremfall bis zu 100. Diese Gesänge sind von höchster meditativer Kraft, finden sich heutzutage auch fast nur noch in Klöstern, der Text wird als bekannt vorausgesetzt, oft wird er durch eingefügte Silben absichtlich zerhackt, um das innere Auge (alle folgen dem Gesang mit geschlossenen Augen) für die Schau der himmlischen Wirklichkeiten zu öffnen.

Als besonders meditativ werden von Abendländern auch die chromatischen Leitern empfunden (siehe folgendes Beispiel).

Griechischer Kirchengesang
Vesper: Ps. 140, im 2. Plagalton (= 6. Ton)
nach: J. - B. Rebours, Traité de psaltique, Paris 1906, 112-113
Übertragung I. v. Gardner

DIE MUSIK DER BULGARISCHEN, SERBISCHEN UND RUMÄNISCHEN KIRCHE SOWIE ANDERER ORTHODOXER KIRCHEN*)

Die Musik der bulgarischen Kirche

Der kanonische Gesang der bulgarischen Kirche unterscheidet sich von dem der griechischen Kirche überhaupt nicht. Wohl hat eine Adaption an die kirchenslawische (und in neuester Zeit an die neubulgarische) Sprache stattgefunden, doch kann von einer Amalgamierung keine Rede sein. Bulgaren erklären oft, daß sie sich aus Furcht, von Konstantinopel der rituellen Abweichung angeklagt zu werden, stets peinlich darum bemüht hätten, den Gesang soweit wie möglich demjenigen von Konstantinopel anzupassen. Sogar die Tongebung ist bei einem guten bulgarischen Sänger von derjenigen eines Griechen nicht zu unterscheiden. Andererseits führte aber die politische Anlehnung an das russische Zarenreich Ende des vorigen Jahrhunderts auch zu einer starken kulturellen Anlehnung in kirchenmusikalischer Hinsicht. Die heutige Praxis im Gottesdienst sieht so aus, daß die Proprien streng byzantinisch, die Ordinarien aber alle mehrstimmig ausgeführt werden. Die bulgarischen Kirchenkomponi-

---

*) entnommen aus: W. Nyssen / H. J. Schulz / P. Wiertz (Hrsg.), Handbuch der Ostkirchenkunde, Bd. II, Patmos-Verlag Düsseldorf 1989, "Die Musik der orthodoxen Kirche"

sten standen zum Teil unter russischem, zum Teil unter tschechischem Einfluß, z.B. war einer der ersten bulgarischen Komponisten, die mehrstimmig schrieben, Dobri Christov (1875 - 1941), ein Schüler Dvořaks. Andere bekannte Kirchenkomponisten sind A. Nikolov, P. Dinev und A. Badev.

Um die Ähnlichkeit zwischen dem griechischen und dem bulgarischen Choral zu zeigen, bringen wir denselben Text aus der Vesper (Ps. 140), ebenfalls im 6. Ton, aber in kirchenslawischer Sprache.

1 *Bulgarischer Kirchengesang*
Vesper: Ps. 140, im 6. Ton (= 2. Plagalton)
Nach: *P. Dinev, Cerkovno-pevčeski sbornik. I.: Krat'k osmoglasnik i božestvena liturgija. Sofia 1947*

Anzumerken ist, daß die Slawen, ja überhaupt alle Nicht-Griechen, die Kirchentöne von 1 bis 8 durchzählen, also nicht die Unterscheidung zwischen authentischen und plagalen Tönen machen. Um eine ungefähre Vorstellung vom kalophonen Stil zu geben, soll ein Beispiel in bulgarischer Art folgen.

2 *Bulgarischer Kirchengesang*
Aus dem Proömium des Akathistos-Hymnus, im 8. Ton
Nach: *P. Dinev, Triod i Pentikostar, Sofia 1951*

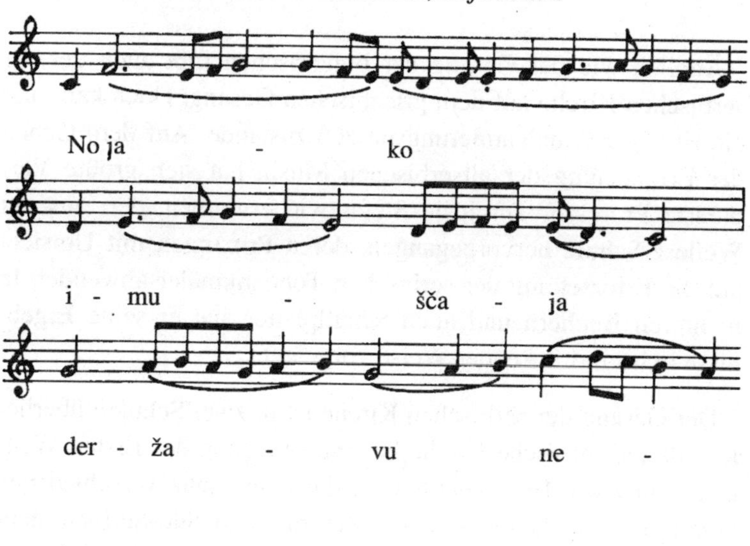

Die Musik der serbischen Kirche

Ähnlich wie der Gesang der bulgarischen fußt auch der der serbischen Kirche auf dem griechischen Gesang. Doch kam hier ein richtiger Amalgamierungsprozeß zustande. Auf dem Gebiet der Erforschung der altserbischen Musik hat sich größte Verdienste Professor Dimitrije Stefanović erworben, der, aus der Wellesz-Schule hervorgegangen, deren Prinzipien mit Umsicht auf die Erforschung der serbischen Tondenkmäler anwendet. In mehreren Büchern und auch Schallplatten hat er seine Ergebnisse in beeindruckender Weise vorgelegt.

Der Gesang der serbischen Kirche ist in zwei Schulen überliefert, da die serbische Kirche bis zum Ausgang des Ersten Weltkriegs in zwei Teile geteilt war, die unter ganz verschiedenen kulturellen Einflüssen standen. Zentral- und Süd-Serbien standen unter starkem griechischem Einfluß, was sich nicht nur in der byzantinischen Intonation der Kirchensänger, sondern auch in der direkten Übernahme einiger Gesänge aus der bulgarischen Kirche äußerte. In den zu Österreich-Ungarn gehörenden Gebieten dagegen stand man mehr unter dem Einfluß westeuropäischer Musik. Nach dem kirchlichen Zentrum Karlovcy wurde der Gesang hier "Karlovačko Pojanje" genannt ("Gesang von Karlovcy"). Er zeichnete sich durch das Fehlen der byzantinischen Intonation und damit durch das Fehlen der charakteristischen Mikrointervalle und Verzierungen aus. Schon früh begann man hier auch, nach westlichem Vorbild zu komponieren. Der erste bedeutende Komponist dieser Art ist Kornelije Stanković (1831 - 1865). Auch russische Komponisten wurden gern übernommen. Bisweilen kommt es sogar zu der überraschenden Tatsache, daß Werke mancher Komponisten, die in Rußland längst außer Gebrauch sind, sich heute noch im Repertoire der serbischen Kirche halten (z.B. der Karfreitagsgesang "Blagoobraznyj Josif" ["Der edle Joseph"] von Bortnjanskij). Nach dem Ersten Weltkrieg übten die zahlreichen russischen Emigranten - deren kirchliches Zentrum sich in Karlovcy befand! - erneut Einfluß auf die musikalische Gestaltung des serbischen Gottesdienstes aus.

In Zentralserbien folgte man nach der Ausrufung der kirchlichen Autokephalie (1879) sehr schnell dem musikalischen Vorbild der Schule von Karlovcy, d.h. man begann ebenfalls nach teils russischem, teils deutschem Vorbild mehrstimmig zu schreiben, doch bemühte man sich, den Anschluß an die Tradition nicht zu verlieren, was sich u.a. darin äußerte, daß man vor allem cantus-firmus-Kompositionen verfaßte. So hatte die Gemeinde Gelegenheit, die alten vertrauten Melodien, nur gewissermaßen in modernisiertem Gewande, zu hören.

Als bedeutendster Komponist hat sich hierin Stevan Stojanovič Mokranjac (1856 - 1914) erwiesen, der außerdem ein hervorragender Choralforscher und -sammler war. Er hatte in Rom, Leipzig und München (Rheinberger) studiert und hierbei die Bestrebungen der damaligen katholischen Kirchenmusikreformer kennengelernt, die man allgemein unter dem Namen Cäcilianismus zusammenfaßt. Doch bewahrt ihn seine enge Bindung an den heimatlichen Choral, die eben nicht restaurativ, sondern noch ungebrochen lebendig war, vor dem Abgleiten auf das allzu epigonenhafte Niveau der Cäcilianer. Seine Werke atmen Originalität, Kraft und Frische, die sich mit einer sehr gediegenen Satztechnik verbinden. Andere bekannte serbische Komponisten sind Josif Marinković, Kosta Manojlović, Stanislav Binički, Petar Konjović, Miloje Milojević, Stevan Christić und Marko Tajčević. Die beiden letzteren lebten in unserem Jahrhundert und bemühten sich mit beeindruckendem Erfolg, die Gleise der Romantik zu verlassen und zu einer Art kirchenmusikalischem Expressionismus vorzustoßen.

Der serbische Choral hat die drei Stilarten der byzantinischen Musik auf zwei Gesangsarten reduziert:

1. "opšte pojanje" ("Allgemeiner Gesang") faßt irmologische und stichirarische Art zusammen;
2. "veliko pojanje" (in jüngster Zeit meist neuserbisch als "veliko pjenije" ausgesprochen) ist die kalophone Art.

Diese Art hat sich teilweise sogar in den Kathedralen erhalten (z.B. im "veliko svjat", d.h. im "Großen Sanctus" der Basilius-Liturgie), wo sie meist sehr schön harmonisiert mehrstimmig ausgeführt wird.

3 *Serbischer Kirchengesang*
Vesper: Ps. 140, im 6. Ton
Nach: *St. Mokranjac, Pravoslavno srpsko narodno crkveno pojanje, Beograd 1935, 183.*
Langsam

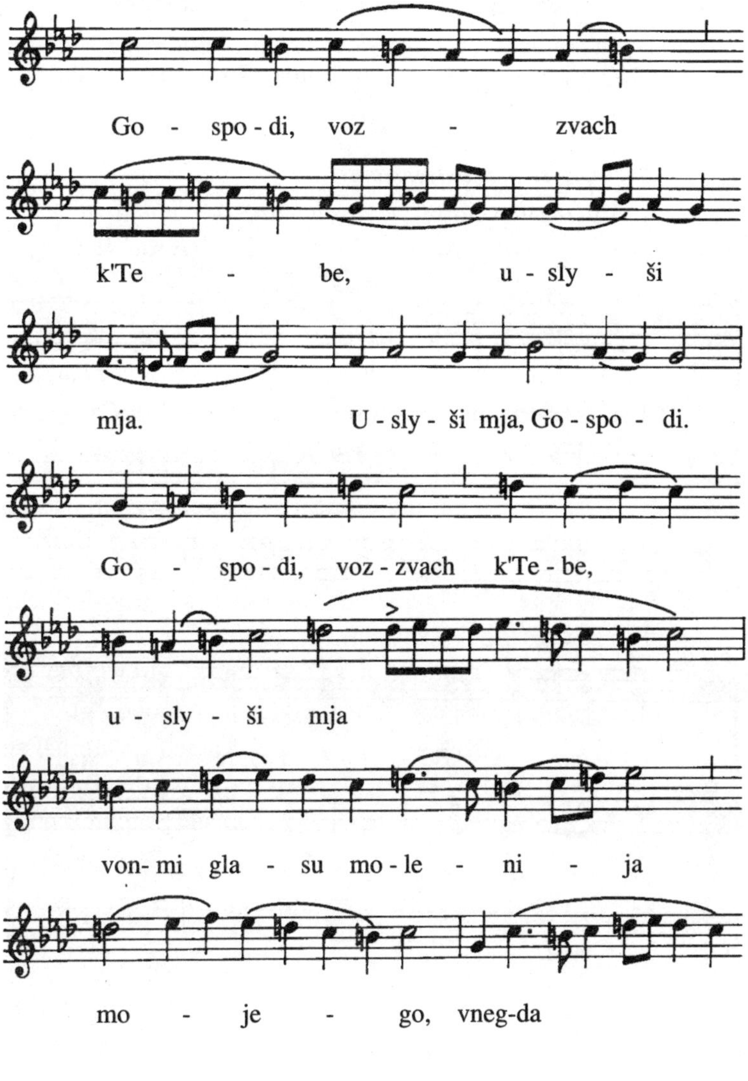

4 *Serbischer Kirchengesang*
1. Makarismos des 6. Tones im Satz von Stanković
nach: *Srpsko Crkveno Karlovačko Pojanje, Belgrad 1922*

Die Musik der rumänischen Kirche

Sie hat seit dem XVIII. Jahrhundert das Rumänische als liturgische Sprache (vorher Kirchenslawisch und in den Kathedralen z.T. Griechisch). Der Choral, in früheren Jahrhunderten in zahlreiche lokale Varianten zerfallen, wird seit etwa 50 Jahren wieder streng an das griechische Vorbild angeglichen und in dieser Form als verpflichtend für die ganze rumänische Kirche vorgeschrieben, um so ein einheitliches Choralsystem für das ganze Land zu schaffen. Mehrstimmiger Gesang wird seit Mitte des vorigen Jahrhunderts gepflegt. Er stand zuerst unter erdrükkendem russischem Einfluß, wandte sich dann etwas gewaltsam französischen Vorbildern zu, wodurch er einen sehr westlichen Charakter annahm. Gegenwärtig versucht der Kathedral-Dirigent Nicolae Lungu - ähnlich wie Mokranjac in Serbien und die Moskauer Komponisten in Rußland -, durch cantus-firmus-Kompositionen einen mehr liturgischen Stil zu schaffen, doch ist er in seiner Harmonik noch allzusehr dem vorigen Jahrhundert verpflichtet. Interessante Versuche in moderner Richtung unternahm der Priester Dragutin, doch wurden sie leider nicht fortgesetzt.

Die Musik anderer orthodoxer Kirchen

In zahlreichen Ländern ist heute die Orthodoxe Kirche als Minderheit vertreten. Überall hat man zunächst die Musik der jeweiligen Mutterkirche übernommen und versucht gleichzeitig, über den Prozeß der Adaption hinaus zu einer Amalgamierung zu kommen. Außerdem lassen sich fast überall, gleich welcher Gestalt die Mutterkirche war, russische Einflüsse feststellen. Am weitesten in Richtung auf Schaffung einer eigenen Tradition hat sich bisher die finnische Kirche vorgewagt, deren langjähriges Oberhaupt, Erzbischof Paul († 1988), ein hervorragender Musiker und Musikwissenschaftler war.

DIE MUSIK DER RUSSISCHEN KIRCHE*)

Weit mehr als die Musik der bulgarischen und der serbischen Kirche hat sich die Musik der russischen Kirche von ihren byzantinischen Ursprüngen entfernt. Nicht nur deswegen, weil die Russen seit dem XVII. Jahrhundert die von ihnen schon zuvor nach eigenen Vorstellungen entwickelte Mehrstimmigkeit unter westlichem Einfluß in ungeahnter Weise weiterentwickelt haben, sondern auch deshalb, weil die russischen Choralsysteme schon im XVI. Jahrhundert, als die Mehrstimmigkeit begann, mit dem Gesang der Griechen so gut wie keine Ähnlichkeit mehr aufwiesen. Die Forschung steht vor einem Rätsel: Ist die Unähnlichkeit deswegen so groß, weil allein die Russen sich von ihren Ursprüngen wegentwickelt haben, oder haben auch die Byzantiner ihre alten Grundlagen verlassen und sich in ihrer mittel- und neubyzantinischen Periode einen Gesang geschaffen, der sowohl mit dem altbyzantinischen als auch mit dem russischen Gesang keine Ähnlichkeit mehr aufweist?

Aus kirchengeschichtlichen Gründen muß angenommen werden, daß der russische und der griechische Gesang eine gemeinsame Wurzel haben, denn das Christentum kam nach Rußland -

---

*) entnommen aus: W. Nyssen / H. J. Schulz / P. Wiertz (Hrsg.), Handbuch der Ostkirchenkunde, Bd. II, Patmos-Verlag Düsseldorf 1989, "Die Musik der orthodoxen Kirche"

auf dem Umweg über Bulgarien - von Byzanz. Die Missionare haben also - wie überall, so auch hier - den Gesang mitgebracht. Dieser ist höchstwahrscheinlich von Anfang an, da die Missionare im Auftrag Konstantinopels wirkende Bulgaren waren, in kirchenslawischer Sprache vorgetragen worden, doch ohne Zweifel als slawisch adaptierter griechischer Gesang, da die Bulgaren sich zu allen Zeiten bemühten, dem griechischen Vorbild in allen Punkten getreulich zu folgen.

Die Lösung des Rätsels wird außerordentlich erschwert durch die Tatsache, daß wir weder altrussische, noch altgriechische Neumen zufriedenstellend lesen können. Die Entzifferungen der Wellesz-Schule werden von manchen ernsthaften Forschern in Zweifel gezogen, andererseits zeigen gerade sie, daß die zutage geförderten Ergebnisse einen größtmöglichen Unterschied zwischen russischer und griechischer Musik aufweisen. Die endgültige Lösung des Problems wird wahrscheinlich noch Jahrhunderte auf sich warten lassen.

Bedingt durch die wechselvolle Geschichte der reußischen Lande, hat sich nun dort eine überaus reiche Choralmusik entwickelt, die wir als erstes darstellen wollen.

Als ältestes System ist der "Neumatische Choral" entstanden (russisch: "znamennyj rospev" von "znamja" = das Zeichen, die Neume, und "rospev" = die Gesangsart, das Gesangssystem). Er wird auch "Säulen-Choral" bzw. (halbrussisch) "Stolp-Choral" oder "Stolp-Gesang" genannt (russisch: "stolpovoj rospev" von "stolp" = die Säule, d.h. Kolonne der acht Kirchentöne), weil fast alle Gesänge dem System der Kirchentöne angehören. Nur einige Ordinarien sind ohne eine solche Zugehörigkeit. Er wurde - mitsamt seinem Namen - nach der Invasion der Tataren (1238) im freigebliebenen Norden, insbesondere im Gebiet der Hansestadt Nowgorod, weiterentwickelt. Nach dem allmählichen

Abzug der Tataren wurde er zum kanonischen Gesang der russischen Kirche, soweit sie sich auf dem Territorium der vom Großfürstentum Moskau neugesammelten reußischen Lande befand. Die sich im XVIII. Jahrhundert von der Staatskirche abspaltenden Altritualisten (auch Altgläubige genannt) pflegen ihn als einzige Form des liturgischen Gesangs bis heute, während in der Staatskirche seit demselben Jahrhundert der mehrstimmige Gesang um sich griff.

Ähnlich wie der griechische Choral, kennt auch der russische drei Gesangsarten. Die irmologische wird "malyj rospev" ("Kleiner Choral"), die stichirarische einfach "znamennyj rospev" ("Neumenchoral"), die kalophone "bolšoj rospev" ("Großer Choral") genannt. Da sich der gewöhnliche "znamennyj rospev" im XVI. und XVII. Jahrhundert melodisch immer reicher entwickelte, wurden mancherorts Kürzungen vorgenommen: Es entstanden die "sokraščennye rospevy", d.h. die "Gekürzten Choräle". Seit dem Jahr 1772 wurden die wichtigsten Gesänge im ganzen Land gesammelt und in offiziellen Choralbüchern bis zum Anfang dieses Jahrhunderts - oftmals korrigiert und erweitert - herausgegeben. Doch finden sich in diesen Büchern auch noch andere Choralsysteme, die wesentlich zur Bereicherung des gesamt-russischen Choralgesangs beigetragen haben.

Die Kiewer Lande und die weiter westlich gelegenen Gebiete - jenes Territorium also, das man seit dem XVII. Jahrhundert zusammengenommen Ukraine nennt - kamen nach dem Abzug der Tataren unter die polnische Krone und entwickelten hier den alten "znamennyj rospev" weiter zum "kievskij rospev", d.h. "Kiewer Choral". Merkwürdigerweise besitzen wir aber fast keine Dokumente aus alter Zeit (außer jenen wenigen aus vortatarischer Zeit), sondern erst aus jener Periode - dafür dann massenweise -, als bereits unter polnischem Einfluß anstelle des alten Neumensystems das italo-polnische Fünf-Linien-Notensystem eingeführt war, also seit dem frühen XVII. Jahrhundert. Im Jahre 1654 wurde die Ukraine an Moskovien angeschlossen, die ukrainischen Sänger - wegen ihres neuzeitlichen, mehrstimmigen Stils in Großrußland sehr geschätzt - brachten den Kiewer Choral dorthin. Er drängte den alten "znamennyj rospev" weitgehend zurück und fand ab 1772 ebenfalls Aufnahme in die offiziellen russischen Choralbücher. Zur Beliebtheit des Kiewer Chorals im gesamten Reußenland trug seine leichte Erlernbarkeit bei. Zu einem unbekannten Zeitpunkt nämlich hatten die Kiewer Sänger eine Umstrukturierung des Chorals nach literarischen Gesichtspunkten vorgenommen: Für Kanones, Troparien, Stichiren und Prokimena erfanden sie je eigene Melodien bzw. gestalteten sie alte Melodien um. Diese Melodien haben alle irmologischen Charakter, sind also im wesentlichen syllabisch und weisen außerdem eine frappante Ähnlichkeit mit der westlichen gregorianischen Psalmodie auf. Allerdings sind sie im Unterschied zu dieser nicht zweizeilig, sondern meist vielzeilig aufgebaut. Jede Zeile besteht in der Hauptsache aus einem Rezitationston, zu dem ein bis zwei Töne hin- und von dem ebenso einige wenige Töne wieder wegführen. In der Regel besteht ein Kirchenton aus drei bis vier Zeilen, er kann außerdem ein Initium ("vstupitelnaja stroka") und eine Finalis ("okončatelnaja stroka") haben, und die Zeilen wiederholen sich, soweit der Text reicht. Da es einerseits acht Kirchentöne, anderseits (von den Ukrainern so eingeteilt) vier literarische Genera gibt, ergibt sich ein kleiner Melodienschatz von 32 Mustermelodien, die sich sehr leicht erlernen lassen. Für erfahrene Sänger stehen außerdem die in den Texten eigens indizierten weiteren Mustermelodien, die gleichfalls in den Choralbüchern aufgezeichnet sind, zur Verfügung. Jeder Kirchenton verfügt über eine Grundmelodie und ein bis fünf weitere Mustermelodien, im Griechischen "prosomia", im Slawischen "podobny" genannt. Doch kann - und dies ist in der Praxis auch meist der Fall - jedes literarische Genus, d.h. jede Kanon-, Troparien- oder Stichirenstrophe, gleich welche Melodieangabe im Text steht, nach der Grundmelodie gesungen werden. (Die Prokimena kennen nur Grundmelodien.)

Die Stücke der kalophonen Art blieben auf große Klöster und Kathedralen beschränkt und werden dort bis heute gesungen, in der Ukraine immer mehrstimmig, in Großrußland auch einstimmig.

Sowohl "znamennyj" wie "kievskij rospev" bauen auf der altrussischen zwölfstufigen Tonleiter G-A-H-c-d-e-f-g-a-b-c'-d' auf. Finaltonalität ist nirgends bekannt, vielmehr machen eine Anzahl bestimmter Tonfiguren ("popevki") und deren Anordnung einen Kirchenton aus. Eine gewisse Ähnlichkeit mit dem byzantinischen Choral zeigt sich darin, daß Figuren des 1. Tones auch im 5., die des 2. auch im 6. Ton usw. vorkommen können. Doch ist die griechische Einteilung in authentische und plagale Töne unbekannt.

Neumenaufzeichnung ist seit dem XI. Jahrhundert bekannt. Benutzt werden diese Zeichen von den Altgläubigen bis zum heutigen Tag als einzige Art der Musikaufzeichnung. Die Neumenschrift wurde im XVII. Jahrhundert zweimal reformiert. Die jüngste Form wird Notation A, die mittlere Notation B, die älteste Notation C genannt. Nur Notation A ist mit Sicherheit lesbar.

Neben dem Kiewer Choral wurde - ebenfalls im XVII. Jahrhundert - in Großrußland der "Gräko-russische Choral" ("grečeskij rospev") bekannt. Seine Notierung hing mit den liturgischen Reformen des Patriarchen Nikon zusammen, der die russischen Zeremonien insgesamt an den griechischen ausrichten wollte.

Es ist verständlich, daß eben deshalb in dieser Zeit in Moskau so viele griechische Melodien erschienen. Sie haben aber mit dem Gesang der griechischen Kirche wenig zu tun. Dafür haben die Melodien des "grečeskij rospev" große Ähnlichkeit mit dem Kiewer Choral, weisen z.B. wie dieser fast immer Zeilenaufbau auf, erscheinen aber nur in der irmologischen Art. Bemerkenswert ist außerdem, daß nur Troparien und Kanon-Irmen in diesem Choralsystem überliefert sind.[1)]

1 Russischer Kirchengesang: Kleiner Stolp-Gesang.
Vesper-Stichira am Samstag, im 8. Ton
Nach: Oktoich notnago penija, Moskva (Synodalnaja Typografija) 1889, Blatt 117 v.

1) vgl. "Die Bedeutung des Patriarchen Nikon für die Kirchenmusik" in Zweiten Teil des Buches

2 *Russischer Kirchengesang Großer Stolp-Gesang.*
Vesper-Stichira wie unter 1,
mit Neumen (Stolp-Notation Typus A)

Nach: *Krug cerkovnago drevnjago znamennago penija. Bd. I,*
St. Petersburg 1884, Blatt 100r-v.
Übertragung: I. v. Gardner.

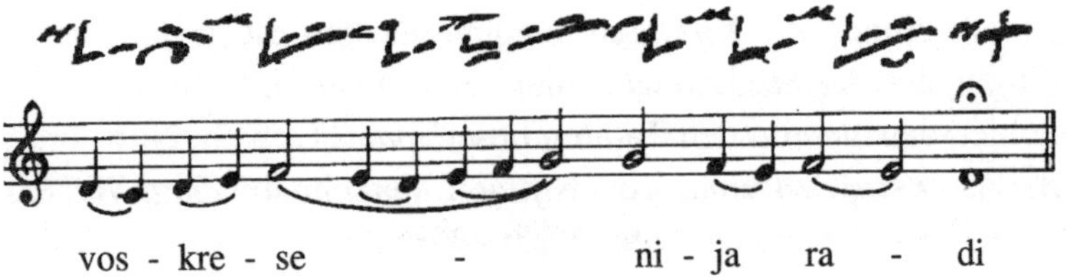

Ebenfalls im XVII. Jahrhundert kam der sogenannte "Russo-Bulgarische Choral" nach Moskau ("bolgarskij rospev"), der aber wahrscheinlich nicht aus Bulgarien, sondern aus karpathorussischem Gebiet stammt. Er hat mit dem offiziellen Gesang der bulgarischen Kirche nichts zu tun. Nur die Kathismata der Matutin sowie einige Troparien und Kondakien sind in ihm überliefert.

3 *Russischer Kirchengesang*
Kiewer Choral. Vesper, Ps. 140, im 3. Ton
Nach: Sputnik psalomščika, Jordanville 1959, S. 51

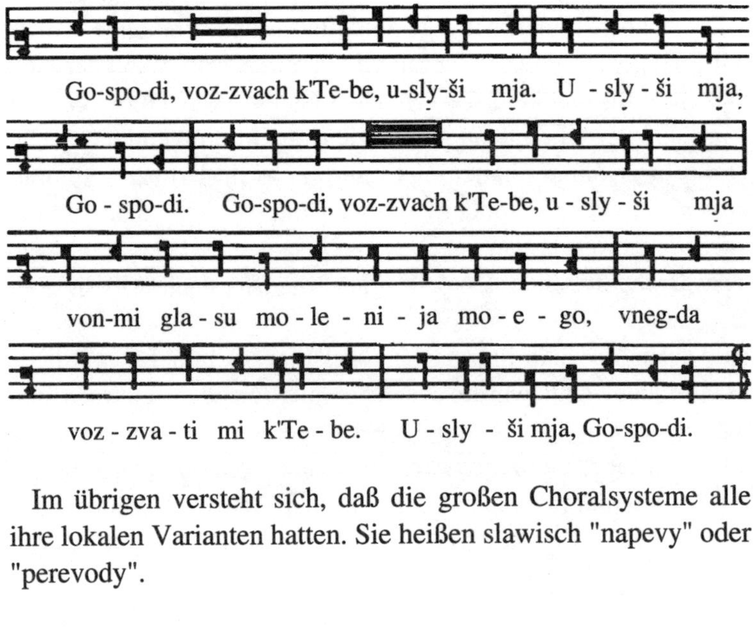

Im übrigen versteht sich, daß die großen Choralsysteme alle ihre lokalen Varianten hatten. Sie heißen slawisch "napevy" oder "perevody".

Im beginnenden XVI. Jahrhundert tauchen die ersten mehrstimmigen Aufzeichnungen auf und zwar im Nowgoroder Gebiet, das nie von den Tataren besetzt war. Obwohl Nowgorod als Hansestadt zu allen Zeiten freien Verkehr mit dem Westen hatte, läßt die eigenartige Mehrstimmigkeit dort aber keine Parallelen zur damaligen westeuropäischen Musik erkennen, vielmehr erinnert sie von fern an früheste Anfänge westlicher Mehrstimmigkeit im IX. Jahrhundert. Zuerst entstehen zweistimmige Partituren dergestalt, daß zu einem bestehenden cantus firmus ("putj" = der Weg) eine Oberstimme, teils in gleicher, teils in Gegenbewegung, hinzugefügt wird; dann - gegen Ende des Jahrhunderts - kommen dreistimmige Werke zum Vorschein; dem cantus firmus wird jetzt eine Unterstimme beigefügt. Die entstehenden "Akkorde" sind oft merkwürdig dissonant, der beliebteste Klang scheint der Quart-Quint-Klang (z.B. c-f-g) gewesen zu sein. Im XVIII. Jahrhundert erscheinen dann vierstimmige Partituren.

Diese höchst merkwürdige und in Europa einmalige Musik wird indessen bald unterlaufen und dann verdrängt von der Kiewer Mehrstimmigkeit, die seit 1652 (schon zwei Jahre vor dem Anschluß der Ukraine an Moskovien) in Großrußland auftaucht. Die Kiewer Sänger hatten nicht nur ein leicht lernbares Choralsystem entwickelt, sondern pflegten dieses auch mehrstimmig vorzutragen: Zu einem gegebenen c.f. sang eine Oberstimme ein Terz-Organum, eine Unterstimme ergänzte nach Möglichkeit Dreiklänge. Diese Methode mehrstimmigen Musizierens, die bald auch für halb-liturgische ("geistliche") und für weltliche Musik angewandt wurde, war ebenfalls leicht zu erlernen und trug außerdem den Stempel des Modernen an sich, denn die Kiewer Mehrstimmigkeit war eindeutig von Polen her beeinflußt. Außerdem hatten die ukrainischen Chöre von Venedig auf dem Umweg über Krakau die italienische Polychorie, ja den römischen Kolossalstil übernommen und beeindruckten mit ihren 24-, 36-, ja 48-stimmigen Liturgien und Vigilien die Moskauer maßlos.

Mit der Einführung der polnisch-ukrainischen Mehrstimmigkeit wurde nicht nur der nord-russischen archaischen Mehrstimmigkeit und der alten choralen Einstimmigkeit der Kampf angesagt, sondern es begann auch die lange Reihe der musikalischen Überfremdungen, die erst Ende des XIX. Jahrhunderts mit dem Erscheinen der Moskauer Schule endete.

Während die Klöster im ganzen Land den Kiewer Choral talis qualis übernahmen, ihn also auch mehrstimmig ausführten und ihn so bis zum heutigen Tag (von den Stücken der kalophonen Art abgesehen) singen, beeilten sich die großen Kirchenchöre - in abgeschwächtem Maße auch die kleineren -, den ukrainisch-polnisch-venezianischen Stil bei sich einzuführen. Diese Art des Singens wurde nach rund 100 Jahren aber wieder verdrängt und zwar von den italienischen Spätbarock- und Rokoko-Komponisten, die ab 1736 nach Petersburg kamen und deren bedeutendste Vertreter auch die kaiserliche Hofkapelle beeinflußten. Francesco Araja, Baldassare Galuppi, Domenico Cimarosa, Giovanni Paisiello und Giuseppe Sarti waren hintereinander Dirigenten und Komponisten der Hofkapelle, deren Stil natürlich als tonangebend für das ganze Land angesehen wurde. Die genannten Italiener bildeten viele russische Schüler aus, die ihren Stil in die Provinzen trugen. Der bedeutendste von ihnen war Dmitrij Stepanovič Bortnjanskij (1751 - 1825), der auch in Deutschland durch seine für den Gottesdienst der altpreußischen Union komponierten Gesänge bekannt geworden ist. (Die deutsche Textierung erfolgte allerdings entgegen einer weitverbreiteten Meinung erst durch deutsche Dirigenten in Berlin.) Bortnjanskij war nicht nur ein fruchtbarer (wenn auch wenig origineller) Komponist, sondern auch und vor allem ein hervorragender

Pädagoge. Er hob das Niveau der Hofkapelle auf das der besten europäischen Kirchenchöre. Berlioz z.B. stellte die Petersburger Hofkapelle über die römische Sixtina! Der ehrende Beiname "russischer Palestrina" betrifft also weniger seinen Kompositionsstil als seine überragende Bedeutung für Chorpraxis und Chordisziplin.

4 *Russischer Kirchengesang. Petersburger Schule*
Italienische Einflüsse. Cherubikon der Liturgie
Dmitrij Bortnjanskij, Cherubikon Nr. 7 (2. Teil)

Majestätisch

Nach dem Tod von Bortnjanskij machte sich der Einfluß der deutschen Romantik bemerkbar, leider nicht durch deren beste Vertreter. Vielmehr wurden die Lehrbücher der deutschen Konservatorien übersetzt und nach diesen in einem wenig originellen Stil komponiert. In die russische Kirchenmusik kam ein Zug von trockenem Akademismus einerseits und starker Sentimentalität andererseits, dem man vielerorts noch heute begegnet. Die Zahl der Komponisten, die in diesem Stil schrieben, ist Legion. Sie alle aber standen unter dem Einfluß des Nachfolgers Bortnjanskijs im Amte des Kapelldirektors, Alexej Fjodorovič Lvov (1798-1870).

5 *Russischer Kirchengesang. Petersburger Schule*
Deutsche Einflüsse. Cherubikon der Liturgie
Alexej Lvov, Cherubikon Nr. 1 (Anfang des 1. Teiles)

So sehr Lvov auch den Prinzipien der deutschen Romantik huldigte, war er doch andererseits der erste, der einsah, daß eine fortschreitende Okzidentalisierung der russischen Kirchenmusik die - durch die starke Anlehnung der Russischen Kultur an den europäischen Westen seit der Thronbesteigung der Dynastie Romanow (1613) in der russischen Gesellschaft bereits vorhandene - Identitätskrise noch mehr verschärfen würde. Daher schlug er vor, nur noch die Ordinarien im freien Stil zu verfassen, die Proprien aber in leicht erlernbarer Form (in loser Anlehnung an die Kiewer Mehrstimmigkeit des XVII. Jahrhunderts) zu harmonisieren. Damit rettete er nicht nur den russischen Choral vor dem Untergang bzw. vor dem Rückzug in die Kantorenstuben (wie dies etwa heute auf dem Balkan durchweg der Fall ist), sondern schuf in der europäischen Musik etwas Einmaliges: ein vollständig durchharmonisiertes Choralsystem! Mag er auch in manchem das Opfer seiner Zeit geworden sein - strenge Homophonie, Melodie stets in der Oberstimme, Kirchentonarten nach dem Dur-Moll-System unter Zuhilfenahme von Leittönen umgebogen -, mögen auch andere seine Ideen erst richtig zum Leuchten gebracht haben, ihm bleibt doch das unsterbliche Verdienst, dem russischen Choral seine fundamentale Bedeutung in der Kirchenmusik erhalten zu haben.

Gegen Ende des Jahrhunderts bildeten sich zwei Gegenrichtungen: die Moskauer Schule und in Petersburg der Kreis der sogenannten Strengen Stilisten oder Choralisten. Die Letztgenannten waren lediglich eine gereinigte und verbesserte Neuauflage der Lvovschen Reformideen, doch haben sie das Verdienst, in ihren besten Stücken - die fast alle eine Choralmelodie zum cantus firmus haben - eine sehr schöne, streng liturgische, an den Kirchentonarten orientierte und, wie man damals mit anti-romantischem Akzent sagte, "leidenschaftslose" ("bezstrastnaja") Musik geschaffen zu haben.

Weitaus fortschrittlicher war die Moskauer Schule. Sie forderte nicht nur auf, die Choralmelodien zur Grundlage jeder Komposition zu machen, sondern alle bisherigen Kompositionsweisen - etwa mit dem cantus firmus im Baß - zu berücksichtigen, darüber hinaus neue zu erfinden. Außerdem trug sie einen stark nationalen Akzent - war also dem sogenannten "Mächtigen Häuflein" in der weltlichen Musik verwandt - und wollte überhaupt westliche Einflüsse so weit wie möglich zurückdrängen. Sie wandte sich daher statt den europäischen Lehrbüchern der höchst eigenartigen russischen Volkspolyphonie und Volksharmonie zu und führte diese in die gottesdienstliche Musik über: Als bedeutendster Vertreter dieser Schule wird ihr Gründer Alexander Kastalskij (1856 - 1926) angesehen. Seine Mitstreiter waren Pavel Česnokov, Nikolaj Kompanejskij, Georgij Izvekov, P N. Dragomirov-Tolstjakov, A. Nikolskij und mancher andere. Der letzte bedeutende Komponist dieser Schule war der auch als Musikologe international bekannt gewordene Ivan v. Gardner, der 1984 in München starb.

6 *Russischer Kirchengesang*
Vesper-Strophe (Dogmatikon des 1. Tones)
Satz: Alexander Kastalskij (Anfang)

(Cantus firmus im Sopran)

(Cantus firmus im Baß)

Nach der Revolution kommt es zu einem Stillstand in der Komposition. Die Aufmerksamkeit der Kirche konnte sich nur darauf richten, weitere Zerstörungen aller Art zu verhindern. Daher pflegten die Dirigenten in den übriggebliebenen Kirchen vorwiegend Musik der Vergangenheit. Doch zeigten und zeigen sich in der Emigration Talente - in Amerika etwa Stravinskij -, die auf eine ständige Weiterentwicklung hoffen lassen.[2]

---

[2] Hinzugefügt muß inzwischen werden, daß nach der politischen Wende sich im neuerstandenen Rußland bedeutende junge Talente wie der Komponist und Musikhistoriker Martynov zu Wort melden.

VENEDIG - KIEW: EINE VERGESSENE MUSIKALISCHE VERBINDUNGSLINIE[*]

Zu den großen Neuerungen, die die venezianische Kirchenmusik im XVI. Jahrhundert brachte, gehört bekanntlich die Polychorie (die Mehrchörigkeit). Wie aber kam diese zustande?

Meist kann man lesen, daß sie durch den Einbau einer zweiten Orgel in den Markusdom und durch das abwechselnde Spiel dieser Orgeln hervorgerufen worden sei. Die ersten Versuche in dieser Richtung seien in Padua gemacht und dann nach Venedig übertragen worden.[1]

Ein zweites Element wurde bisher immer übersehen, da es liturgischer Natur ist, nämlich, daß Venedig bis zum Jahre 1460 gar nicht zum Bereich des römischen, sondern des aquilejischen Ritus gehörte. Erst in diesem Jahre wurde der römische Ritus offiziell eingeführt.[2] Teilstrukturen hielten sich aber, zumal im Markusdom, wie man aus liturgischen Kompositionen ersehen kann, bis ins XVIII. Jahrhundert. Der aquilejische Ritus aber wird dem großen Kreis der gallikanischen Riten zugeordnet und

---

[*] entnommen aus: Stimme der Orthodoxie (Organ des Moskauer Exarchates in Deutschland) 12/88, Berlin 1988

[1] So noch, wenn auch mit einer gewissen Vorsicht, Wörner, Geschichte der Musik, Göttingen, 1972, 182.

[2] LThK 10/660.

war stark von Byzanz her beeinflußt.[3] Und zur byzantinischen Tradition gehört bekanntlich das Singen mit zwei Chören. Leider ist diese Möglichkeit der Herkunft der venezianischen Polychorie bisher noch gar nicht erforscht.

Wie dem auch sei, der erste große Vertreter des neuen Stils ist der in Venedig tätige Niederländer Adrian Willaert (ca. 1490 - 1562).[4] Seine Anregungen werden übernommen und weiterentwickelt von seinen Schülern und geistigen Nachfolgern, unter denen Andrea Gabrieli (ca. 1515 - 1586) und dessen Neffe Giovanni Gabrieli (ca. 1555 - 1612) hervorragen.[5]

Die Charakteristika der venezianischen Musik sind folgende:

1. Durch verschiedene Aufstellung im Kirchenraum wird die Zahl der Chöre auf vier, gelegentlich fünf erweitert;
2. die Chöre können verschieden groß sein, z.B. ein Chor sechs-, ein anderer nur dreistimmig;
3. gelegentlich singen die Chöre nach alter Katavasia-Technik zusammen;
4. statt des linearen Kontrapunktes werden zunehmend Akkordsäulen verwendet;
5. einzelne Stimmen oder gar ganze Chöre können instrumental ausgeführt werden.

Für Giovanni Gabrieli kommt außerdem hinzu, daß zum erstenmal die Extremregister der menschlichen Stimme, nämlich die höchsten Soprane und tiefsten Bässe, eingesetzt werden, ferner, daß er, um übermäßige Satzschwierigkeiten zu vermeiden, im großen sechs-, acht- und mehrstimmigen Satz Oktav-

---

[3] In Aquileja selbst hielt sich der eigene Ritus bis 1596; vgl. LThK 1/780.

[4] Über ihn ausführlich in P. Winter, Der mehrchörige Stil, Frankfurt 1964.

[5] Über ihn und seinen Stil in neuerer Zeit Denis Arnold, Giovanni Gabrieli, Oxford University Press, London 1974.

parallelen erlaubt.[6] Parallel zur Überführung des alten linienbetonten kontrapunktischen Satzes in einen frei gefügten, klangbetonten Stil läuft die Ersetzung der Kirchentonarten durch das Dur-Moll-System.[7]

Die neue venezianische Technik breitet sich schnell, doch nicht überall gleich stark in Europa aus, nämlich in Spanien (Comes), Holland (Sweelinck), Deutschland (Haßler), Böhmen (Gallus) und - am stärksten - in Polen. Die bedeutendsten Komponisten sind hier Mikolaj Zielenski († 1650), Andreas Rohaczewski (um 1630) und Marcin Mielczewski († 1651).

Warum gerade in Polen diese ausdrucksstarke Musik mit ihrem "demonstrativen Charakter im Sinne der Wirkung auf die Hörer"[8] sich so verbreitet, ist bisher noch nicht erforscht worden. Doch hängt dies sehr wahrscheinlich mit dem allen Slawen angeborenen eminenten Klangsinn zusammen, der die Tiefen der Seele in einem ganz andren Sinne anspricht als der mehr der intellektuellen Spekulation entsprossene Kontrapunkt.

Die genannten polnischen Komponisten schufen viele Werke im großartigen venezianischen Stil, in denen insofern eine Weiterentwicklung zu beobachten ist, als sie die kontrapunktischen Techniken noch weiter vernachlässigten und zu einer monumentalen Einfachheit vorstießen.

Dem Prinzip der Bewegung, das ja unbedingt zur Musik gehört, wird dadurch Genüge getan, daß anstelle der Imitation

---

[6] Diese meist übersehene Eigenart, die sich für die späte russische Kirchenmusik als überaus bedeutsam erweisen sollte, wird (zum ersten Mal?) im Riemann'schen Musiklexikon von 1929 erwähnt; Artikel "Gabrieli".

[7] Über die venezianische Schule außer in modernen Lexikonartikeln und Musikgeschichten kurz H. Beck in LThK 10/664. Die älteste Darstellung im modern-wissenschaftlichen Sinne war C. v. Winterfeld, Johannes Gabrieli und sein Zeitalter, Berlin 1834.

[8] Wörner, a.a.O., 182.

die Wortwiederholung - auf der gleichen oder auf verschiedenen Stufen - sowie die sogenannte "Spezzato"-Technik tritt, d.h. die Wiederholung von Worten und Satzteilen durch verschiedene Chöre oder Chorgruppen. Das Ziel ist die Formung der Seele durch die Kräfte des sogenannten "affetto"; lateinisch ausgedrückt: die Formung der anima spiritualis durch die anima affectiva, eine typisch barocke Forderung.

In Polen hatte sich die königliche Hofkapelle, die sogenannte "Rorantisten"-Kapelle[9], zunächst in Krakau, dann ab 1596 in Warschau befunden. Hier waren auch die Zentren der Kirchenmusik.[10] Da nun bis zum Jahr 1654 die Ukraine in Personalunion mit der Krone Polens verbunden war, ergab sich - trotz des konfessionellen Unterschiedes - ein musikalisches Gefälle Krakau - Kiew bzw. Warschau - Kiew. Aus welchen Gründen genau dies ausgelöst wurde und wie genau es verlief, wissen wir nur andeutungsweise, da wegen ungünstiger politischer Konstellation in Vergangenheit und Gegenwart das Quellenmaterial nur sehr fragmentarisch ausgewertet werden konnte.[11]

---

[9] "Rorantisten" vom lateinisch "Rorate". Rorate-Ämter (nach dem Beginn des Introitus "Rorate coeli desuper" = "Tauet, Himmel, den Gerechten") werden in der katholischen Kirche im Advent gesungen. Da hier die Hofkapelle nach den liturgischen Vorschriften streng a-cappella, ohne Orgelbegleitung, auftrat, ihre Stimmen also besonders in Erscheinung traten, bekam sie im Laufe der Zeit den Namen "Rorate"- bzw. "Rorantisten"-Kapelle.

[10] Über die Hauptstädte Krakau und Warschau mit besonderer Rücksicht auf die religiöse Situation unterrichten die Lexikon-Artikel LThK 6/580, LThK 10/958 und RGG[3] IV/30f.

[11] Vgl. Gardner, Bogosluženoje penie russkoj pravoslavnoj cerkvi, Bd. II, Jordanville 1982, Kap. 1; deutsch (mit anderer Kapiteleinteilung): Gesang der Russisch-Orthodoxen Kirche, Bd. II, Wiesbaden 1987, Erste Hälfte.
Die Stellungnahme Gardners ist - z.T. wegen seiner eigenen altmoskovitischen Einstellung, z.T. wegen des Druckortes (Jordanville) - den westlichen Einflüssen gegenüber oft einseitig negativ. Dennoch wird man nicht bestreiten können, daß es ohne die Auseinandersetzung mit den extrem-

Genaueres wissen wir aber, seitdem die Ukraine sich mit dem Großfürstentum (seit dem XVI. Jahrhundert vorrangig Zarentum) Moskovien vereinigte. Kiewer Sänger kamen nun in ihre neue Hauptstadt, nach Moskau, und versuchten, ihr Glück zu machen. Sie wurden nicht nur von der Mehrheit der Bevölkerung freundlich aufgenommen, sondern auch vom Zaren und vom Patriarchen nachhaltig gefördert.[12)]

Unter den vielen ukrainischen Komponisten, die nach Moskau kamen, ragt einer ganz besonders hervor, weil er die Grundlagen der venezianischen Kompositionsweise in Form eines russischen Lehrbuches vorlegte und damit die musikalischen Weichen für ein volles Jahrhundert stellte. Es war Nikolaj Dileckij (ca. 1630 bis ca. 1680).

Die erste Redaktion seines Lehrbuches erschien 1670 in Smolensk unter dem Titel "Bukwar-grammatika penija musikijskago" ("Lesebuch und Grammatik des musikischen Gesanges"; "musikisch" hier soviel wie "musikwissenschaftlich gebildet"); die zweite Redaktion erschien 1679 in Moskau unter dem Titel "Ideja grammatiki musikijskoj" ("Idee einer musikalischen Grammatik") und die dritte Redaktion 1681 ebenfalls in Moskau unter dem Titel "Musikijskaja grammatika" ("Musikische Grammatik"). Diese letzte Version wurde 1910 in

---

westlich orientierten Unierten nicht so schnell zu der musikalischen Beeinflussung Kiews durch Warschau gekommen wäre.

12) Patriarch Nikon lebte von 1605 bis 1681; 1648-51 war er Metropolit von Nowgorod und holte die ersten Kiewer Sänger ins großrussische Land. Nach seiner Erhebung zum Patriarchen setzte er dieses Werk fort (ab 1652) und beeinflußte den Zaren Alexij, ein Gleiches zu tun.

Die seit 1613 regierende Dynastie Romanow war bekanntlich von Anfang an pro-westlich eingestellt. - Über Nikon außer in russischen Kirchengeschichten (z.B. Kljutschewskij) informierende Artikel in Brockhaus-Efron (St. Petersburg ab 1901), Pawlenkow, Enciklop. Slovarj (St. Petersburg 1913) und Polnyj Pravoslavnyj Bogoslovskij Enciklopedičeskij Slovarj (St. Petersburg o.J.), Reprint JUH (o.J.) Bd. II.

Moskau von St. Smolenskij reediert; und unter dem Namen "Musikijskaja Grammatika" ist dieses Werk auch in die Geschichte eingegangen.[13]

Dileckij hatte offenbar viele großrussische Schüler, manch einer scheint sich auch autodidaktisch durch sein Werk weitergebildet zu haben. Tatsache ist, daß eine Hochflut von Kompositionen im venezianisch-polnischen Stil Kirchen und Kathedralen überschwemmte. Mit Ausnahme der Möglichkeit instrumentalen Spielens zeigen sie alle Charakteristika Gabrielis und seiner Schüler, ja gehen ähnlich wie die Zeitgenossen in Rom in der Wahl der Mittel über diesen hinaus.[14]

Es entstehen Liturgien und Vigilien zu 12, 24 oder gar 32 konzertierenden Stimmen. Allerdings bleibt gemäß den strengen Regeln der Orthodoxen Liturgie die grundsätzliche Zwei-Chörigkeit gewahrt, die lediglich durch Unterteilung in Halbchöre aufgelockert wird. Die wichtigste Übernahme Gabrielischer Prinzipien aber ist die Zulassung der Oktavparallelen, die seitdem - trotz allen Stilwandels im XVIII., XIX. und XX. Jahrhundert - ein eiserner Bestandteil allen russischen chorischen Musizierens ist. Auch ist die Ausnützung der höchsten und tiefsten Stimmregister ein venezianisches Erbe.

Zusammenfassend können wir sagen: Um 1550 entsteht in Venedig - wahrscheinlich auf aquilejisch-byzantinischer Grund-

---

13) Eine aus dem Jahre 1723 stammende ukrainische Übersetzung wurde 1970 in Kiew herausgegeben. - Über Dileckij viel bei Gardner und den ältesten Schriftstellern (Razumovskij, Metallov, Preobraženski, alle negativ), doch auch Kurzartikel (neutral) in Lexika, so in Enciklop. muzyk. slovarj, Moskau 1959, 72. Übrigens beruft sich Dileckij ausführlich auf Mielczewski, so im vierten Beispiel des dritten Teiles seiner Grammatik.

14) In Rom hatte sich nach 1600 der sogenannte Kolossal-Stil entwickelt, der die einzelnen Ensembles (Chor- und Instrumentalgruppen) auf zehn steigerte (dazu Solisten und zwei Orgeln!).

lage - die neuartige Mehrstimmigkeit in Form der Polychorie. Um 1600 ist ihr Höhepunkt dort. Um 1650 blüht diese Kunst in Polen und bald darauf in Kiew. Um 1700 entsteht ein zweiter "Kolossal"-Stil in Moskau, nicht unähnlich dem römischen von 1650, doch - soweit wir wissen - ohne Beeinflussung durch diesen. Im XVIII. Jahrhundert kommt es im Westen zu einer Renaissance (im Osten zu einem Import) des Palestrina-Stils, der im Westen den venezianischen Stil zurückdrängt und ihn im Osten geradezu mit einem Verdikt belegt.

In Rußland entsteht eine regelrechte Polemik gegen die "polnischen" Einflüsse. Erst in unseren Tagen werden Gabrieli und seine Schule wiederentdeckt. Zahlreiche Schallplatten sind mit Schöpfungen der venezianischen Schule erschienen, und auch in Rußland sind höchst bemerkenswerte Editionen mit Werken der eigenen venezianisch-russischen Schule - vor allem des Moskauer Komponisten Vasilij Titov - ediert worden.

Schrittweise erkennt man, daß die venezianisch-polnische Periode nicht nur eine Überfremdung, sondern auch eine Bereicherung der russischen musikalischen Kultur war. Der Westen verdankt die venezianische Polychorie einer byzantinischen Anlage, der Osten verdankt seine eigene Polychorie einer venezianischen Anregung. So leben wir beide voneinander und miteinander in Osmose, d.h. im gegenseitigen Nehmen und Geben. Und beide werden wir reich, indem wir einander beschenken.

DIE BEDEUTUNG DES PATRIARCHEN NIKON FÜR DIE KIRCHENMUSIK[*]

Das XVII. Jahrhundert bedeutet für Rußland mehr als für andere europäische Länder einen Umbruch. Gewiß haben die Länder Zentral-, West- und Südeuropas die Erschütterungen des 30-jährigen Krieges erlebt[1] - die Länder Zentraleuropas sogar mit physisch und psychisch verheerenden Folgen -, doch kann nicht gesagt werden, daß in geistiger Hinsicht nach dem Westfälischen Frieden eine völlig neue Ära angefangen habe. Vielmehr begann man, sich von den Schrecken des Krieges zu erholen, Zerstörtes wieder aufzubauen, verlorenes Terrain als verloren zu betrachten und im eigenen Territorium - soweit die religiös-politischen Verhältnisse es erlaubten - jene Zustände wieder herzustellen, die vor Beginn des langen Krieges geherrscht hatten. Das neue, nun einsetzende Zeitalter des europäischen Barock hat bei allem Streben zu neuen Ufern - etwa in der Neu-Entdeckung der Transzendenz, der Bewegung und des Gefühls - zugleich etwas Restauratives an sich, was besonders in

---

[*] entnommen aus: M. Batisweiler / K.-Chr. Felmy / N. Kotowski (Hrsg.), Der Ökumenische Patriarch Jeremias II: von Konstantinopel und die Anfänge des Moskauer Patriarchates; Referate und Beiträge; OIKONOMIA, Quellen und Studien zur orthodoxen Theologie, Bd. 27, Flacius-Verlag Erlangen 1991

[1] 1618-1648

gewissen Tendenzen der Gegenreformation zum Ausdruck kommt[2].

Anders in Rußland. Dort regiert seit dem Ende der "Zeit der Wirren"[3], - jenem furchtbaren Bürgerkrieg, der das Land mit tatkräftiger Nachhilfe des Auslandes, vor allem Polens, an den Rand der Auflösung brachte, - dort regiert seit dem Jahre 1613 die neue Dynastie der Romanows, die von Anfang an eine Art "Öffnung zum Westen" betreibt. Die Tendenzen, einerseits Anschluß an den Westen zu suchen, andererseits eine zu starke Okzidentalisierung durch Abwehrmaßnahmen zu verhindern, nehmen in der Mitte des Jahrhunderts zu. Eine führende Rolle spielt hierbei der in vielerlei Hinsicht bekannt gewordene Patriarch Nikon, der ohne Zweifel eine der bedeutendsten Figuren in der jetzt 1000jährigen Geschichte Rußlands ist[4].

Das Barockzeitalter bedeutet in Rußland etwas Neues. Es entwickelt sich nicht wie im Westen aus einer vorher vorhanden gewesenen Renaissance. Es wird wie eine fremde Ware importiert. Natürlich nicht ohne Grund; doch welches auch immer die Gründe waren: Jetzt wurden neue fremde Techniken, neue fremde Methoden, neue fremde Denkweisen eingeführt, die einerseits modische Begeisterung und kritiklose Nachahmung, andererseits aber auch heftigen Widerstand und fanatische Ablehnung herbeiführen.

---

[2] Eine gute Zusammenstellung der restaurativ-schöpferischen Tendenzen der Zeit nach dem 30-jährigen Krieg ist immer noch Veit-Lenhart, Kirche und Volksfrömmigkeit im Zeitalter des Barock. Freiburg 1956. Für den katholischen Bereich ferner: G. Schnürer, Katholische Kirche und Kultur in der Barockzeit. Paderborn u.a. 1937.

[3] Zeit der Wirren: Bürgerkrieg 1605-1613

[4] Kurze Zusammenstellung seiner Biographie in: Polnyj Pravoslavnyj Bogoslovskij Enciklopedičeskij Slovarj (PPrBEncSl) T.2, St. Petersburg o.J. (a. 1900), Reprint JUH o.J. o.O.; Sp. 1659 ff. Seine Person wird außerdem in allen Werken über russische Staats- und Kirchengeschichte behandelt.

Wie sah die Situation in der Musik aus?

Zu Beginn des XVII. Jahrhunderts stellt sich die russische Wirklichkeit in zwei Staatswesen dar: im Großfürstentum Moskovien und in dem mit der polnischen Krone in Personalunion stehenden Hetmanat Ukraine. Moskovien ist im Lauf des XVI. Jahrhunderts zu einem großen Staat herangewachsen. Es hat die meisten der noch bei den Tataren gebliebenen Gebiete zurückerobert (bzw. neu-erobert), es hat darüber hinaus das große Gebiet der hanseatischen Republik Nowgorod für sich gewonnen und schaut sich nun um, ob nicht auch das Kiewer Gebiet in den seit Metropolit Peter I. und Großfürst Ivan I.[5] betriebenen Prozeß der "Sammlung der reußischen Lande" einbezogen werden kann. Für die Musik bedeutet dies, daß im Moskovitischen Staat neben dem althergebrachten einstimmigen Choral ("znamennyj rospev")[6] auch die zahlreichen Nowgoroder Varianten dieses Chorals[7], vor allem aber in Nowgorod entwickelte eigene, selbständige Melodien gesungen werden, z.B. Ektenien. Noch bedeutender ist die Tatsache, daß sich in Nowgorod ab ca. 1530 eine eigene, von Westeuropa völlig unabhängige Mehrstimmigkeit entwickelt hatte, die sich nach der Eroberung Nowgorods durch Moskau unter Ivan IV. rasch im ganzen Großfürstentum ausbreitete. Diese Musik wird als "frühe Mehrstimmig-

---

5) Metropolit Peter I. verlegt die Metropolitanresidenz 1328 nach Moskau behält aber noch den Titel "von Kiew" ("kievskij"). Zusammen mit dem Fürsten (später Großfürsten) Ivan I. entwirft er in Grundzügen das Programm der Wiedergewinnung der reußischen Lande aus der Hand der Tataren und Polen.

6) Vgl. Gardner, Bogoslužebnoje penie russkoj pravoslavnoj cerkvi. Jordanville 1978, Tom I, Teil 1, S. 11-139; deutsch Gardner, Gesang der Russisch-Orthodoxen Kirche (leicht gekürzt), Wiesbaden 1983 (andere Kapiteleinteilung): Bd. I. S. 1-100.

7) Ein Teil der Nowgoroder Varianten wurde von Erzbischof Arsenij von Nowgorod veröffentlicht im Handbuch "Sputnik psalomščika", St. Petersburg 1916, Reprint Jordanville 1959.

keit" ("rannee mnogogolosie") oder "Zeilengesang" ("stročnoje penie"), bisweilen auch als "Dreizeilen-Gesang" ("troestročnoje penie") bezeichnet[8]. Zu den Charakteristika dieser Musik gehört, daß sie etwa 100 Jahre lang tatsächlich nur dreistimmig ist: Die Melodie - die übrigens immer eine Choralmelodie ist - liegt in der Mitte, sie wird "der Weg" ("putj") genannt; dazu gesellen sich eine Ober- und eine Unterstimme. Der Gang der begleitenden Stimmen ist eigenartig kontrapunktisch - aber ohne Anklänge an den westlichen Kontrapunkt - die Harmonie äußerst dissonant. Ab ca. 1650 wird eine 4. Stimme hinzugefügt, die die merkwürdige Bezeichnung "demestvo" erhält. Über diesen Begriff später mehr.

Der überlieferte einstimmige Choral, der wegen seiner Notierung in Neumen "neumatischer Choral" genannt wird ("znamennyj rospev", von "znamja": "Neume"), hatte sich im Lauf der Jahrhunderte immer reicher entwickelt, so daß es im XVI. Jahrhundert zu einer Teilung der Melodien in "große", "mittlere" und "kleine" gekommen war. Große Melodien ("bolšoj znamennyj rospev") waren großen Festen, feierlichen Gelegenheiten und vor allem: geübten Sängern vorbehalten; kleine Melodien ("malo znamennyj rospev") konnten an Werktagen und in kleinen Gemeinden benutzt werden.

Neben dem traditionellen Neumatischen Choral in seinen eben genannten drei Formen gab es zwei weitere Choralsysteme, die indes keine weite Verbreitung erlangten: den "Demestischen Gesang" und den "Weg-Choral" ("demestvennoje penie" und "putevoj rospev"). Der "Demestische Gesang" ist wahrscheinlich eine Art "musica reservata": hochkomplizierte Melodien, in einem besonderen Neumensystem - einer Art Geheimschrift - notiert, alle nur für festliche Anlässe bestimmt und in der Ausführung

---

8) Gardner, a.a.O. (russ.) Tom I, S. 439 ff.; a.a.O. (dt.) Bd. I, S. 199 ff.

wahrscheinlich der privilegierten Klasse der Spezialsänger, den "demestvenniki" vorbehalten. Das Wort "demestvennik" leitet sich ab vom griechischen "domestikos" (dies wiederum vom lateinisch "domesticus"), was soviel wie "Beamter", aber auch "Hofkünstler" - etwa unserem "Kammersänger" vergleichbar - bedeuten konnte. Das späte byzantinische Griechisch macht aus "domestikos": "demestikos". Daher russisch "demestvo"[9], womit die Kunst der "demestvenniki" bezeichnet wurde. Der "Weg-Choral" ("putevoj rospev") scheint eine ähnliche Funktion gehabt zu haben. Auch er wurde in einer Spezialschrift notiert, die nur wenige lesen konnten.

Nowgorod blieb ein wichtiges Musikzentrum auch nach dem Anschluß an Moskovien, und dies hatte seine Auswirkungen im Falle des aus Nowgorod kommenden Patriarchen Nikon.

Fassen wir zusammen: Das zur Zeit des Amtsantritts von Patriarch Nikon vorhandene großrussische musikalische Repertorium bestand aus dem Neumatischen Choral in seinen drei Formen: groß, mittel und klein, aus dem demestischen Choral und dem Weg-Choral sowie aus der in Nowgorod entwickelten frühen Mehrstimmigkeit, dem sogenannten Dreizeilen-Gesang und dem daraus entstandenen demestischen Vierzeilen-Gesang.

Ganz anders war die Lage in der Ukraine. Hier war es infolge der politischen Zugehörigkeit zur Rzeczpospolita Polsko-Litewska zu einer starken Beeinflussung der orthodoxen Musik durch die katholische gekommen. Die polnische Kirchenmusik jener Tage aber stand unter starkem Einfluß der venezianischen

---

[9] Demestvo: Gardner, a.a.O. (russ.) Tom II (Jordanville 1982), S. 47, 69, 71, 82, 83, 534, 535, 549; Putj: ebd., S. 47, 98; deutsch: Bd. I, S. 136, 192-197, 203 f., 235 f., 243 ff., 250-255; Putj: ebd., S. 192 ff., 203 f., 242-250. - Über den demestischen Gesang unterrichtet außerdem Gardners Spezialuntersuchung: Das Problem des altrussischen demestischen Gesanges und seiner linienlosen Notation. München 1967.

Musik. Die Beeinflussung Kiews durch Krakau (später Warschau) war aber nicht nur deswegen so stark, weil Krakau bzw. Warschau als Hauptstadt einen sozusagen "natürlichen" Einfluß ausübten, sondern weil die 1586 abgeschlossene Union einiger ukrainischer Diözesen mit Rom den polnisch-italienischen Einfluß in den jetzt "uniert" genannten Diözesen automatisch verstärkte und in den orthodoxen Diözesen zu wirksamen Gegenmaßnahmen aufrief. Eine solche Gegenmaßnahme konnte entweder darin bestehen, daß man sich streng abkapselte und jede kulturelle Beeinflussung von außen verbot oder indem man den Gegner mit seinen eigenen Waffen schlug, ihn sozusagen "links überholte". Man wählte den zweiten Weg. Da die italienisch-polnische Musik unter dem Firmenschild der Moderne auftrat, bildete man auf orthodoxer Seite ebenfalls "moderne" Chorkollektive, um eine weitere Abwanderung der Gläubigen ins Lager der "modernen" Union zu verhindern.[10)]

Streng musikalisch betrachtet, sah die Lage so aus: Der alte, seit Vladimir dem Heiligen bestehende Neumatische Choral war im Lauf der Jahrhunderte zum sogenannte "Kiewer Choral" ("kievskij rospev") abgewandelt worden. Bedeutende Varianten waren außerdem in Galizien, Wolhynien und in den Karpaten entstanden. Die bedeutendsten Pflegestätten der Musik waren die Sophienkathedrale und das Höhlenkloster von Kiew. Ab etwa 1600 sang man den Choral in dreistimmiger Form, im Gegensatz zu Nowgorod aber streng homophon. Nach uralten Menschheitstraditionen hatte man ein Terz-Organum entwickelt, d.h. zu jeder gegebenen Melodie sang eine Oberstimme in stets gleichbleibendem Terzabstand die gleiche Melodie, eine Unter-

---

10) Gardner, a.a.O. (russ.) Tom II, S. 18, 21 (dort weitere Literaturangaben); deutsch Bd. I, S. 200, aber auch S. 145, 147, 165, 169 mit weiteren Literaturangaben. - Über die ruthenischen Unionen unterrichtet komprimiert W. de Vries, Der christliche Osten in Geschichte und Gegenwart. Würzburg 1951, S. 102-106.

stimme ergänzte Dreiklänge[11]. Die Einstimmigkeit verschwand und war schon zur Zeit des Patriarchen Nikon wahrscheinlich nicht mehr vorhanden.

Außerdem hatte man über die königliche Hofkapelle Krakau Geschmack an der zeitgenössischen westlichen Musik gefunden und angefangen, im Stile Gabrielis und Monteverdis freie Kompositionen zu verfassen[12].

Fassen wir auch hier zusammen: Im Jahre 1652, dem Jahr des Regierungsantritts des Patriarchen Nikon, bestand die kirchliche Musik in der Ukraine aus dem Kiewer Choral (überwiegend in dreistimmiger Fassung) und aus freikomponierten Werken, die im venezianischen Stil für 8, 12, 16 und mehr Stimmen verfaßt waren.

Wenden wir uns nun der Person des Patriarchen Nikon zu. Er wurde am 24. Mai 1605 geboren, besuchte die Klosterschule zu Makarjevo bei Nižnij Novgorod, wurde aber nicht Mönch, sondern heiratete und wurde Weltpriester zunächst in seinem Heimatdorf, dann wegen seiner glänzenden Reputation in Moskau: Nach einiger Zeit entsagten wegen des plötzlichen Todes ihrer Kinder er und seine Frau der Ehe, und beide traten in ein nord-russisches Kloster ein. Er selbst wurde bald zum Abt ("Igumen") gewählt und machte sich einen Namen durch sein

---

11) Sämtliche Gesänge des Kiewer Höhlenklosters wurden von L. D. Malaskin ab 1885 im Selbstverlag herausgegeben. Sie sind im Durchschnitt 6- bis 7-stimmig gehalten (verdoppelte Dreistimmigkeit plus gelegentliche Füllstimme.) - Die galizischen Melodien wurden ab 1700 vom Orthodoxen Bruderkloster Lemberg als "Lvovskij Irmologion" einstimmig veröffentlicht. Karpathische Melodien wurden nach dem Ersten Weltkrieg in der Slowakei und in Karpatho-Ruthenien publiziert. Neuausgaben: Napivnik cerkovnyj, Coll. S. Giosafat. Rom 1959; Irmologion. Prešov 1970; Cerk. Prostopenie. Passaic (USA) o.J. (ca. 1970).

12) Kompositionen dieser Zeit beginnen erst jetzt auf Schallplatte zu erscheinen. Gedruckte Notenausgaben fehlen völlig.

Interesse für Wissenschaft und Kunst im kirchlichen Bereich. 1648 reiste er in Klosterangelegenheiten nach Moskau und wurde dem Zaren Alexej Michajlovič vorgestellt. Dieser unterhielt sich mit ihm und muß sich während der Unterhaltung spontan für den noch relativ jungen Geistlichen begeistert haben. Man weiß nicht, worüber die Unterhaltung geführt wurde, kann aber ahnen, daß es Themen waren, die beide später noch öfters zusammenführen sollten, nämlich Themen der schrittweisen Annäherung - aber nicht Assimilation! - der russischen Kultur an die westeuropäische.

Der Zar machte seinen Einfluß geltend, daß Nikon nach Moskau kam und Archimandrit des Neuen Erlöser-Klosters wurde, ferner daß er 1649, also knapp ein Jahr, nachdem er ihn kennengelernt hatte, zum Metropoliten von Nowgorod gewählt wurde. Vom ersten Tage an trat Nikon hier als Reformer auf. Er bekämpfte die "Vieltönigkeit" ("mnogoglasie") im Gottesdienst, versuchte die Chomonie zu verbannen und holte Sänger aus Kiew, die - zunächst in seiner Kathedrale, dann in seinem ganzen Bistum - die oben geschilderten ukrainischen Singweisen einführten[13]. (Unter "Vieltönigkeit" versteht man die Unsitte, daß, um den Gottesdienst abzukürzen, verschiedene Sänger mit verschiedenen Teilen des Gottesdienstes gleichzeitig anfangen und ihn so in der Hälfte oder gar einem Viertel der sonst üblichen Zeit zu Ende bringen können. Auf die Möglichkeit, die Kürzung des Gottesdienstes durch andere Mittel, etwa durch Kürzung der überlang gewordenen Melodien, zu erreichen, kam man zunächst nicht. Nikon gehörte zwar nicht zu den ersten, aber doch zu den entschiedensten Anhängern der zweiten Möglichkeit. Er wollte offenbar die langen znamennyj-Melodien durch die kürzeren Kiewer Melodien ersetzen. - Zur Chomonie ist zu sagen, daß die altrussischen Halbvokale in der Umgangs-

---

[13] Gardner, a.a.O. (deutsch) S. 16.

sprache teils nur rudimentär beibehalten, teils ganz verschwunden, in der Musik aber zu Vollvokalen weiter entwickelt worden waren, was zu einer grotesken Entstellung der Texte geführt hatte. Diese Entstellung wurde vergrößert dadurch, daß bei langen Melismen nicht nur der Vokal der Silbe ausgehalten, sondern neue Einschubsilben gebildet wurden, die zwar das Singen erleichterten, aber die Urgestalt des Wortes nicht mehr erkennen ließen (z.B. statt "dnesj" "de-e-e-e-cha-bu-va-ne-si")[14].

Während nun die Bekämpfung der Chomonie und der "Vieltönigkeit" durch Nikon von Seiten des Zaren und des Patriarchen höchste Billigung erfuhren, widersetzte sich Patriarch Josif (1642 - 1652), selber ein begeisterter Textreformer, der Einführung der mehrstimmigen Kiewer Gesangsweisen und sprach ein förmliches Verbot aus. Wir wissen nicht, ob Nikon sich daran gehalten hat. Der Ukaz ist nicht erhalten, wir kennen also nicht die Begründung des Patriarchen. Aus einer Äußerung seines Vorgängers Germogen († 1612) können wir aber erahnen, daß der Gesang der Ukrainer dem Patriarchen zu "lateinisch" war. Von Germogen ist der Satz überliefert: "Ich sehe, wie der wahre Glauben von den Häretikern zertreten wird... Ich kann den lateinischen Gesang in Moskau nicht länger hören."[15]

Die Bewunderung des Zaren für Nikon stieg weiterhin, so daß er nach dem Tode des Patriarchen Josif wieder seinen Einfluß geltend machte und erreichte, daß Nikon zum Nachfolger gewählt wurde.

---

[14] Gardner, a.a.O. (russ.) Tom II, S. 41-43, 46-49; deutsch: Bd. I, S. 172-175, 222-228 (jeweils mit weiteren Literaturangaben).

[15] Über Nikon: Gardner, a.a.O. (russ.) Tom II, S. 28, 35-38, 41-46, 57, 62 f., 109, 211; deutsch: Bd. I, S. 201, 227, 241 (mit weiteren Literaturangaben.) Bd. II, S. 11, 15-20, 28 f., 55-57 - Über Patriarch Josif vgl. außer dem Artikel in PPrBEncSl auch Gardner, a.a.O. (russ.) Tom II, S. 41, 45, 54-57; deutsch: Bd. I, S. 202, 219 f. - Über Germogen siehe Gardner, a.a.O. (russ.) Tom II, S. 58; deutsch: Bd. I, S. 208, 231, 277; Bd. II, S. 26.

Nachdem dieser den Patriarchenthron bestiegen hatte, begann er sofort, seine Reformideen in großem Umfang in die Tat umzusetzen. Wie man weiß, bezogen sich diese Reformideen nicht nur auf die Verbesserung irgendwelcher schlechter Zustände, sondern ebenso auf die Verwirklichung eines "great dream" des Patriarchen: nämlich auf den Aufbau eines großen, einheitlich durchorganisierten orthodoxen Weltreiches, in welchem Zar und Patriarch die führenden Persönlichkeiten waren. Es ist auch bekannt, daß er sich Gedanken über Alpha- und Beta-Funktion der beiden führenden Persönlichkeiten im Reiche machte und daß er sich eine Lösung dieses Problems keineswegs im Sinne der photianischen Symphonia, sondern eher im Sinne Papst Bonifaz' VIII. dachte. Seine sogenannten Reformen sind daher nur z.T. Reformen, d.h. Verbesserungen bestehender Zustände, z.T. sind sie völlig neue Komponenten eines gigantischen, von ihm erdachten Reichs-Aufbauwerkes.

Für die Musik aber bedeutete die Tätigkeit Nikons folgendes:

1. Die erstellten neuen Texte - die neu übersetzten und die von der Chomonie gereinigten - mußten mit den überlieferten Melodien in Einklang gebracht werden;
2. neben den überlieferten großrussischen Choralsystemen sollte das Kiewer Choralsystem, vor allem in seiner dreistimmigen Form gefördert werden;
3. zusätzlich sollte die griechische Musik bekannt gemacht werden;
4. neben dem Choral überhaupt sollte erstmals die freie Komposition, und zwar nach polnisch-italienischem Vorbild gefördert werden.

Obwohl man es expressis verbis nicht weiß, muß aus dem persönlichem Engagement des Patriarchen in musikalischen Fragen angenommen werden, daß er persönlich nicht nur über eine große Musikalität verfügte, sondern auch musikalisch gebildet war. Bis ins einzelne gehen oft seine Anweisungen, die er an Klöster und Kirchen schickte, wenn etwa eine Reise des Zaren oder seiner selbst zu organisieren war. Mögen auch außermusikalische Motive mitgewirkt haben, z.B. der Wunsch, sich die Gunst des Zaren durch prunkvolle Empfänge zu erhalten oder das Bestreben, daß bei Empfang von ihnen beiden die Person des Patriarchen nicht zu kurz kam, sondern möglichst mit gleichen Ehren bedacht wurde (ein in Bezug auf die zu erhaltende Freundschaft des Zaren schon weit risiko-reicheres Motiv!), so lassen doch viele Einzelheiten daran denken, daß er sich in der Musik gut auskannte. Er bestimmte z.B. gelegentlich die Art des Glockenläutens bei Empfängen, er bestimmte, welche Sänger von welchen Klöstern nach Moskau für festliche Gesänge zu schicken waren, welche Stimmlage sie haben sollten, welche Stücke sie aufführen sollten, was sie außer den liturgischen Gesängen noch an Konzerten ("koncerty") und musikalischen Orationen ("oracii") zu liefern hätten u.ä.m.[16)]

Bekanntlich gilt Nikon als gräkophil[17)]. Die Zeremonien der Russischen Kirche sollten aus Gründen der Vereinheitlichung an die der Griechischen angeglichen werden. Dies traf auch für den

---

16) Gardner, a.a.O. (russ.) Tom II, S. 62-63; auch Artikel "Nikon" in PPrBEncSl; ferner A. Preobraženskij, Kultovaja muzyka v Rossii, Leningrad 1924, S. 35, 44-47, 52-57.

17) Gardner spricht von "entschiedener Gräkophilie" ("rešitelnoje grekofilstvo"), a.a.O. (russ.) Tom II, S. 37 und meint zugleich, daß diese Gräkophilie "unkritisch" war, was wahrscheinlich nicht stimmt. Vgl. unsere späteren Ausführungen. Gardner meint sogar, daß Nikon "im Grunde ungebildet" gewesen sei. Für die Bildung Nikons spricht sich aber u.a. Platonov aus: "Noch als Knabe war er in ein Kloster an der Wolga gegangen, wo er sich bedeutende Kenntnisse und Belesenheit erworben hatte." (S. F. Platonow, Geschichte Rußlands. Leipzig 1927, S. 212) "(Nikon) wurde so berühmt, daß er eine Berufung nach Moskau erhielt." (ebd.) "Durch gründliches Studium des Quellenmaterials war er zur Erkenntnis gekommen..." (ebd., S. 218). Ähnlich Stökl: "Er bekannte sich zu dem Grundsatz 'ad fontes', d.h. zurück zu den griechischen Quellen." (G. Stökl, Russische Geschichte. Köln 1962, S. 309).

Gesang zu: Doch ist wichtig, hierbei folgendes zu beachten: Wohl förderte er die griechischen Zeremonien, wohl zelebrierte er selber gern in griechischer Sprache (er muß die griechische Sprache also mindestens für den gottesdienstlichen Gebrauch beherrscht haben!)[18], wohl hatte er es gern, wenn bei Pontifikal-Liturgien der rechte Chor in griechischer, der linke in slawischer Sprache sang - doch kam er nicht auf die Idee. den griechischen Gesang talis qualis, also wie er etwa in Konstantinopel praktiziert wurde, einzuführen[19].

Der Zar teilte zunächst die Gräkophilie seines Patriarchen. Er ließ aus Konstantinopel 1656 einen Sänger-Diakon namens Meletios kommen, der drei Jahre lang in der Kantorei des Zaren ("gosudarevie pevčie djaki") und in der des Patriarchen ("patriaršie pevčie djaki") griechische Sprache und griechischen Gesang unterrichtete. Es wurden mehrere Gesänge der Griechen mit russischen Neumen aufgeschrieben, anschließend ins Kirchenslawische übertragen und in den Gottesdienst eingeführt. Dem Meletios folgten andere griechische Sänger, teils aus Kiew, teils aus unbekannten Orten, die seine Tätigkeit in Moskau fortsetzten. Auf diese Weise wurde ein neues Choralsystem geschaffen, das gleichberechtigt neben die bereits bestehenden trat: das gräko-russische ("grečeskij rospev"). Als das Übersetzungswerk schon vorangeschritten war, hatte der Patriarch es gern, wenn der rechte Chor in griechischer Sprache, der linke zwar in slawischer Sprache, aber nach griechischen Melodien

---

18) Gardner, a.a.O., S. 109. Die Meinung mancher, z. B. Florovskijs, Nikon selber habe kein Wort Griechisch verstanden, Läßt sich wahrscheinlich nicht aufrecht halten. Vgl. G. Florovskij: "Er verstand kein Griechisch, hörte aber auf die Reden der griechischen Hierarchen." in: Wege russischer Theologie. (russ.) Paris 1937, zitiert in: G. Berkenkopf, Welterlösung - ein geschichtlicher Traum Rußlands. München 1962, S. 60. Ähnlich auch Stählin: "Der griechischen Sprache war er selbst gar nicht mächtig." in: K. Stählin, Geschichte Rußlands. Bd. 1. Stuttgart u.a. 1923, S. 416.

19) Gardner. a.a.O. (deutsch) S. 57.

sang. Hierbei gefiel ihm offenbar die erreichte größere Einheitlichkeit der beiden kirchlichen Traditionen, gleichzeitig hielt er aber an der Zweisprachigkeit und damit am Prinzip "Einheit in Vielfalt" fest[20].

Zu dem erwähnten neugeschaffenen Choralsystem ist übrigens anzumerken, daß schon bei der Aufzeichnung der griechischen Melodien durch russische Neumen, erst recht aber bei der folgenden Adaption an die kirchenslawische Sprache eine gewisse Russifizierung, eine Einschmelzung in die russischen Gegebenheiten stattfand; denn die russischen Neumen konnten die vielen typisch griechischen Besonderheiten des Gesanges, z.B. das Beben der Stimme, die kleinen Vorschläge, die Mikrointervalle, die übermäßigen Tonschritte und überhaupt die ganze griechische Intonation nicht wiedergeben. Offenbar beabsichtigte dies der Patriarch auch gar nicht; denn dann hätte er von vornherein griechischen Text, griechische Melodien und griechische Neumen übernommen. Bei aller Gräkophilie war er doch ein überzeugter Russe, dem es zwar um eine größere Einheitlichkeit als bisher ging, der aber doch am russischen Charakter des Gottesdienstes andererseits nicht allzu viel ändern wollte. Da er auch keinen Versuch machte, die bestehenden Choralsysteme abzuschaffen und sie etwa durch das neugeschaffene gräko-russische zu ersetzen, muß man annehmen, daß ihm mit der Ergänzung des Russischen durch das Griechische schon Genüge getan war[21].

Daß es ihm in gar keiner Weise darum ging, die russische gottesdienstliche Tradition in oberflächlicher Weise zu gräzisieren, zeigt am besten sein Eintreten für den neuen polnischen Musizierstil. Zum einen förderte er den dreistimmigen Kiewer

---

20) Gardner, a.a.O. S. 109 Mitte.

21) Diese Tendenz Nikons wurde bisher übersehen. Man stieß sich nur an seiner Gräkophilie und übersah seine Liebe zur kirchenslawischen Sprache.

Choral - der übrigens leichter zu erlernen war als der bisherige neumatische, so daß man auch an pädagogisch-didaktische Motive im Hinterkopf des Patriarchen denken könnte - zum anderen förderte er den ganz und gar aus westlichem Geist geborenen venezianischen Stil, der nun in Rußland den Namen "partesnoje penie", d.h. Gesang nach Partes, nach Stimmgattungen (Sopran / Alt / Tenor und Baß) bekam. Übrigens wurde auch dieser Gesang schnell russifiziert, indem typisch lateinische Elemente, wie die kontrapunktische Polyphonie eliminiert wurden, so daß das dabei herauskommende Ergebnis seinerseits als Grundlage zu künftiger größerer und bedeutenderer Entwicklung dienen konnte[22].

Wie erwähnt, verfolgte Patriarch Nikon die musikalische Entwicklung mit persönlichem Engagement. Er arbeitete hierbei eng mit dem Zaren zusammen. Zum Beispiel besorgte der Zar einmal Sänger "aus dem Lande der Lachen" (Polen) und gab sie dem Patriarchen zur musikalischen Umbildung im Sinne der orthodoxen Liturgie. Sie hatten daraufhin den "Primat im Gesang" ("pervenstvo v penii"). Nikon selbst hatte außerdem 5 polnische Sänger ("pjatj poljakov-vspevakov"), von denen einer, das wurde ausdrücklich angemerkt, "po latynski" sang. Der Zeitgenosse Šušerin schreibt, daß der Chor Nikons war "pače organa bezdušnago i takovago penija ni u kogo nebylo" ("höher [seelenvoller] als die seelenlose Orgel und daß ein solcher Gesang bei keinem andren gewesen.")[23] Übrigens fingen auch große Bojaren an, sich Chöre nach polnisch-italienischem Muster zuzulegen, so die Bojaren Rtišev und Šeremetjev; z.T. nahmen sie Sänger, die sich ihnen in Moskau anboten, z.T. fuh-

---

[22] Über "partesnoje penie" s. außer Gardner, Tom II, Kap. 1, 2. Hälfte; deutsch: Bd. II, Kap. 1; auch: A. Preobraženskij, Iz pervych let partesnogo penija v Moskve. Petrograd 1915. Auch: Kultovaja muzyka v Rossii, Kap. 9-11.

[23] Gardner, a.a.O. (russ.) Tom II, S. 57-58.

ren sie extra in die Ukraine, um solche anzuwerben. Nach einigen Jahrzehnten fingen sie dann an, ihre Leibeigenen musikalisch ausbilden zu lassen, und es entstanden die berühmten Leibeigenen-Theater und Leibeigenen-Opern. Auch der Zar schickte immer wieder nach Kiew, um "znajuščie načalstvo partesnomu peniju", also Kenner und Meister im Partes-Gesang zu gewinnen[24].

Seiner ersten Diözese Nowgorod blieb Nikon weiterhin verbunden, auch in musikalischer Hinsicht. In den ersten Jahren wurde sein rechter Chor. nur von nowgorodischen Sängern gebildet. Zu feierlichen Staatsbanketten sandte er diese Sänger dem Zaren, damit sie die para-liturgischen Akklamationen, die nach einem strengen Zeremoniell ausgebracht wurden, mit Chorgesang ausführten[25].

Bekanntlich hat Nikon nur sechs Jahre lang regiert. Dann fiel er der Wut seiner Gegner und seinem eigenen überhasteten Reformeifer zum Opfer. Der Einfluß und die Wirkung seiner Maßnahmen dauern aber bis heute. Nicht nur, daß er durch seine rigorose Haltung in liturgischen Fragen ein Schisma verursachte, das bis heute andauert, sondern auch jene Dinge, die sich durchsetzten, wirken sich bis heute in der ganzen orthodoxen Welt aus. Nikons Werk wird unterschiedlich beurteilt, er hat nicht nur bei den Altgläubigen, sondern auch in der offiziellen Kirche bis zum heutigen Tage scharfe Gegner. Er gleicht in mancher Hinsicht dem abendländischen Kaiser Joseph II., dem man bekanntlich vorwarf, er mache den zweiten Schritt vor dem ersten. Aber ist nicht, letztlich bei beiden - wenn auch lange nach ihrem Tode - etwas Bedeutendes herausgekommen? Wir tun uns leicht bei der Bewunderung oder Verurteilung von Menschen, bei denen

---

[24] D. Razumovskij, Cerkovnoje penie v Rossii, 2. Lieferung. Moskau 1868, S. 211; Gardner, a.a.O., S. 59.

[25] Preobraženskij, Kultovaja muzyka, S. 44 - 45

der Erfolg oder Mißerfolg ihrer Handlungen sofort nach ihrem Tod oder noch zu Lebzeiten sichtbar wird. Wir tun uns aber schwer in der Beurteilung von Menschen, die lediglich Weichensteller der Geschichte waren und bei denen Erfolg oder Mißerfolg erst nach Jahrzehnten oder gar Jahrhunderten abzulesen sind. Ohne Zweifel bedeutet das Werk Nikons zunächst Öffnung zum Westen und damit auch Einfluß von Rationalismus und Säkularismus. Aber war das alte Rußland nach moskovitisch-byzantinischem Vorbild auf Dauer zu halten? Und suchte nicht Nikon selbst seinen Progressismus durch Verankerung in der - nach seiner Meinung - älteren Tradition der Griechen zu befestigen und damit abzusichern? Hat nicht seine Gräkophilie etwas mit echt orthodoxer Treue zur Tradition zu tun?

Geben wir zum Schluß das Wort dem bedeutendsten Musikforscher der Russischen Orthodoxen Kirche nach der Revolution, dem 1984 in München verstorbenen Ivan Alexejevič v. Gardner. Er schreibt:

"Auch wenn Nikon nicht selbst alle seine Reformen verwirklichte, und einige davon sich erst nach seinem Patriarchat auswirkten, andere sogar bedeutend später erfolgten, sind sie alle doch auf den Patriarchen Nikon zurückzuführen. Man kann die Folgen seiner Reformen unterschiedlich bewerten. Aber es ist unmöglich, ihre schicksalhafte Bedeutung für die ganze Russische Kirche und ihre Kultur zu leugnen."[26]

---

[26] Gardner, a.a.O. S. 16.

DIE FRÜHEN ERNEUERUNGSBESTREBUNGEN IN DER RUSSISCHEN KIRCHENMUSIK DES XIX. JAHRHUNDERTS[*]

Das XIX. Jahrhundert ist allgemein in Europa durch eine große künstlerische Unsicherheit gekennzeichnet. Mögen auch auf einzelnen Gebieten der künstlerischen Betätigung Hochleistungen einmaliger Art zu verzeichnen sein,[1] so zeigt doch die Basis der Künste, die Architektur, daß diese Hochleistungen über einem brüchigen Fundament errichtet wurden. Besonders in der 2. Hälfte des Jahrhunderts wird dieses deutlich. Die Unfähigkeit, auf irgendeinem Gebiet der Kunst eine tragende - noch dazu: eine typische - Form hervorzubringen, führt dazu, Formen vergangener, aber auch fremder Kulturen zu kopieren. Historismus und Exotismus erleben ihre Geburtsstunde.[2]

In der russischen Kirchenmusik, genauer ausgedrückt: im gottesdienstlichen Gesang der Russischen Orthodoxen Kirche

---

*) Vorgetragen am 25. April 1987 während des Regensburger Symposiums "Tausend Jahre zwischen Wolga und Rhein", veröffentlicht in: Una Sancta 4 / 87, Kyrios-Verlag Freising 1987

1) Man denke insbesondere an die Hervorbringungen auf dem Gebiet der Musik, der Literatur und der Malerei.

2) Dies wird besonders deutlich in der Architektur. Doch sind auch die anderen Künste nicht frei davon.

sah die Situation folgendermaßen aus[3]: Mitte des XVI. Jahrhunderts hatte sich im Norden Rußlands, auf dem Territorium der ehemaligen Hanserepublik Nowgorod, aus der bisherigen strengen altrussischen Einstimmigkeit eine eigene, in der ganzen Welt ihresgleichen suchende russische Mehrstimmigkeit gebildet.[4] Dieser war indes keine lange Blütezeit beschieden, da die drei darauffolgenden Perioden nicht als Weiterentwicklung, sondern als Niederwalzung zarter Anfänge betrachtet werden müssen.

Überfremdungswellen der altrussischen Tradition

Es handelt sich um die bekannten drei Überfremdungswellen: die polnische, die italienische und die deutsche.[5] Nach dem Anschluß der Ukraine an das Großfürstentum Moskau im Jahre

---

[3] Da die Russische Orthodoxe Kirche, genau wie jede andere orthodoxe Landeskirche, keine Instrumentalmusik im Gottesdienst kennt, ziehen und zogen einige Forscher, besonders Ivan v. Gardner, es vor, statt von *Kirchenmusik* vom *Liturgischen Gesang* zu sprechen.

[4] Genaueres über die frühe russische Mehrstimmigkeit in I. v. Gardner, Bogoslužebnoje penie russkoj pravoslavnoj cerkvi, Bd. I, Jordanville 1978, 9. Kapitel; in deutscher Übersetzung: I. v. Gardner, Gesang der russisch-orthodoxen Kirche bis zur Mitte des XVII. Jahrhunderts, Wiesbaden 1983, 4. Periode (in der dt. Ausgabe Perioden- statt Kapiteleinteilung). Ferner: N. D. Uspenskij, Drevne-russkoje pevčeskoje iskusstvo, Moskva 1971, S. 223 - 291; Notenbeispiele ab S. 394; ferner: N. Uspenskij, Obrazcy drevne-russkogo pevčeskogo iskusstva, Leningrad 1968, S. 142 - 157, anschließend zahlreiche Notenbeispiele; sehr lesenswert auch heute noch: A. V. Preobraženskij, Kultovaja muzyka v Rossii, Leningrad 1924, S. 38 - 41. - Hier und im folgenden geben wir nur Literatur an, die nach der Revolution, insbesondere aber nach dem 2. Weltkrieg erschienen und demzufolge hier im Westen relativ leicht zugänglich ist. Dort finden sich im übrigen weitere Angaben über ältere Literatur, die hierzulande meist nur in Privatsammlungen zu finden ist.

[5] Zum Thema der Überfremdung vgl. Gardner, Bogoslužebnoje ..., Bd. II, Jordanville 1982, Kap. 1 - 4; deutsche Übersetzung im Druck; Uspenskij, Drevne-russkoje ... S. 332 - 346 (nur die polnische Welle betr.), Notenbeispiele ab S. 541; Preobraženskij, op.cit., Kap. 9 - 15.

1654 strömten die ukrainischen Sänger in hellen Scharen in ihre neue Hauptstadt, um dort ihr Glück zu versuchen. Hierbei zeigte sich ein überaus bemerkenswertes Gefälle dergestalt, daß die ukrainischen Sänger nicht etwa das vorhandene großrussische geistliche Musikrepertoire übernahmen und lediglich nach ihrer Art ausführten, sondern daß sie sehr schnell das großrussische Repertorium durch das ukrainische verdrängten. Da die Ukraine aber seit den verheerenden Tatareneinfällen im XIII. Jahrhundert immer stärker unter polnischen Einfluß gekommen, ja schließlich - auf dem Umweg über Litauen - in Personalunion mit der polnischen Krone getreten war, hatte sich hier seit etwa dem XVI. Jahrhundert ein starker Einfluß der polnischen auf die ukrainische Musik bemerkbar gemacht. Die polnische aber stand - wie damals die gesamte abendländische Musik - unter stärkstem Einfluß der italienischen Musik. Diese polnisch-ukrainische Musik verdrängte sehr schnell die althergebrachte nowgorodisch-moskovitische.[6] War die alte großrussische Mehrstimmigkeit in einer merkwürdigen, an die ars nova erinnernden Polyphonie gehalten gewesen, so war die neue Mehrstimmigkeit im wesentlichen homophon. Unter dem Einfluß der venezianisch-polnischen Polychorie[7] war sie auf Massenwirkung

[6] In Großrußland hatten sich als Hauptzentren der Musikentwicklung Nowgorod und Moskau herausgebildet. Kiew blieb das Zentrum der süd-russischen Kultur, geriet aber nach der Auflösung des frührussischen Staatswesens (ca. 860 - 1240) durch die Tataren (1237 - 1240) nach einigen Jahren Mongolen-(Tataren)-herrschaft zuerst unter litauische, dann unter polnische Oberhoheit. Dies erklärt den Einfluß der polnischen auf die ukrainische Kultur. Das Wort "Ukraine" ("Grenzland") wird übrigens erst seit dem XVII. Jahrhundert als Synonym für "Kiewer Reußenland" ("kievska Rus") bzw. "Rotreußen" ("krasna Rus") gebraucht. Die Bezeichnung dieses Gebietes als "Süd-Rußland" datiert dagegen erst aus der Zeit des kaiserlichen Zentralstaates, also etwa ab 1721 (Umwandlung des Zartums Rußland in das Kaiserreich Rußland).

[7] Die Venezianer hatten im XVI. Jahrhundert, aufbauend auf ihrer eigenen byzantinisch-aquilejischen Vergangenheit, die schon bestehende Diplo-Chorie (Zweichörigkeit) zur Poly-Chorie (Mehrchörigkeit) weiterentwickelt. Höhepunkt waren die Kompositionen G. Gabrielis um 1600 (Motetten zu 3 - 22

bedacht - übte also eine große Suggestivwirkung aus - und hatte außerdem - dank des ungefähr 1620 eingeführten extemporierten Terzorganums[8], dem sich ein frei beweglicher Baß zugesellte, - den unschätzbaren Vorteil, jede einstimmig notierte Choralmelodie sofort dreistimmig ausführen zu können. Damit dies auch wirklich reibungslos geschah, nahm man zur Grundlage nicht den großrussischen, sogenannten Neumatischen Choral ("znamennyj rospev")[9], sondern den der Mehrstimmigkeit

---

Stimmen, teils chorisch, teils instrumental). In Rom wurde die Polychorie zum sogenannten Kolossalstil (Motetten und Messen bis zu 54 Stimmen!) weiterentwickelt. Blütezeit um 1650. In Warschau übernahmen bedeutende Komponisten wie M. Mielczewski und A. Rohaczewski die venezianische Technik, ohne sie, wie in Rom, zu übersteigern. Neben gemischt chorisch-instrumentalen Stücken erscheinen hier aber auch rein vokale mehrchörige Werke. Von Warschau wird diese Technik nach Kiew weitergegeben und hier genau wie in Rom ins Kolossale gesteigert. Hauptvertreter ist V. Titov, Blütezeit um 1700. Das Gabrielische Prinzip der Oktavverdoppelung, wodurch dem Chorklang Orchestercharakter verliehen wird, steht bei den Russen bis heute in hohem Ansehen, während es im Westen vom Palestrina-Stil seit dem XVIII. Jahrhundert wieder verdrängt wurde.

[8] In der Welt sind verschiedene Organaltechniken bekannt, d.h. Techniken, bei denen eine Melodie von einer andren Stimme in stets gleichbleibendem Abstand begleitet wird. Am bekanntesten sind Quart- und Quint-Organa, auf dem Balkan aber auch Sekund-Organa. In der Ukraine wurde ein Terz-Organum entwickelt. Wahrscheinlich - Dokumente fehlen - war dies (in zunächst extemporierter Weise) die erste Form ukrainischer Mehrstimmigkeit; der (meist Dreiklänge ergänzende) frei-bewegliche Baß kam wahrscheinlich erst später, aber doch schon im XVII. Jahrhundert hinzu.

[9] Die früheste Form des russischen einstimmigen Chorals, der sich in Kiew und Nowgorod und ab dem XIV. Jahrhundert auch in Moskau entwickelte, heißt "znamennyj rospev", d.h. Gesang nach Zeichen, Neumen ("znamja" = das Zeichen, die Neume). Die Form, die sich in Kiew nach 1240 weiterbildete und die erst in Aufzeichnungen aus dem XVII. Jahrhundert vorliegt, nennt man "kievskij rospev" = Kiewer Gesang bzw. Kiewer Choral. Die von den Kiewer Sängern ab 1652 nach Moskau importierten Gesänge folgten einer Melodie, die unter dem Einfluß der Harmonie bereits leichte Abweichungen von der ursprünglichen einstimmigen Choralmelodie aufwies.

bereits angepaßten Kiewer Choral ("kievskij rospev"), eine Art "cantus fractus"[10].

Die Wirkung der polnisch-ukrainischen Musik war immens. Das großrussische Gebiet wurde fast zu 100% musikalisch ukrainisiert, der alte Choral ("znamennyj rospev") hielt sich nur - und auch das nur bruchstückhaft - in einigen Kathedralen und in einigen Klöstern.[11] Doch dauerte auch diese Periode nicht ewig, sondern wurde von einer zweiten Überfremdungswelle, der italienischen, abgelöst. Diese beschränkte sich allerdings auf die frei komponierten Ordinarien ("neizmenjaemye časti"). Da aber die Ordinarien in der Liturgie zahlenmäßig die Proprien ("izmenjaemye časti") überragen und sie im praktischen Vollzug der Kathedralen und Pfarreien auch im Stundengebet - in der Vigil vor allem - im Vordergrund stehen (im Gegensatz zu den Klöstern, wo im Stundengebet die Proprien den größten Teil der Texte ausmachen), bedeutete die Italianisierung dieser Ordinarien sehr viel für das Bewußtsein der Öffentlichkeit.[12] Im

---

[10] Choralgesänge, die in ihrer Melopée (Melodiebildung) Einflüsse aus dem Dur-Moll-System aufweisen, nennt man *cantus fractus* ("gebrochener Gesang").

[11] Die Moskauer Mariä-Entschlafungs-Kathedrale und die Nowgoroder Sophien-Kathedrale verfügten 1917 über das größte Repertorium an "znamennyj"-Melodien. In den Klöstern wurden einige feierliche Stücke wie die Theotokia-Dogmatika gelegentlich im Neumatischen Choral ausgeführt. Gegenwärtig ist auf großrussischem Gebiet ein steigendes Interesse für den "znamennyj rospev" zu bemerken.

[12] Sämtliche Gottesdienste folgen in Rußland ein und demselben "Typikon", d.h. ein und demselben Ritualbuch. Der Unterschied zwischen Kloster-, Kathedral- und Pfarr-Gottesdienst besteht lediglich im Grad der Kürzung. Dies gilt insbesondere für das Stundengebet, weniger für die Liturgie. Während die Vigil in den Klöstern in der Regel fünf Stunden beansprucht (auf dem Heiligen Berg Athos sogar bis zu 8, 9 und 10 Stunden), überschreitet sie in Kathedralen selten 3, in Pfarreien zwei Stunden. Hierbei werden in der Regel die Proprien gekürzt, nicht aber die Ordinarien. Für das Ohr der Gläubigen - und damit für die Bildung ihres musikalischen Bewußtseins - stehen somit die Ordinarien im Vordergrund.

Bereich der Proprien machte sich der italienische Einfluß nur insofern bemerkbar, als man die Harmonisierung der Choralmelodien den in Italien (und Frankreich) entwickelten neuen harmonischen Erkenntnissen anpaßte.[13]

Die polnische Periode hatte in der russischen Kirchenmusik - jedenfalls auf großrussischem Territorium - etwa 80 Jahre gedauert. Dann war sie allmählich, aber stetig von der italienischen Welle abgelöst worden. Auch diese dauerte etwa 80 Jahre. Ab ca. 1810 machen sich mehr und mehr deutsche Einflüsse bemerkbar.

Der deutsche Einfluß war, ähnlich wie der italienische, vor allem in der freien Komposition der Ordinarien spürbar. Doch hinterließ er - auch hierin ähnlich dem italienischen - Spuren in der Bearbeitung der kanonischen Melodien, im sogenannten "8-Töne-Gesang" ("osmoglasnoje penie"), dergestalt, daß nun die harmonischen Prinzipien des deutschen protestantischen Chorals angewendet wurden.[14]

Alle drei Überfremdungswellen wirkten sich dahingehend aus, daß jeweils die nachfolgende die vorausgehende teilweise verdrängte, teilweise aber eine Synthese mit ihr einging, so daß ein

---

[13] Die Harmonisation geschah nun - gemäß dem in Italien sich ausbreitenden Neo-Palestrinismus - auf der Grundlage strenger Vierstimmigkeit. (Jedenfalls war dies in St. Petersburg der Fall; bis zur Anerkennung in der Provinz vergingen oft Jahrzehnte; hier "überwinterten" oft ältere Techniken.) Die verwendeten Akkorde entstammten der italienischen und der französischen Harmonielehre. Die im XVII. Jahrhundert beliebte italienische Lauden-Technik mit ihren Oktav- und Quint-Parallelen war nun verpönt. (Diese Technik hielt und hält sich im improvisierten Kloster- und Volksgesang aber bis heute!)

[14] Die Ordinarien folgen gewöhnlich keinem bestimmten Kirchenton; Proprien dagegen sind streng nach dem System der 8 Kirchentöne geordnet. Hierbei ist wichtig zu wissen, daß sich sowohl die griechischen Kirchentöne ("Tonarten", Modi) von den lateinischen als auch die russischen von den griechischen stark unterscheiden.

gemischter polnisch-italienisch-deutscher Stil entstand, der bis heute nicht ganz ausgestorben ist.[15] Die drei Wellen hatten aber auch zur Folge, daß sich ein immer stärker werdender Widerstand herausbildete und es zu einer regelrechten Erneuerungsbewegung kam.

Diese Erneuerungsbewegung zeichnete sich durch drei Komponenten aus: 1. durch Abwehr der fremden Einflüsse; 2. durch Rückgriff auf die Tradition[16]; 3. durch Verbindung mit Erneuerungsbewegungen innerhalb der beiden westlichen Konfessionen. Diese dritte Komponente soll uns hier besonders interessieren.

Zur ersten Komponente sei noch angemerkt, daß man sie in einem gesamteuropäischen Zusammenhang sehen kann: In ganz Europa macht sich zu jener Zeit eine anti-kosmopolitische Strömung breit. Unter dem Einfluß des deutschen Philosophen

---

[15] Am lebendigsten ist dieser Stil heute in der Ukraine vertreten. Der polnische Stil ist hierbei am schwächsten repräsentiert, er lebt eigentlich nur in den Harmonien des Oktoichos (des 8-Töne-Systems) fort. Der italienische Stil dagegen ist auffallend stark vertreten und zwar mit freien Kompositionen. Dies hängt u.a. damit zusammen, daß die wichtigsten Vertreter dieses Stils (Berezovskij, Bortnjanskij und Vedel) ukrainischer Herkunft waren. In der Kiewer Kathedrale (statt der immer noch zum Museum degradierten Sophien-Kathedrale dient jetzt die Kirche des Hl. Vladimir als Bischofs-Kirche) wird daneben seit einiger Zeit für feierliche Stücke der Gesang des (ebenfalls geschlossenen) ehemaligen Kiewer Höhlenklosters, für gemischten Chor umgesetzt, verwendet. - Auf groß- und weiß-russischem Gebiet dagegen überwiegt der deutsche Stil leicht den italienischen. Der polnische Stil ist ebenso wie in der Ukraine nur durch Harmonie-Relikte des Oktoichos vertreten. Die großen Komponisten jener Epoche sind völlig vergessen. Dafür sind aber in immer reicherem Maße die Werke der beiden Reformschulen vorhanden, die auf süd-russischem Gebiet nur selten zu finden sind.

[16] Unter Rückgriff auf die Tradition wurde vor allem Rückgriff auf die alten Choralsysteme verstanden. Besonders der fast untergegangene Neumatische Choral ("znamennyj rospev") sollte wieder belebt werden. An eine Anknüpfung an die frührussische Mehrstimmigkeit war nicht gedacht; sie war auch damals noch zu wenig erforscht.

Herder versuchen die Gelehrten eines jeden Volkes, das sogenannte "eigene Erbe" zu entdecken, und versuchen die Künstler, einen sogenannten "nationalen Stil" zu schaffen[17].

Ähnliches gilt für die zweite Komponente. In ganz Europa erwacht ein Interesse für die Vergangenheit, speziell aber ein Interesse für die eigene Vergangenheit. In der westlichen Musik erforscht man einerseits die Werke der großen Komponisten früherer Jahrhunderte, ja versucht sogar, deren Kompositionstechniken zu übernehmen (z.B. wird die Fuge wieder modern), andererseits erblickt man die Überlieferung im Volkslied und erforscht dieses. In der Kirchenmusik werden die alten Choral-Systeme erforscht, vor allem werden die sogenannten Kirchen-Tonarten wieder entdeckt und dem modernen Dur-Moll als Alternative entgegenstellt.

Die dritte Komponente auf dem Gebiet der Erneuerung der russischen Kirchenmusik ist zunächst deshalb interessant, weil sie eine Einschränkung der ersten zu sein scheint. Doch haben die frühen russischen Gelehrten das nicht so verstanden. Vielmehr waren sie der Meinung, daß die in Rußland im XVII., XVIII. und XIX. Jahrhundert eingeführten fremden Stilarten schon in ihren Heimatländern Dekadenz-Erscheinungen gewesen seien und daher in doppelter Hinsicht in Rußland nichts zu suchen hätten und daß außerdem hinter den nationalen Dekadenzen ein gemeinsames großes Ganzes, eine Art heiliger Ur-Musik stehe, bei der die nationalen Unterscheidungen lediglich äußere, nicht aber innere Differenzen bedeuten. (Diese Meinung

---

[17] Es ist ebenso die Zeit, in der die Nationalepen der einzelnen Völker wiederentdeckt bzw. rekonstruiert werden. In der Musik bringt fast jedes Land seine eigene nationale Schule hervor. Die Moskauer Schule des Russischen Kirchengesanges versuchte, diesen nationalen Stil, der sich im wesentlichen durch neuartige Berücksichtigung des Volksliedes auszeichnete, auch auf die Kirchenmusik zu übertragen.

war übrigens gleichfalls nicht nur in Rußland, sondern auch in den Hauptzentren der westlichen Erneuerungsbewegung, in Rom, Paris und Regensburg zu finden!)[18]

Die dritte Komponente hatte aber noch andere Eigenschaften, die wir nun betrachten werden.

Als Vorläufer der Erneuerung muß Dmitrij Stepanovič Bortnjanskij (1751 - 1825) angesehen werden, der andererseits als Höhepunkt der "Italjanščina", des Italienertums gilt. Als er sah, daß der italienische Barockstil den überkommenen Gesang fast zum Erliegen brachte, bearbeitete er selbst einige Choralmelodien in einfachster Weise (wenn auch unter Anwendung des Dur-Moll-Systems). Zu diesen einfachen Gesängen gehören die noch heute hochgeschätzten "Priidite, ublažim Josifa" ("Kommt, laßt uns Joseph seligpreisen") aus den Gesängen der Karwoche und "Pod tvoju milost" ("Unter dein Erbarmen"), das die östliche Version des auch im Westen bekannten Mariengebetes "Sub tuum praesidium" ("Unter deinen Schutz und Schirm") darstellt.[19] Auch wurde unter Bortnjanskijs Einfluß zum erstenmal ein offizieller Druck der bekanntesten

---

[18] Die russischen Wissenschaftler jener Zeit teilten das Vorurteil ihrer westlichen Kollegen - ob sie hierin direkt von jenen beeinflußt waren, ist noch nicht untersucht -, daß die barocke Phase in der Kirchenmusik insgesamt als Entartung zu betrachten sei und daß man zum "leidenschaftslosen Gesang" (russisch: "bezstrastnoje penie") der früheren Jahrhunderte zurückfinden müsse. Sie waren außerdem der Meinung, daß sich in dieser Beziehung die einzelnen Musikkulturen, auch die östliche und die westliche, nicht voneinander unterschieden. Hierin kann man ihnen auch heute noch recht geben. Hinter der "Urmusik", auch "Musik des Himmels" genannt (russisch: "muzyka nebes"), und deren Natur weder im Osten noch im Westen jemals genau definiert wurde, standen wahrscheinlich Reste antiker Anschauungen von der Sphärenharmonie und Relikte byzantinischer Anschauungen vom Engelsgesang.

[19] Die östliche Version ist die ursprüngliche, Es handelt sich um das älteste Mariengebet der Welt, Ende des III. Jahrhunderts in Syrien (in griechischer Sprache) entstanden.

Choralmelodien vorgenommen und als "Obichod" ("Liber usualis") im Jahre 1772 veröffentlicht.

Der Widerstand wurde aber stärker, als unter Bortnjanskijs Nachfolger in dessen Eigenschaft als Leiter der Kaiserlichen Hofkapelle, unter Alexej Fjodorovič Lvov (1798 - 1870), die deutsche Romantik auf den Schild gehoben wurde. Gleichzeitig muß aber auch Lvov als Vorläufer der Erneuerungsbewegung bezeichnet werden, denn er war es, der als erster eine systematische Ausgabe alter kanonischer (wenn auch bisweilen der Harmonie zuliebe zurechtgestutzter) Melodien veranstaltete und - gleichfalls unter dem Titel "Obichod" - im Jahr 1848 veröffentlichte.

Der Kreis um den Fürsten Odojevskij

Der Widerstand, der sich gegen die fremden, zu jener Zeit besonders gegen die italienischen und deutschen Einflüsse bildete, hatte sein Zentrum zunächst in dem Gesprächskreis, der sich um den Fürsten Vladimir Fjodorovič Odojevskij (1804 - 1869) gebildet hatte. Dieser bedeutende und vielseitig gebildete Fürst unterhielt eine Art Salon der Hochgebildeten, in dem die Kirchenmusik Thema Nummer Eins war. Odojevskij selbst besaß eine umfangreiche Sammlung alter kirchenmusikalischer Manuskripte, war bei mehreren Privatlehrern musikalisch praktisch und theoretisch ausgebildet worden und attackierte in seinem Salon die Überfremdungen der russischen Kirchenmusik. Zu seinem Gesprächskreis gehörten drei Leute, die seine Ideen nicht nur aufnahmen, sondern in eigenen umfangreichen Werken ausbauten und zum Leuchten brachten und so zum Aufbau einer ganzen Generation beitrugen, die den Kirchengesang auf das nachhaltigste beeinflussen sollte: Michail Ivanovič Glinka (1804

- 1857), Nikolaj Michailovič Potulov (1810 - 1873) und der Priester Dmitrij Vasiljevič Razumovskij (1818 - 1888)[20].

Glinka ist bekannt unter dem Ehrennamen "Vater der russischen Musik". Er hat aber nicht nur die weltliche Musik Rußlands von italienischen Fesseln befreit und in Oper und Konzert einen nationalen Stil kreiert, sondern er steht auch am Anfang der erneuerten russisch-orthodoxen Kirchenmusik. Wegen seines frühen Todes kam er nicht dazu, seine Pläne hinsichtlich einer Reform des Kirchengesanges zu verwirklichen, doch erfreuen sich seine wenigen Werke bis heute großer Beliebtheit: man denke nur an sein schönes, im strengen Kirchenstil geschriebenes "Da ispravitsja molitva moja" ("Auf steige mein Gebet") aus der Liturgie der Vorgeweihten Gaben. Im ganzen wirkte aber mehr seine Autorität als zeitweiliger Hofkapelldirigent und späterer Hofkapellmeister als die Zahl seiner Werke. Glinka und Potulov einerseits und Razumovskij andererseits bedeuten für die Erneuerung der russischen Kirchenmusik zweierlei: Glinka und Potulov wirken als Komponisten auf zahlreiche Nachfolger, die entweder ganz in ihrem Geiste schreiben oder aber ihre Ideen weiterentwickeln. Der Priester (bzw. spätere Erzpriester) Razumovskij aber legt in seinen musik-historischen Forschungen das Fundament der gesamten kommenden russischen kirchlichen Musikwissenschaft, aus deren Bereich als wichtigste Namen Stepan Vasiljevič Smolenskij (1848 - 1909), Vasilij Michailovič Metallov (1862 - 1926), Antonin Viktorovič Preobraženskij (1870 - 1929) und Ivan Alexejevič von Gardner (1898 - 1983)[21] zu nennen sind.

---

[20] Vgl. zu den folgenden Ausführungen Gardner, Bogoslužebnoje ..., Bd. II, S. 392-400; Preobraženskij, op.cit., Kap. XVI.

[21] Ivan v. Gardner entstammt einer alten Moskauer Familie, die im frühen XVIII. Jahrhundert aus Schottland nach Rußland einwanderte und hier u.a. die Porzellanfabrikation begründete. Gardner wurde auf der Krim geboren, wuchs

Die Bedeutung Potulovs liegt darin, daß er es unternahm, das gesamte Choral-Repertorium der Russischen Kirche, soweit es in gedruckten Noten-Ausgaben vorlag, im sogenannten "Strengen Stil" zu harmonisieren, und zwar für vier gleiche Stimmen. Die ursprüngliche kleine Ausgabe der kanonischen Melodien unter dem Namen "Obichod" im Jahre 1772 war inzwischen, dank den Bemühungen Lvovs, zu einer 6-bändigen Sammlung geworden. Die Bücher trugen die Bezeichnungen "Obichod" (unveränderliche Teile der Liturgie und der Vigil), "triod" (Buch für die Fastenzeit), "triod cvetnaja" oder "pentikostar" (Buch für die Osterzeit), "prazdniki" (Buch für die großen Feste), "irmologij" (Buch für die Musterstrophen der Matutin-Kanones) und "oktoich" (Buch für die veränderlichen Teile der Vigil, nach den acht Kirchentönen geordnet). Diese gewaltige Sammlung harmonisierte Potulov nun für 4 gleiche Stimmen. Die dabei angewandte Technik folgt einerseits westlichen Vorbildern, nämlich dem, was man im Westen unter "Strengem Stil" verstand, ist andererseits aber sehr eigenständig. Von Palestrina, dem großen Vorbild der westlichen Erneuerung, wird einerseits der reine, dissonanzenfreie Satz entlehnt, d.h. es werden nur reine Dreiklänge benutzt; jede Dissonanz, der Septakkord eingeschlossen, wird abgelehnt. Andererseits verwirft Potulov aber jede Form von kontrapunktischer Polyphonie und huldigt einer extremen Homophonie. Hierin zeigt er sich als anti-westlich, aber zugleich als echt orthodox, denn zu allen Zeiten waren sich alle orthodoxen Komponisten im Urteil einig, daß die im Westen entwickelte kontrapunktische Polyphonie im Grunde unkirchlich sei, da sie die Textverständlichkeit beeinträchtigt und zu einem einseitig ästhetischen Kirchenmusikverständnis führt, darüberhinaus aber von ihrer komposito-

---

in Moskau auf und emigrierte 1920. Wie viele Emigranten gebrauchte er sein Adelsprädikat je nach Landessprache verschieden. Im Russischen entfällt dieses Prädikat gänzlich.

rischen Anlage her Ausdruck eines unkirchlichen Gemeindeverständnisses, nämlich eines sich ständig ausbreitenden und daher letztlich destruktiven Individualismus ist.

Die Tatsache, daß Potulov vier gleiche Stimmen bevorzugt - (Männer- *oder* Frauenstimmen) -, deutet außerdem darauf hin, daß er wohl als Ideal den alten Kantorenstil ("penie po djačkovskomu") im Ohr hatte, so wie dieser in den Kirchen vor Einführung der westlichen Mehrstimmigkeit geherrscht hatte und in den Klöstern zu Potulovs Zeiten noch der allein übliche war. Diesen Kantorenstil, gewöhnlich dreistimmig vorgetragen, wollte er offenbar lediglich durch Einführung einer vierten Stimme (das Ideal der Vierstimmigkeit ist allerdings westlicher Herkunft!) verfeinern. Man sollte auch nicht vergessen, daß zu seiner Zeit Frauenstimmen in Kathedral- und Pfarrkirchen noch keineswegs zugelassen waren. Hier sangen entweder reine Männerchöre (im Kantorenstil) oder gemischte Chöre mit Knabenstimmen im Sopran und Alt. Frauenstimmen gab es nur in Nonnenklöstern. (Die allgemeine Einführung der Frauenstimmen erfolgte erst im Jahre 1880 durch den Dirigenten und einflußreichen Komponisten Alexander Andrejevič Archangelskij (1846 - 1924))[22].

Bemerkenswert ist außerdem, daß der gesamte Theoretikerkreis um den Fürsten Odojevskij der Ansicht war, daß man sich wohl den alten Choral-Systemen der Russischen Kirche, den sogenannten "rospevy" zuwenden und die freie Komposition kirchenmusikalischer Werke lieber ganz aufgeben solle, daß dies aber keineswegs die Rückkehr zur totalen Einstimmigkeit bedeuten könne. Hierin unterschieden sie sich also fundamental von westlichen Theoretikerkreisen, die - übrigens bis zum heutigen Tage - jede Form der Mehrstimmigkeit des Chorals ableh-

---

22) Gardner, Bogoslužebnoje ... II, 446.

nen und ihn nur in seiner einstimmigen Form gepflegt wissen wollen. (Viele von ihnen lehnen sogar die Orgelbegleitung des Chorals ab.) Die russischen Theoretiker waren sich indes einig, daß jede "Rückkehr" auch das Element des Fortschritts in sich tragen müsse und daß daher die Rückkehr zu den alten Choralsystemen mit der Neu-Errungenschaft der westlichen Mehrstimmigkeit zu verbinden sei. Im Vergleich mit dem Westen sind sie viel weniger restaurativ als dieser. Sie sind einerseits in eigenartiger Weise archaisch, dergestalt, daß sie die Rückkehr zu den alten kanonischen Melodien fordern und diese zunächst in altertümlichster Weise punctum-contra-punctum mehrstimmig fassen. (Spätere Generationen werden dann freiere Stimmführung gestatten und den cantus-firmus lediglich zur Grundlage der Kompositionen nehmen!) Sie zeigen archaische Züge, indem sie die freie Komposition mehr oder weniger ablehnen und ihre Harmonisationen für Kantoren-Kollektive vornehmen. Sie sind aber andererseits auch modern, indem sie an der neueingeführten Mehrstimmigkeit unbedingt festhalten und einstimmige Melodien lediglich als Glanzlichter von besonderer Wirkung, hier und da auf Höhepunkten im Gottesdienst verteilt, gestatten. Sie sind modern, indem sie sich die neuesten Erkenntnisse auf dem Gebiet der kirchlichen Musikgeschichte zu eigen machen und überhaupt von einem wissenschaftlichen Impetus beseelt sind, der ganz dem modernen Zeitalter entspricht.

Sie sind einerseits stark vom Westen beeinflußt, andererseits dem Westen gegenüber ablehnend eingestellt. Sie versuchen zu sondieren, indem sie Schädliches ausscheiden und Nützliches übernehmen. Vom Westen übernehmen sie die Vorstellung des "Strengen Stils". Sie wenden ihn aber in eigener Weise an. Vom Westen übernehmen sie die Theorie der Kirchentonarten, zunächst in der irrtümlichen Vorstellung, daß griechische, lateinische und russische Kirchentöne dasselbe seien; dann aber entwickeln sie in der zweiten Phase ihrer Geschichte mustergültige Theorien über die Eigenständigkeit der russischen Tonleitern ("lady") und über die daraus abzuleitenden harmonischen Folgerungen.

Aus Potulovs und Glinkas Anfängen entstehen im Lauf der Jahrzehnte zwei Schulen. Die erste wird als die der "Petersburger Choralisten" oder "Petersburger Strengen Stilisten" bezeichnet. (Diese Bezeichnung ist im Ausland nach dem 2. Weltkrieg entstanden; da es in der Sowjet-Union lange Zeit keine kirchliche Musikforschung gab, ist diese Bezeichnung dort noch nicht übernommen worden; man könnte sie übersetzen mit "peterburgskije revniteli drevnich rospevov" oder "peterburgskije strogostilniki"). Diese Schule bleibt im Grunde auf der Stufe von Potulov stehen, bejaht aber die Einführung der Frauenstimmen in den Kirchengesang und befolgt in der musikalischen Technik eine etwas freiere Stimmführung, gestattet auch gelegentlich den Septim-Akkord, hält aber an der strengen Vierstimmigkeit bei gleichzeitiger Melodielage in der Oberstimme fest[23].

Die zweite Schule - ihre Bezeichnung ist ebenfalls im Ausland entstanden, wurde aber inzwischen von einigen sowjetischen Forschern übernommen - trägt den Namen "Moskauer Schule". Sie behandelt den Chor wie ein vielfarbiges Orchester, fächert die Vierstimmigkeit gelegentlich zu 8-, 10-, und 12-Stimmigkeit auf oder läßt sie zum Unisono zusammenfallen und läßt außerdem den cantus-firmus durch alle Stimmen wandern. Als Vorbild der Harmonie werden die unakademischen Besonderheiten des russischen Volksliedes akzeptiert.

Die wichtigsten Namen der ersten Schule sind - außer Potulov - Smirnov und Solovjov. Sie haben sich vor allem als Editoren

---

23) Gardner, Bogoslužebnoje ... II, 454 - 457.

einen dauernden Namen erworben. Wie schon Potulov waren auch sie als Komponisten weniger originell denn als Theoretiker. Die wichtigsten Namen der zweiten Schule sind Kastalskij, Česnokov, Dragomirov-Tolstjakov[24], Nikolskij, Gardner und - obgleich nicht in Moskau, sondern in Petersburg ansässig - Kompanejskij[25].

Zu ihrer kompositorischen Technik wäre viel zu sagen. Namentlich die Moskauer haben kirchenmusikalische Meisterwerke allerersten Ranges hervorgebracht. Kastalskij ist vielleicht der größte russische Kirchen-Komponist, der je gelebt hat. Doch sollte uns hier nur der Anfang der russischen Erneuerung in der Kirchenmusik interessieren. Dies nicht zuletzt deswegen, weil es sich bei diesem Erneuerungsbestreben ja auch um eine Osmose westlicher und östlicher Kultur handelt. Große Kulturen entstehen nicht durch strenge Abkapselung und künstlerischen Inzest, sondern durch Mischung und gegenseitige Befruchtung. Im Falle der russischen Erneuerung der Kirchenmusik ist - betrachtet man die Ergebnisse, wie sie in der Moskauer Schule vorliegen - eine musikalische Welt entstanden, die heute von östlichen und westlichen Christen als Geschenk des Himmels betrachtet wird.

---

[24] Die Literatur kennt auch die Schreibweise Tolstjakov-Dragomirov. Es ist unbekannt, ob und wann der Komponist die Schreibweise seines Namens änderte.

[25] Die Moskauer Schule als Ganzes wird in der Literatur ausschließlich von Gardner behandelt; vgl. Bogolužebnoje ... II, 472 - 509.

DIE RÜCKWIRKUNGEN DER IM XVII. JAHRHUNDERT IN DIE RUSSISCHE KIRCHENMUSIK EINGEFÜHRTEN WESTLICHEN MEHRSTIMMIGKEIT*)

Die Einführung der westlichen Mehrstimmigkeit und ihre Gründe

Die Russische Orthodoxe Kirche gehört als Tochter der konstantinopolitanischen zum ostkirchlichen Bereich. Ihr gottesdienstlicher Gesang hat sich nach in der Ostkirche üblichen Prinzipien entwickelt, nämlich aufgrund - von der missionierenden Kirche - importierter Melodien, korrigiert durch die Adaption der Landessprache. Dieser Gesang war bis ins XVI. Jahrhundert einstimmig[1]. Dann entwickelte sich auf dem Territo-

---

*) entnommen aus: K. Chr. Felmy / G. Kretschmar / F. v. Lilienfeld / Cl. J. Roepke (Hrsg.), Tausend Jahre Christentum in Rußland, Verlag Vandenhoeck & Ruprecht Göttingen 1988, S. 1013-1021

1) Zur einstimmigen Periode der Russischen Kirchenmusik seien von den heutzutage in Deutschland greifbaren Büchern besonders zum Studium empfohlen: I. v. Gardner, Bogoslužebnoje penie russkoj pravoslavnoj cerkvi, Tom I; Jordanville 1978; (in deutscher Übersetzung: I. v. Gardner, Geschichte des russisch-orthodoxen Kirchengesanges bis zur Mitte des XVII. Jahrhunderts; Wiesbaden 1983); insbesondere Teil II, 6. - 8. Kapitel (in der deutschen Fassung: 1. - 3. Periode; der 1. Teil des russischen Buches erschien deutsch getrennt unter dem Titel "System und Wesen des russischen Kirchengesanges"; Wiesbaden 1976; ferner: N. Uspenskij, Drevne-russkoje pevčeskoje iskusstvo;

rium der ehemaligen Hanserepublik Nowgorod eine eigentümliche Mehrstimmigkeit, die mit frühen Formen abendländischer Mehrstimmigkeit (ars nova) verwandt zu sein scheint, ohne von ihr abhängig zu sein. Ihr war indessen keine geradlinige Fortsetzung bestimmt, da sie eben von der westlichen Mehrstimmigkeit verdrängt wurde[2].

Die Einführung der westlichen Mehrstimmigkeit im XVII. Jahrhundert kann in gewisser Weise mit den Tatareneinfällen des XIII. Jahrhunderts verglichen werden. Mit diesen hatte sie gemeinsam, daß sie eine verheerende und niederwalzende Wirkung hatte, unterschied sich jedoch insoweit, als sie wie ein injiziertes Gift Gegenkräfte mobilisierte, die nicht nur den russischen musikalischen Volkskörper vollständig genesen ließen, sondern ihm Kräfte verliehen, die nun ihrerseits auf die westlichen Ursprungsländer zurückstrahlten und diese auf das nachhaltigste beeinflußten. Diese Rückstrahlung ist bisher noch kaum beachtet worden. Wohl weiß man um den Einfluß der russischen Musik auf die west- und mitteleuropäische seit der zweiten Hälfte des XIX. Jahrhunderts, doch daß dieser nicht möglich gewesen wäre ohne die vorherige Beeinflussung Rußlands durch den Westen, wurde bisher zu wenig beachtet.

Die Einführung der westlichen Mehrstimmigkeit geschah in drei Wellen. Die wichtigste war die erste, die sogenannte ukrainisch-polnische Welle[3]. Hierzu ist wichtig zu wissen, daß Groß-

---

Moskau 1971 und derselbe: Obrazcy drevne-russkogo pevčeskogo iskusstva; Leningrad 1968. Bei beiden Autoren weitere Literaturangaben.

2) Vgl. Gardner, Bogoslužebnoje ..., Kap. 9 (deutsch: 4. Periode); Uspenskij, Drevne-russkoje ... S. 223 ff., 232 ff., 263 ff., 332 ff.; ders., Obrazcy ... 142-157; dazu die angegebenen Notenbeilagen.

3) Vgl. Gardner, Bogoslužebnoje ..., Tom II, Jordanville 1982 (deutsche Übersetzung in Vorbereitung), 1. Kapitel; außerdem N. Uspenskij, Russkij chorovoj koncert konca XVII. - pervoj poloviny XVIII. vekov; Leningrad 1976, Einleitung S. 8 - 42, dazu im Anhang zahlreiche und ausführliche Notenbeispiele.

Rußland und Klein-Rußland (wie man damals die Ukraine nannte) jahrhundertelang getrennt voneinander lebten. Seit den Tatareneinfällen im XIII. Jahrhundert war das Gebiet der heutigen Ukraine mehr und mehr unter den politischen Einfluß der polnischen Krone geraten, ja es war schließlich eine förmliche Personalunion zwischen beiden Ländern geschlossen worden. Doch war der Druck des Polentums auf das Ukrainertum so stark, daß der ukrainische Hetman mit seinen Gefolgsleuten im Jahre 1654 beschloß, sich dem immer mehr erstarkenden Groß-fürstentum Moskau anzuschließen. Dies hatte weitreichende kulturelle Folgen.

In der Ukraine war nämlich - aus bis jetzt nicht ganz geklärten Gründen - schon etwa 100 Jahre zuvor zusammen mit anderen westlichen Kulturgütern auch die westliche Mehrstimmigkeit eingeführt worden. Der unmittelbare Geber war die königlich-polnische Hofkapelle gewesen, die ihrerseits unter starkem italienischem und zwar venezianisch-römischem Einfluß stand[4]. Die Übernahme der italienisch-polnischen Mehrstimmigkeit hatte zweierlei zur Folge: der dem Acht-Töne-System angehörende Teil der Gesänge (meist Proprien) wurde fortan in homophoner Drei- und Vierstimmigkeit ausgeführt, der dem Acht-Töne-System nicht angehörende Teil (meist Ordinarien) wurde frei nach den Prinzipien des italienischen Hochbarock auskomponiert[5]. Es wurde stellenweise sogar der Versuch gemacht, die

---

[4] Die Werke der altpolnischen Musik, darunter auch die von der polnischen Hofkapelle gesungenen Kompositionen, werden seit 1958 in der Editionsreihe Wydawnictwo Dawnej Muzyki Polskiej, Warschau, fortlaufend herausgegeben. Uspenskij bringt den für uns besonders wichtigen polnischen Komponisten M. Mielczewski mit dessen Konzert "Benedictio et claritas" in "Russkij chorovoj koncert" S. 43 - 71 in Partitur.

[5] Zum russischen Acht-Töne-System ("osmoglasie") vgl. Gardner, Bogoslužebnoje ..., Tom I, Kap. 3 und 4 (deutsch in "System und Wesen").

Orgel als Begleitinstrument einzuführen[6]. Es sei in diesem Zusammenhang auch nicht verschwiegen, daß im Jahre 1596 auf der Synode von Brest-Litovsk mehrere ukrainische Bistümer in Union mit Rom getreten waren und daß hierdurch der westliche Einfluß naturgemäß verstärkt wurde[7].

Nach dem Anschluß der Ukraine an Groß-Rußland im Jahre 1654 wurde die ukrainische Kirchenmusik auch in die - für die Ukrainer - neuen Territorien gebracht. Denn es ergab sich, daß es zu einem außerordentlich starken west-östlichen Gefälle kam. Schon zwei Jahre vor dem formellen Anschluß der Ukraine hatten sich ukrainische Kapellsänger, offenbar in kundiger Voraussicht der kommenden politischen Entwicklung, nach Moskau begeben und um Aufnahme in die dortigen führenden Kantoreien, vor allem in die des Zaren und die des Patriarchen ("gosudarevie pevčie djaki" und "patriaršie pevčie djaki") nachgesucht[8]. Wegen ihrer - bekanntlich dem ganzen ukrainischen Volke eigenen - außergewöhnlich hohen Musikalität wurden sie sofort aufgenommen. Nach dem Jahre 1654 wurde aus diesem Ukrainerzug so etwas wie eine ukrainische musikalische Völkerwanderung. Die ukrainischen Sänger strömten in hellen Scharen nach Groß-Rußland, um dort ihr berufliches Glück zu versuchen. Das Bemerkenswerte am Ganzen war aber nicht, daß sie in so großer Anzahl kamen oder daß sie so bereitwillig aufgenommen wurden, sondern daß sie das vorhandene groß-russische musikalische kirchliche Repertorium vollständig umgestalteten, und zwar dergestalt, daß sie es weitestgehend durch

---

[6] 1970 wurde in Muzyczne silva rerum, Edition PWM, Warschau, S. 86 - 90 (Beispielnummer 214) eine bezifferte Baßstimme (für Orgelbegleitung?) mit Teilen des orthodoxen Gottesdienstes veröffentlicht.

[7] Vgl. Wilhelm de Vries, Der christliche Osten in Geschichte und Gegenwart, Würzburg 1951, S. 102 - 106; Gardner, Bogoslužebnoje ... Tom II, S. 17 - 28.

[8] Gardner, Bogoslužebnoje ... Tom II, S. 37 f.; Uspenskij, Drevne-russkoje ... 332 - 346.

das eigene ersetzten. Die groß-russische Kirchenmusik wurde sozusagen über Nacht ukrainisiert.

Dem polnisch-ukrainischen Stil war indes auch keine geradlinige Entwicklung beschieden, da seit den 30er Jahren des XVIII. Jahrhunderts sich ein direkter starker italienischer Einfluß bemerkbar machte. Die Kaiserinnen Anna, Elisabeth und Katharina beriefen berühmte Italiener an ihren Hof und übergaben ihnen auch die Leitung der Hofsänger-Kapelle. Während die Proprien überwiegend im polnisch-ukrainischen Stil weiter gesungen wurden - nur geringfügig durch zeitgenössisch-harmonische Neuerungen ergänzt -, wurden die Ordinarien nun von Leuten wie Galuppi, Paisiello, Cimarosa und Sarti nach den ihnen geläufigen Prinzipien verfaßt. (Die genannten Komponisten verbrachten alle mehr oder weniger lange Jahre in St. Petersburg)[9].

Etwa ab 1810 machten sich in Rußland deutsche musikalische Einflüsse bemerkbar. Diese dringen auch in die Kirchenmusik ein, und zwar nach dem Tode des - seinerseits noch dem Italienertum verschriebenen - Kapelldirektors Dmitrij Bortnjanskij († 1825). Der Einfluß der deutschen Musik ist ähnlich dem der italienischen, d.h. er ist weitaus größer in Bezug auf die Komposition der Ordinarien als auf die der Proprien[10].

Alle drei Überfremdungswellen - die polnische, die italienische und die deutsche - haben zusammengenommen zwei Resultate: einerseits verdrängen sie sich nicht nur nacheinander, sondern vermischen sich teilweise zu einer polnisch-italienisch-deutschen Mixtur[11], andererseits rufen sie eine Reaktion hervor,

---

9) Gardner, Bogoslužebnoje ... Tom II, Kap. 3

10) Op.cit. Kap. 4.

11) Hierzu zählen Komponisten wie Lvov, Lomakin, Arenskij und - als Stufe der Vollendung - Tschajkovskij.

die sich in der Bildung von zwei Schulen niederschlägt: in der Petersburger Schule der "Anhänger des Strengen Stils" und in der "Moskauer Schule". Beide Schulen haben beträchtlichen Einfluß - die Petersburger mehr in pädagogischer, die Moskauer mehr in kompositorischer Hinsicht -, vor allem aber tragen sie dazu bei, daß die Russische Orthodoxe Kirchenmusik weit über die Grenzen des Russischen Imperiums hinaus bekannt wird. Es beginnt die Zeit der russischen Rückentwicklung[12)] und Rückstrahlung[13)]. Da übrigens seit dem XVIII. Jahrhundert am russischen Hofe auch eine weltliche Musik westlichen Stils gepflegt wird, die ihrerseits eine italienische, eine deutsche und eine neurussische Mühle durchlief, ist es verständlich, daß an diesem, in der zweiten Hälfte des XIX. Jahrhunderts einsetzenden Rückwirkungs- und Rückstrahlungsprozeß auch die westliche Musik beteiligt ist.

Die Rückwirkungen und ihre einzelnen Stufen

Die Rückwirkungen der russischen - der weltlichen wie der geistlichen - auf die mittel- und westeuropäische Musik kann mit vier Themenkreisen angedeutet werden: 1. Bortnjanskij, 2. der romantische Nationalismus und Exotismus, 3. Stravinskij, 4. die russische Kirchenmusik.

Beginnen wir mit Bortnjanskij. Ohne daß er selber es wußte, sollte er der erste russische Komponist sein, der eine internationale Wirkung ausübte. Im Jahre 1829 - vier Jahre nach Bortnjanskijs Tod - sandte nämlich der damalige König von Preußen, Friedrich-Wilhelm III., aus bisher nicht geklärten Gründen einen gewissen Hauptmann v. Einbeck nach Petersburg, 1. um sich die

---

12) Hier im Sinne von "Restauration", "retrorsum ad fontes".

13) Im Sinne von Rückwirkung auf die westlichen Anreger von einst.

Organisation der dortigen Kaiserlichen Hofkapelle anzusehen, 2. um Notenmaterial eben dieser Kapelle nach Berlin zu bringen[14]. Der Gottesdienst in der damals als Dom fungierenden Nikolai-Kirche sollte in eine neue liturgische Form gebracht, die Musik aber nach russischem Vorbild praktiziert werden. Nach einigen in Berlin vorgenommenen Umarbeitungen entstand auf der Grundlage Bortnjanskijscher Musik jene berühmte altpreußische Liturgie, die sich weit über 100 Jahre halten sollte und die übrigens unlängst - jetzt aber zum Gebrauch für Musikhistoriker - neu ediert wurde[15]. Auch in der weltlichen deutschen Musik hinterließ Bortnjanskij eine Spur: Sein geistliches Lied "Wie herrlich unser Herr in Zion" ("Kol slaven naš Gospod v Sione") wurde im Blechbläsersatz dem preußischen - später: deutschen - Großen Zapfenstreich eingefügt. (Übrigens wurde dieses Lied auch dem preußischen Gesangbuch eingefügt und lebt, mit Tersteegens Text "Ich bete an die Macht der Liebe" versehen, in einigen Gesangbuch-Anhängen bis heute fort.)

Während man Bortnjanskijs Einfluß auf die evangelische Kirchen- und preußische Militärmusik als zufällige Fügung betrachten muß, haben wir es beim zweiten Themenkreis schon mit etwas mehr Grundsätzlichem zu tun.

Die europäische Romantik hatte Europa u.a. - als Ausdruck eines sich abzeichnenden gigantischen Identitätsverlustes - ein Formenchaos ohnegleichen beschert. Da die Bewegung nicht fähig war, auf irgendeinem Gebiet, besonders aber auf dem Fundamentalgebiet der Architektur, eine verbindliche Form zu entwickeln, suchte man das Heil in Formen vergangener Epochen oder fremder Kulturen. Historismus und Exotismus erlebten ihre

---

14) Zum erstenmal ausführlich dargestellt von I. v. Gardner in: A. F. Lvov; Jordanville 1970, S. 16.

15) Agende für die evangelische Kirche in den Königlich-Preußischen Landen; Berlin 1829; Reprint Gersau (Schweiz) 1986.

Geburtsstunde. Da die Romantik zunächst nicht ihr Zentrum in Osteuropa, sondern zuerst in West-, dann in Mitteleuropa hatte und dann erst nach dem Osten übergriff, waren die romantischen Phänomene auch zuerst am deutlichsten in West- und Mitteleuropa zu spüren. Da außerdem die Entfremdung zwischen östlicher und westlicher Kirche seit Jahrhunderten eine bestehende Tatsache war, wurde die gesamte byzantinische Kultur - in all ihren nationalen Verzweigungen - vom abendländischen Europa mittlerweile als etwas Exotisches betrachtet, kam dafür aber jetzt erneut, wenn auch unter dem Firmenschild "Exotik", ins Blickfeld. Etwas Ähnliches war durch die Tatsache des 200jährigen Tatarenjochs und der vielen russischen imperialen Erwerbungen in Asien geschehen. Beide hatten im Abendland den Eindruck verstärkt, es im Falle Rußlands mit einer exotischen Größe zu tun zu haben. Beides trug aber auch dazu bei, auf der Suche nach fremden Formen und Inhalten sich dieser exotischen Größe erneut zuzuwenden und sie systematisch zu erforschen.

Im Bereich der Musik sah das so aus, daß europäische, vor allem aber französische Musiker sich das Studium russischer Partituren angelegen sein ließen. Es ist eine heute nicht mehr bestrittene Ansicht, daß Debussy, der Hauptvertreter nicht nur des französischen, sondern auch des europäischen Impressionismus, nicht ohne das Vorbild Mussorgskijs zu denken ist. Die weltweit bestaunte "Cathédrale engloutie" ("Versunkene Kathedrale") von Debussy ist eine Fortentwicklung des Vorspiels der Krönungsszene aus "Boris Godunow" von Mussorgskij. Diesem kommt mithin das Lob zu, als erster das archaische Prinzip einer absolut melodielosen reinen Klanglichkeit in die europäische Musik wieder eingeführt zu haben[16)]. Die Begeisterung für die

---

16) Auf das Vorhandensein unüblicher rein-melodischer nicht-klanglicher und rein-klanglicher nicht-melodischer Klangformen wurde zum ersten Male auf-

russische Musik führte nicht nur dazu, daß sich die Komponisten der betont russisch-nationalen Richtung schnell im abendländischen Europa durchsetzten, sondern daß man sich bei ihnen zum Unterricht anmeldete (z.B. Respighi) und ihnen in Paris und London seit 1907 pro Jahr eine "Saison Russe" einräumte, während der nichts anderes als russische Musik aufgeführt wurde[17]. Bei den "Saisons Russes" von Paris war es auch, wo Igor Fjodorovič Stravinskij seine drei ersten Ballette (daher alle zunächst nur unter französischem Namen bekannt): "L'oiseau de feu" ("Žar Ptica" - "Feuervogel"), "Petrouchka" ("Petruška") und "Sacré du Printemps" ("Vesna svjaščennaja" - "Heiliger Frühling" bzw. bei Übersetzung aus dem Französischen "Frühlingsopfer") zur Uraufführung brachte. Auf Stravinskijs weltweiten Einfluß hinzuweisen, heißt Eulen nach Athen tragen. Stravinskij wurde nicht nur begeistert aufgenommen - und zwar mehr als alle anderen russischen Komponisten vor und nach ihm -, sondern er wurde auch hundertfach nachgeahmt, freilich ohne daß es zur Bildung einer "Stravinskij-Schule" gekommen wäre.

Schließlich muß als vierter Themenkreis der Einfluß der russischen Kirchenmusik außerhalb Rußlands erwähnt werden. Ich verweise in diesem Zusammenhang auf eine von mir veröffentlichte Studie, in der ich Beispiele dafür bringe, wie die russisch-orthodoxe Kirchenmusik dabei ist, neben der katholischen und protestantischen zu einer dritten religiösen Weltmusik zu werden[18]. Der Einfluß der russischen Kirchenmusik erstreckt sich auf vier Bereiche: 1. auf den slawischen Bereich innerhalb der Orthodoxie, was leicht durch die bis vor kurzem gemeinsame

---

merksam gemacht von R. v. Ficker in "Primäre Klangformen" in: Jahrbuch der Musikbibliothek Peters 1929.

17) Über die "Saisons Russes" in England und Frankreich unterrichten alle einschlägigen Lexikonartikel über Sergej Diaghileff, ferner S. Lifar, Serge de Diaghileff, Monaco 1954; außerdem alle Arbeiten über den jungen Stravinskij.

18) "Die Russische Kirchenmusik außerhalb Rußlands" siehe nächstes Kapitel

gottesdienstliche Sprache zu erklären ist; 2. auf den nicht-slawischen Bereich der Orthodoxie (z.B. Georgien, Rumänien, Griechenland und Albanien); 3. auf den alt-orientalischen Bereich (Armenien); 4. auf den westlichen, d.h. katholischen und protestantischen Bereich.

Die heutige Wirkung der gesamten russischen Musik - der weltlichen wie der kirchlichen - ist wahrhaft weltweit. Gleichzeitig handelt es sich um eine Rückwirkung; denn es dürfte klar sein, daß die altrussische Monodie - etwa der frührussische Choral, der "znamennyj rospev" - diese Wirkung nicht gehabt hätte. Einer Untersuchung wert wäre noch die Frage, ob es sich um eine wirkliche Rezeption mit nachfolgender Integration oder nur um ein vorübergehendes Fasziniert-Sein, um eine Mode handelt. Im Rahmen dieses kurzen Tagungs-Beitrages ist es natürlich nicht möglich, die Frage erschöpfend zu beantworten. Doch sei es uns gestattet, folgende Beobachtungen mitzuteilen:

1. Die Beeinflussung der protestantischen Liturgie in Deutschland durch Bortnjanskij war zwar lange anhaltend (etwa 1830 bis 1950), doch rief sie eine heftige Reaktion hervor. Seit etwa 1950 ist die Liturgie Bortnjanskijs ständig im Rückzug begriffen.

2. Die Beliebtheit der russischen Musik in den Konzertprogrammen ist geblieben. Verändert hat sich allerdings der Geschmack - dies freilich nicht nur in Deutschland, sondern im ganzen übrigen Europa, in der Welt und schließlich auch in Rußland. Neben den national-russisch eingestellten Komponisten - etwa den Vertretern des "Mächtigen Häufleins"[19] - wurden auch Komponisten aufgeführt, die einen ausgesprochenen Mischstil vertreten, wie etwa Tschajkovskij und Rachmaninov.

---

[19] Zum "Mächtigen Häuflein" zählen M. Balakirev, N. Rimskij-Korsakov, M. Mussorgskij, A. Borodin und C. Cui.

Über eine Übernahme russischer Kompositionsprinzipien zu reden, wäre noch verfrüht. Doch scheint der Hinweis wichtig, daß die Russen die ersten waren, die 1. die reine Klanglichkeit wieder entdeckten[20] und 2. das Variationsprinzip anstelle des Durchführungsprinzips zu setzen versuchten[21].

3. Stravinskij ist nach wie vor ein überaus wichtiger Faktor in den internationalen Konzertprogrammen. Allerdings scheint sich seine eigene Prophezeiung zu verwirklichen, daß sich die Werke seiner sogenannten Russischen Periode einer immer stärkeren Beliebtheit erfreuen, während die andren in der Publikumsgunst immer mehr zurücktreten, besonders die nach 1951 geschriebenen[22]. Die direkte Beeinflussung der Komponisten durch ihn scheint aufgehört zu haben. Gegenwärtig scheint der Einfluß Debussys am stärksten zu sein[23]. (Freilich nicht durch Bildung einer Schule, sondern durch Weiterentwicklung seiner Ideen. Hinter Debussy steht aber - s.o. - Mussorgskij, ein Russe).

4. Die Wirkung der russischen Kirchenmusik ist die größte in ihrer Geschichte. Wir beobachten gemäß den vier Einfluß-Bereichen, die sie hat, viererlei: 1. Der Einfluß auf die slawische Orthodoxie ist am stärksten; 2. der Einfluß auf die übrige Orthodoxie ist z.T. - wie in Rumänien - im Rückgang, z.T. - wie in Griechenland - im Steigen begriffen; 3. der Einfluß auf die armenische Musik ist konstant, d.h. die übernommenen Prinzipien im XIX. Jahrhundert wurden von den armenischen Komponisten bewahrt und ausgebaut; 4. der Einfluß auf die westliche

---

[20] So könnte man etwa eine Linie ziehen von Mussorgskij zu allen Komponisten, die mit nicht-melodischen, rein-klanglichen Mitteln, z.B. mit Clustern, arbeiten.

[21] Variation statt Entwicklung benutzten als kompositorisches Mittel besonders die Neo-Klassizisten der 20er bis 40er Jahre.

[22] In diesem Jahre hatte sich Stravinskij der von ihm vorher abgelehnten Schönbergschen Dodekaphonie zugewandt.

[23] Farbe statt Struktur.

Kirchenmusik ist im Steigen begriffen, beschränkt sich aber auf die Übernahme einzelner Stücke ins kirchenmusikalische Repertoire.

Ob es zu einer tiefergreifenden Beeinflussung der gesamten abendländischen Religiosität anhand des Einflusses der russischen Kirchenmusik kommen wird, bleibt abzuwarten. Im Augenblick scheint der Einfluß damit zu tun zu haben, daß im Abendlande in der Kirchenmusik die Welt der Gefühle wieder entdeckt worden ist. Dies kann zu zweierlei führen: wenn man den guten Erzeugnissen der russischen Kirchenmusik begegnet, wird man nicht nur das echte religiöse Gefühl entdecken, sondern auch seine unerläßliche Einbindung in das frühchristliche Dogma feststellen und sich daran im wahrsten Sinne des Wortes auf-erbauen. Wenn man aber unkritisch den weniger guten Werken den Vorzug gibt, dann wird man im Bereich des Gefühligen bleiben, und der Erfolg wird dem der "Moldau" von Smetana ähnlich sein: Auflösung und Wegschwemmung.

Europa steht ohne Zweifel an einem kritischen Punkt seiner Entwicklung. Besonders für den Westen gilt, daß überkommene Identitäten mehr und mehr verloren gehen und neue sich noch nicht eingestellt haben. Unsere Hoffnung geht dahin, daß bei der Suche nach diesen neuen Identitäten der Osten hierzu hilfreich seine Hand leiht. Daß er das aber kann, dazu war u.a. jene Beeinflussung des Ostens durch den Westen im XVII. Jahrhundert nötig, die jetzt als Rückwirkung sich auch für uns im nachhinein als segensreich erweist.

DIE RUSSISCHE KIRCHENMUSIK AUSSERHALB RUSSLANDS[*]

Die russische Kirchenmusik innerhalb der orthodoxen Musik

Bekanntlich zählt zu den Missionsprinzipien der Ostkirchen[1] die alsbaldige Übersetzung der Liturgie und der beim Gottesdienst verwendeten Schriftperikopen in die Sprache des missionierten Volkes. Dies war und ist für die Musik von unabsehbarer Bedeutung. Denn da alle christliche Kultmusik im Westen bis in die Zeit des Mittelalters und im Bereich der Orthodoxie bis heute nach dem bekannten Wort von Ewald Jammers nichts anderes denn "Musik der Textaussprache" ist, ist es verständlich, daß zugleich mit der Einführung einer neuen kirchlichen Sprache im Kern bereits auch eine neue Musik entsteht, selbst wenn zunächst musikalische Weisen aus dem Herkunftsland der missionierenden Kirche übernommen werden[2]. Der christliche

---

[*] entnommen aus: P. Hauptmann (Hrsg.), Kirche im Osten, Studien zur osteuropäischen Kirchengeschichte und Kirchenkunde, Band 27/1984, Verlag Vandenhoeck & Ruprecht Göttingen 1984

[1] Gelegentliche Ausnahmen wie die syrophonen Kirchen Malabar-Indiens sind die bekannte Ausnahme von der Regel.

[2] Die bulgarische Kirche mit ihrem nachdrücklichen Festhalten an den byzantino-griechischen Melodien ist ebenfalls eine regelbestätigende Ausnahme, da dieses Festhalten eben das Ergebnis eines Willensaktes und nicht eine natürliche Entwicklung ist.

Osten bildet daher von Anfang an ein musikalisch weitaus farbenreicheres Bild als der Westen, der fast über 2000 Jahre hinweg an einer einzigen Kultsprache festhielt und, aus dieser gezeugt, eine Musikkultur von großartiger Einheitlichkeit entstehen ließ. Eine gewisse Auflockerung der westlichen Geschlossenheit entstand durch die Entwicklung zeitgeschichtlich bedingter Stilarten, vor allem aber durch die Einführung neuer Sprachen im Zeitalter der Reformation. Doch ist diese Vielfalt nicht zu vergleichen mit der Verschiedenartigkeit, die sich im Osten aufgrund der von Anfang an verschiedenen Sprachen herausgebildet hat.

Die Russische Orthodoxe Kirche nimmt hinsichtlich ihrer Musik innerhalb der Gesamtorthodoxie eine Sonderstellung ein. Sie hat sich nicht nur von der einstimmigen Choralmusik der konstantinopolitanischen Mutterkirche in ihrem eigenen monodischen Choral am stärksten wegentwickelt, sie hat auch als erste im XVI. Jahrhundert eine eigene Mehrstimmigkeit gebildet, sich im XVII. Jahrhundert polnischen, im XVIII. Jahrhundert italienischen und im XIX. Jahrhundert deutschen Einflüssen geöffnet und durch Synthese all dieser Einflüsse eine kirchenmusikalische Gesamtkultur hervorgebracht, die ihresgleichen in andren orthodoxen Landeskirchen nicht hat.

Infolge verschiedenster historischer und politischer Konstellationen - z.B. der Freiheit des russischen Staates von der Türkenherrschaft und seiner ab dem XV. Jahrhundert darin begründeten religiös-politischen Führerrolle im Bereich des orthodoxen Christentums - begann die russische Kirchenmusik seit etwa Anfang des XIX. Jahrhunderts auch auf andere kirchliche Musikkulturen - und nicht nur orthodoxe! - einen gewissen Einfluß auszuüben. Und wie einstmals slawische und andere Völker die von den Missionaren mitgebrachten griechischen Melodien an die eigene Sprache adaptierten (und später transformierten), so übernahmen nun nicht-slawische Völker die russische mehrstimmige Kirchenmusik und paßten sie ihren Sprachen an. Der Prozeß der Amalgamierung ist indes noch längst nicht abgeschlossen, ja man kann sagen: in den meisten Ländern ist man noch im Stadium der bloßen Übernahme. Dennoch können hier unterschiedliche Stufen der Aneignung, ja bisweilen auch schon Ansätze zu eigener Fortentwicklung wahrgenommen werden.

Diesen augenblicklichen Zustand zu skizzieren, nimmt sich vorliegende kleine Arbeit vor. Da bisher so gut wie nichts zu diesem Thema veröffentlicht wurde, war der Verfasser gezwungen, sich auf eigene Beobachtungen und auf eruierende Gespräche mit Fachleuten an Ort und Stelle zu beschränken. Er ist dankbar für jeden Hinweis, der ihm eventuell von Leserseite zugehen wird.

Die russische Kirchenmusik und die nicht-russischen östlichen Kirchen auf dem Territorium der Sowjetunion

Sowohl auf dem Gebiet des alten kaiserlichen Rußland als auch auf dem der heutigen Sowjetunion gab und gibt es verschiedene Kirchen östlichen Typus'. Neben der Russischen Orthodoxen Kirche gibt es die Orthodoxe Kirche Georgiens und die Armenische Kirche, die zum Verband der altorientalischen Kirchen gehört[3]. Beide wurden in ihrer Musik von der Russischen Kirche beeinflußt.

---

3) Zu dieser Gruppe gehören außerdem die Kopten, die Äthiopier, die Ost- und West-Syrer und ein Teil der Thomas-Christen in Indien. Diese Kirchen nennen sich selbst ebenfalls "orthodox", d.h. rechtgläubig, werden in der europäischen Konfessionskunde aber meist, um sie von der Griechisch-Orthodoxen Kirche zu unterscheiden, Alt-Orientalen oder auch vor-chalkedonische Kirchen genannt, da sie das Konzil von Chalkedon (451) ablehnen.

Über die Musik der *Georgischen Kirche* ist bis heute im Westen nur sehr wenig bekannt. Ihre geographisch wenig zugängliche Lage in der Vergangenheit, ihre politische Abschirmung in der Gegenwart und die Tatsache, daß sich unter den Georgien-Reisenden unserer Tage bisher noch keine Kirchenmusiker befanden, haben dazu beigetragen, daß wir unter allen kirchenmusikalischen Kulturen des christlichen Ostens über die georgische am wenigsten orientiert sind.

Es scheint indes, daß das georgische Acht-Töne-System, d.h. das System der auch im Westen bekannten sogenannten Kirchentonarten, dem byzantinischen System nahesteht. Es scheint ferner, daß die höchst eigenartige georgische Mehrstimmigkeit, die wir auf zahlreichen Folklore-Schallplatten bewundern können, auch stellenweise - bei Stücken, die nicht dem Acht-Töne-System angehören - in der Liturgie Eingang gefunden hat. Außerdem scheinen neuere Komponisten Werke für die Kirche unter Verwendung gewisser Folklore-Techniken zu verfassen. Sicher ist auf jeden Fall, daß seit Liquidierung des georgischen Königtums 1801 und dem schrittweisen Anschluß des georgischen Staatswesens an das russische Imperium (zwischen 1801 und 1810) und der damit verbundenen Unterstellung der bis dahin autokephalen Georgischen Kirche unter die russische auch der georgische Kirchengesang der Russifizierung unterlag.

Zwei Leute mit Urteilsvermögen erzählten mir, daß der Gesang in der Kathedrale von Tiflis vor 1917 von dem in einer russischen nicht zu unterscheiden gewesen sei[4]. Dies ist verständlich, wenn man bedenkt, daß erstens der georgischen Kirche von der russischen jede Selbständigkeit (Autokephalie)

---

[4] Freundliche Mitteilung von Frau Baronin v. Rosenberg (†) / Erlangen und Herrn Prof. v. Gardner / München.

genommen war[5], zweitens ab 1817 nur noch Russen als Bischöfe in Tiflis später auch in der Provinz - eingesetzt wurden, drittens die kirchenslawische Sprache statt der altgeorgischen für den Gottesdienst, viertens die russische statt der neugeorgischen für die Predigt vorgeschrieben wurden und fünftens der auch in der Musica Sacra sich betätigende bekannte russische Komponist Michail Ippolitov-Ivanov[6] von 1882 bis 1893 Leiter der Musikschule und erster Direktor des von ihm gegründeten Konservatoriums in Tiflis war.

Unbekannt ist indessen, inwieweit sich der russische Einfluß in der Provinz bemerkbar machte, ob nicht in den entlegenen Gebirgsdörfern die Liturgie in ihrer georgischen Gestalt überlebte, ob georgische Kirchenkomponisten in die auf slawische Texte verfassten Kompositionen vielleicht eine musikalisch nationale Note brachten (der genannte Ippolitov-Ivanov liebte es ja umgekehrt, in mehreren seiner russischen weltlichen Kompositionen georgische Motive zu verwenden!), ob der russische Einfluß mit der Ausrufung der Georgischen Republik 1917 und der damit verbundenen Wiederherstellung der georgischen Autokephalie in Liturgie und Liturgiesprache sofort zum Erliegen kam oder in abgeschwächter Form heute noch fortlebt.

Die wenigen Tonbänder, die mir aus Georgien mitgebracht wurden, zeugen durchweg von einer, wohl nach 1917 entstandenen, markant "georgischen" Musik, d.h. von Kompositionen, denen offensichtlich die Technik des georgischen Volksliedes zugrunde liegt. Daneben deuten die rezitativisch gesungenen

---

[5] 1811 wurde zunächst das Georgische Patriarchat in ein russisches Exarchat umgewandelt. Der erste Exarch war noch ein Georgier, der zweite (1817) schon ein Russe.

[6] Michail Ippolitov-Ivanov (1859 - 1935) verwandte in der weltlichen Musik die damals beliebten "orientalischen" Klänge, gehörte in der Kirchenmusik aber zu den Anhängern des Strengen Stils. Über diesen später mehr.

Ektenie-Responsa eher auf ein Fortleben des russischen Einflusses.

Wir können zusammenfassend sagen, daß im XIX. Jahrhundert ein starker russischer Einfluß in der georgischen Kirchenmusik vorhanden gewesen ist, dergestalt, daß die Liturgie in kirchenslawischer Sprache und mit russischer Musik übernommen wurde. Nach 1917 klang dieser Einfluß wieder ab, die georgische Liturgie wurde wiederhergestellt, russischer Einfluß lebt aber offensichtlich in einzelnen Teilen der Liturgie, etwa im Rezitativ der Ektenien, weiter fort. Genaueres konnte bisher leider nicht eruiert werden.

Der Vollständigkeit halber muß erwähnt werden, daß die unierten Georgier, da zu Rom zugehörig, nach 1810 nicht unter die Herrschaft der Russischen Kirche kamen und daher auch in ihrer Liturgie von den Russifizierungsmaßnahmen nicht betroffen werden konnten. So lebte die georgische Liturgie und der georgische Kirchengesang bei dieser kleinen Gruppe von etwa 40000 Gläubigen noch einige Jahrzehnte fort. Im Jahre 1886 wurden sie aber von der russischen Regierung vor die Alternative gestellt, entweder in die Orthodoxie zurückzukehren (was damals gleichbedeutend mit religiöser Russifikation war) oder sich dem lateinischen Ritus der katholischen Kirche anzuschliessen. Fast alle machten von der zweiten Möglichkeit Gebrauch. Um aber die so entstandenen georgisch-lateinischen Pfarreien nicht zum Hort des georgischen Nationalismus werden zu lassen, wurde für Predigt und Andacht der Gebrauch der russischen Sprache vorgeschrieben. Dies hat sich möglicherweise auch auf die Komposition von Kirchenliedern ausgewirkt.

Besser als über Georgien sind wir über die musikalischen Verhältnisse in *Armenien* orientiert. Dort hatte bis ins XIX. Jahrhundert der einstimmige armenische Choral geherrscht, so wie man ihn heute noch im Armenischen Patriarchat von Jerusalem antreffen kann. Da aber ein Teil Armeniens - und gerade der kirchlich bedeutsame mit dem Katholikats-Sitz Ēdžmiacin[7] - unter der russischen Krone stand und daher kirchenpolitische und allgemein-kulturelle Verbindungslinien zwischen der armenischen und der russischen Kirche ziemlich natürlich waren, nimmt es nicht wunder, daß es zu einer Einflußnahme im Sinne eines russisch-armenischen Gefälles kommt. Eine gewaltsame Beeinflussung wie in Georgien schied indes aus, da ja die Armenisch-Apostolische Kirche wie ihr offizieller Name lautet - einer andren Glaubensgemeinschaft als die Russische Orthodoxe Kirche angehört und demzufolge ein wie immer gearteter Anschluß nicht in Frage kam.

Das Bindeglied zwischen russischer und armenischer Kirchenmusik bildet der Komponist Makar Ekmalean (1857 - 1905)[8]. Dieser war Schüler Tschajkovskijs, hatte in Petersburg die faszinierenden Klänge der russischen Kirchenmusik gehört und offensichtlich daraufhin den Entschluß gefaßt, etwas Ähnliches für die armenische Kirche zu schaffen[9]. Seine erste mehrstimmig gesetzte Liturgie wurde 1896 in Leipzig veröffentlicht. In seinen zahlreichen Bearbeitungen der kanonischen Melodien folgte er den Prinzipien der Petersburger Schule: Melodie in der Oberstimme, die übrigen Stimmen ergänzen Akkorde, sie haben Begleitfunktion und sind nicht selbständig, die Stimmführung ist daher akkordisch und nicht melodisch; der Cantus Firmus wird als Bestandteil einer Dur- oder Moll-Tonleiter aufgefaßt; alle harmonischen Verhältnisse

---

[7] Die wegen ihrer starken Diaspora fast über die ganze Welt verstreute armenische Kirche gliedert sich in zwei Katholikate und zwei Patriarchate. Höchster Würdenträger und eigentliches Oberhaupt ist der Katholikos von Ēdžmiacin.

[8] Die -ean zu transliterierende armenische Namensendung wird meist - der Ritussprache folgend - mit -ian transkribiert.

[9] Vgl. auch "Die Musik der armenischen Kirche" im Dritten Teil.

sind einfach; Chromatik wird nur angewendet, wenn die Melodie es vorschreibt; der übrige Satz ist rein diatonisch. Alle Sätze Ekmaleans klingen schlicht, aber durchaus nicht primitiv. Die engen Grenzen, die er sich selbst setzt, haben bei ihm - auch hierin getreu dem Petersburger Vorbild - zu einer zwar äußerlich effektlosen, dafür aber stark verinnerlichten Satztechnik geführt.

Ekmaleans Fortsetzer als Sammler und Bearbeiter liturgischer Gesänge war der Vardapet[10] Komitas (Soġomon Soġomonian; 1869-1935). In seiner Satztechnik und besonders in seiner Harmonik ist jedoch eine Abkehr vom russischen Vorbild und eine Zuwendung zu westeuropäischen Modellen zu finden. Das gleiche gilt in noch stärkerem Maße von dem in Paris lebenden Aram Bartevean. Wir müssen es uns daher versagen, auf ihre Werke, da nur noch mittelbar russisch beeinflußt, näher einzugehen. Da aber Ekmaleans Sätze[11] sich bis jetzt größter Beliebtheit erfreuen, kann man von einem russischen Einfluß auf die armenische Kirchenmusik bis jetzt sprechen. Fest steht außerdem, daß das russisch-armenische Gefälle den Anstoß zur Einführung der Mehrstimmigkeit überhaupt gegeben hat. Die Mehrstimmigkeit hat sich auch in den armenischen Diasporagemeinden im Lauf der Jahrzehnte durchgesetzt. Nur das Patriarchat Jerusalem hält streng an der überlieferten Einstimmigkeit und damit übrigens auch an der orientalischen Intonation fest, die durch die Einführung der auf der temperierten Tonleiter basierenden Mehrstimmigkeit in den andren Gemeinden im Rückzug begriffen ist.

---

[10] Vardapet ist ein Ehrentitel für Mönchsgeistliche. Er entspricht dem orthodoxen Archimandriten.

[11] Ekmaleans Tätigkeit erstreckt sich stärker auf den mehrstimmigen Satz der überlieferten kanonischen Melodien als auf die freie Komposition. Komitas und Bartevean pflegen in Anlehnung an westliche Vorbilder auch die Komposition ohne Cantus Firmus.

Die russische Kirchenmusik in den nach dem Ersten Weltkrieg von Rußland abgetrennten Gebieten

Das seit 1809 mit dem Russischen Reich in Personalunion verbundene Großfürstentum *Finnland* proklamierte nach dem 1. Weltkrieg seine Souveränität, zuerst als Königreich, dann als Republik. In kirchlicher Hinsicht hatte die kleine finnische orthodoxe Diözese - das Land ist zu 93% evangelisch-lutherisch - bisher unter der Jurisdiktion des Hl. Synods von St. Petersburg gestanden. Nun wurde von Konstantinopel die Autonomie erbeten. Diese wurde 1923 gewährt und von der Russischen Kirche ebenfalls - wenn auch zögernd - anerkannt. Die Finnische Orthodoxe Kirche ist heute in drei Diözesen organisiert: Karelien, Helsinki und Lappland. Karelien ist Stammgebiet der finnischen Orthodoxie, die meisten Orthodoxen sind Karelier. Hinzu kommen Lappen und Russen und eine nicht unbeträchtliche Anzahl konvertierter Finnen und Finnländer, d.h. Finnen schwedischer Sprache. Mit Ausnahme einiger russischer Pfarreien ist die Kirchensprache überall Finnisch.

Zugleich mit der verbindlichen Einführung der finnischen Sprache in die Liturgie stellte sich auch das Problem der musikalischen Adaption. Dieser Prozeß wurde und wird maßgeblich vom gegenwärtigen Erzbischof von Karelien und ganz Finnland, Paavali (Paul)[*)] geleitet, der Musiker und Musiktheoretiker von hohem Niveau ist. Er hat nicht nur selber Texte übersetzt und die Anpassung der Musik an die neuen Textvorlagen vorgenommen - wobei er, wie bemerkenswerterweise überall in ähnlicher Situation zu beobachten, den psalmodischen Musikformen, da leichter zu adaptieren, einen gewissen Vorzug gab -, sondern hat auch zahlreiche Werke in finnischer Sprache komponiert. Außerdem fördert er bewußt junge Talente der Kirchenmusik.

[*)] zwischenzeitlich verstorben (1988)

Als Mönch des Alten Valaam-Klosters im Ladoga-See[12] neigt Erzbischof Paul zu einem verinnerlichten und asketischen Kompositionsstil. Kraft seiner Autorität als Musiker und Erzbischof gelang es ihm, der finnischen Kirchenmusik, die bis dahin - schon wegen der geringen Entfernung - ganz unter dem Einfluß der von westlich-konzertanten Elementen durchsetzten Petersburger Hofmusik gestanden hatte, allmählich seinen - und damit zugleich einen finnischen - Stempel aufzudrücken. Besonders im Bereich der karelischen Diözese ist dieser Einfluß zu spüren, während man in Helsinki noch oft den Petersburger Kathedral-Stil der Jahrhundertwende hören kann. Dies nicht zuletzt deswegen, weil an der Kathedrale von Helsinki mehrere Jahrzehnte hindurch bis zu seinem Tode vor wenigen Jahren der russische Dirigent Alexej Krasnostovskij tätig war, der als Komponist und Dirigent noch ganz dem Tschajkovskij-Stil verpflichtet war.

Erzbischof Paul benutzt für seine musikalische Arbeit - wie aus den von ihm veröffentlichten Handbüchern ersichtlich - außer der von ihm hochgeschätzten Tradition des Klosters Valaam noch andere Quellen. Dies sind: erstens der Kreis der Petersburger Choralisten, zweitens die Moskauer Schule, drittens die byzantinische Musik. Der erstgenannte Musikerkreis - auch Petersburger Strenge Stilisten (Anhänger des sogenannten Strengen Stils, des Palestrina-Stils) genannt - bildete sich Ende des XIX. Jahrhunderts in Petersburg um die Komponisten Solovjov und Smirnov[13] gegen den übermächtigen Einfluß des

---

[12] Das heute noch in verkleinerter Form als Neu-Valaam (finnisch: Uusi Valamo) westlich von Joensuu fortexistiert.

[13] In der mehrbändigen Werkreihe "Cerkovno-Pevčeskij Sbornik", Petersburg 1903-1908, hat sich diese Schule ein bleibendes Denkmal gesetzt. Reprint Jordanville (1970 - 1971).

italienischen Klassizismus und der deutschen Romantik[14]. Ihr Ziel war, die überlieferten Choralsysteme wieder zur Grundlage des kirchlichen Gesanges zu machen, und zwar, da eine Rückkehr zur Einstimmigkeit unmöglich, in mehrstimmiger Form. Freie Kompositionen sollten nur gelegentlich verwendet werden. Die Grundlage ihres mehrstimmigen Satzes bildete der sogenannte "Strenge Stil" der neo-palestrinensischen Bewegung Italiens und Deutschlands[15]. Diese Stilrichtung ist neben dem asketischen valaamischen Klosterstil bei Erzbischof Paul am stärksten zu spüren. - Die Moskauer Schule ging einen Schritt weiter. Sie wollte die alten Choralmelodien nicht nur mehrstimmig setzen, sondern mit ihnen als Fundament komponieren.

Das hatte u.a. zur Folge, daß die Choralmelodie nun nicht mehr nur in der Oberstimme erschien, sondern als Cantus Firmus in jeder Stimme auftauchen konnte. Außerdem forderten die Moskauer, deren Wortführer Alexander Kastalskij (1856 - 1926) war, sich in der Harmonik an die unakademischen Vorbilder der Volkspolyphonie zu halten. Diesem Stilkreis begegnet man in den von Erzbischof Paul edierten Werken meist in der Form der Übernahme und Adaption an die finnische Sprache, weniger in seiner eigenen kompositorischen Arbeit, in der er mehr dem ersten und zweiten Stilkreis (Valaam und Choralisten) zugeneigt ist. - Die byzantinische Musik als die Mutter aller orthodoxen Musikkulturen zieht ebenfalls immer wieder das Interesse des Erzbischofs auf sich, wenngleich er weiß, daß sie nur mit Maßen außerhalb des griechischen Kulturkreises verwendet werden

---

[14] Als Hauptvertreter des italienischen Klassizismus wird D. Bortnjanskij (1751 - 1825), als Hauptvertreter der deutschen Romantik A. Lvov (1798 - 1870) angesehen.

[15] Der Neo-Palestrinismus war ursprünglich durch den Komponisten Maxim Berezovskij (1745 - 1777) von Italien nach Rußland gebracht worden, war dann aber durch die von Regensburg und Rom ausgehende Cäcilianische Bewegung erneut in Schwung gekommen.

kann. Aus dem Bereich der gegenwärtigen byzantinischen Musikpraxis hat er u.a. den Pontifikalgesang "Tòn Despótin" mehrstimmig gesetzt und aus der altbyzantinischen Zeit sogar ein Cherubikon einstimmig übernommen und an die finnische Sprache adaptiert[16].

Zusammenfassend kann man sagen: die finnische orthodoxe Kirchenmusik befindet sich im Stadium des Übergangs vom fremden zum eigenen Idiom. Ausgangspunkt war die Liturgie in fremder Sprache und - wenn auch gern gehörter - fremder Musik. Erster Schritt zum Neuen war die Übersetzung der Texte in die finnische Sprache, zweiter Schritt die Adaption der überkommenen Musik an die neue Sprache. Hierbei wurden die psalmodischen, dem unsymmetrischen Sprachrhythmus freien Raum lassenden Musikformen bevorzugt. Die Choralmelodien wurden von der russischen Mutterkirche übernommen[17], aber eine Auswahl "in finnischer Richtung" getroffen, d.h. bevorzugt wurden Melodien, die aus den finnisch-russischen Grenzgebieten stammen, die eine z.T. finnisch-stämmige Bevölkerung haben. Bedeutender Einfluß wird dem Erbe des Klosters Valaam eingeräumt, in dem seit jeher viele orthodoxe Finnen als Mönche lebten. Bei der neuen mehrstimmigen Bearbeitung der überkommenen und übernommenen Melodien zeigt sich bereits fin-

---

[16] Dieses Cherubikon wurde 1968 bei der Vollversammlung des Weltkirchenrates während des orthodoxen Hauptgottesdienstes vor etwa 5000 Gottesdienstbesuchern gesungen und hinterließ einen außerordentlich starken Eindruck.

[17] Karelien gehörte seit dem XIII. Jahrhundert zur Republik Nowgorod und erhielt auch von dort das orthodoxe Christentum; 1617 kam West-Karelien zum unter der schwedischen Krone stehenden Großfürstentum Finnland; 1721 fiel Südwest-Karelien wieder an das - inzwischen zum kaiserlichen Zentralstaat gewordene - Rußland; 1743 folgte Nordwest-Karelien; 1809 wurden beide dem russisch gewordenen Großfürstentum Finnland administrativ zugeschlagen; sie blieben auch 1917 bei der Finnischen Republik; nach dem Winterkrieg 1939/40 und nach dem Zweiten Weltkrieg wurden die Grenzen abermals geändert.

nischer Einfluß insofern, als die Anwendung der Prinzipien des Strengen Stils durch Erzbischof Paul jenen schwebenden Klang zur Folge hat, den wir gemeinhin als typisch nordisch zu bezeichnen gewohnt sind. Der dritte Schritt auf dem Weg zum eigenen Idiom ist die freie Komposition in finnischer Sprache - von Finnen für Finnen. Auch hier sind bereits interessante Versuche gemacht worden, so durch den Komponisten Peter Mirolybov (geb. 1918), der sich seit neuestem sogar frei- und atonaler Kompositionstechniken bedient. Einen eigenen Weg geht die Komponistin Virpi Leppänen, die eine ins Finnische transponierte moderne Fortsetzung der Moskauer Schule darstellt. Doch kann schon jetzt die Voraussage gemacht werden, daß der Einfluß der russischen Kirchenmusik als Basismusik der finnischen noch lange Zeit spürbar sein wird. Dies wird nicht zuletzt auch von der Haltung der kommenden Komponistengeneration abhängen.

Das Königreich *Polen* gehörte ebenfalls lange Zeit zu Rußland. Durch die polnischen Teilungen 1772, 1793 und 1795 kamen insgesamt 82% des Territoriums an das Zarenreich. Der Zar nahm den Titel eines Königs von Polen an. Der Wiener Kongreß übernahm für Polen fast unverändert den Status quo von 1795. Die in diesen Gebieten lebenden Orthodoxen und Unierten - etwa 15 Millionen - sind bis heute in kirchenmusikalischer Hinsicht so gut wie unerforscht; dabei deutet manches daraufhin, daß sie das "missing link" zwischen der Krakauer bzw. Warschauer Hofkapelle und dem Kiewer Kathedralchor sind. Viele Unklarheiten über die Herkunft der süd-russischen Mehrstimmigkeit könnten beseitigt werden, wenn wir die Möglichkeit hätten, die Musikarchive der zum alten polnischen Königreich gehörigen ostkirchlichen Diözesen zu erforschen. Dies mag insbesondere für die *unierten* Gläubigen gelten, die nach der Angliederung an Rußland in mehreren Schüben (1773,

1796, 1839 und 1875) mit der Orthodoxie zwangsweise wiedervereinigt wurden. Gerade sie aber hatten wegen ihrer Zugehörigkeit zu Rom und wegen ihres starken Assimilierungsbedürfnisses an die polnischen Katholiken musikalisch sicher viel bedeutendere Anleihen bei der Rorantisten-Kapelle[18] gemacht als ihre orthodoxen Brüder.

Die nach den Teilungen an Rußland gefallenen *orthodoxen* Gemeinden sind sicher sehr schnell - da sie ja zugleich unter die Jurisdiktion der Russischen Kirche kamen - durch das musikalische Diktat der Petersburger Hofkapelle[19] dem in Rußland allgemein gültigen italienisch-deutsch-russischen Kirchenmusikstil eingegliedert worden. Es ist unbekannt, ob sich etwa Sondergut aus der polnischen Zeit bis heute erhalten hat.

Im Jahre 1918 wurde der polnische Staat wiederhergestellt. Nicht alle, aber doch bedeutende Teile der ehemals an Rußland gefallenen alten ost-polnischen Gebiete kamen an Polen zurück[20], dazu die seit den Teilungen unter Österreich gestandenen Gebiete. Das einst zum litauischen Staatsteil gehörige

---

18) Als Rorantisten-Kapelle wird die Königlich-Polnische Hofkapelle der Krakauer Zeit bezeichnet. Der Name, der sich mit der Übersiedelung des polnischen Hofes von Krakau nach Warschau (1596) allmählich verliert, kommt vom lateinischen Wort "rorate" (= tauet!). Es waren die Rorate-Ämter der Adventszeit, in denen der Chor durch besonders schöne, weil unbegleitete Vokalität auffiel (die Orgel durfte sowohl in der Fasten- wie in der Adventszeit nicht spielen). Da sich die Rorate-Messen in Polen unwahrscheinlicher Beliebtheit erfreuten (und erfreuen), hörte man auf diese Weise den Chor quasi "jeden Tag", während man bei normalem Kirchgang ihn nur sonntags hörte. Der Name war zuerst ganz inoffiziell.

19) Bortnjanskij hatte sich ein Synodaldekret erwirkt, nach welchem nichts gesungen, was nicht gedruckt und nichts gedruckt werden durfte, was nicht die Genehmigung des Direktors der Kaiserlichen Hofkapelle erhalten hatte.

20) Sie waren vor dem Einfall der Tataren (1237) teils selbständige ost-slawische Herrschaften, teils Territorium des Großfürstentums Kiew gewesen.

Territorium[21] bildete die neu entstandene Republik Litauen. Auf diese Weise kamen zur Republik Polen 9 Mill. Ost-Christen: 5 Mill. Unierte (aus den vorher österreichischen Gebieten) und 4 Mill. Orthodoxe. Musikalisch können sie in folgende Gruppen eingeteilt werden:

1. Die *Unierten.* Ihr Choral stellt die alte Kiewer Form in west-ukrainischer, meist Lemberger, Redaktion dar. Ihre Mehrstimmigkeit ist bis heute außerordentlich stark von italienischen und deutschen Einflüssen durchdrungen. Auch russische Komponisten wurden und werden - soweit sie ukrainischer Herkunft sind - gelegentlich gesungen. Bevorzugt sind hierbei die Komponisten Bortnjanskij und Vedel. Diese ändern indes das Gesamtgepräge der ukrainisch-unierten Musik nicht, da sie selbst der italienischen Schule innerhalb der russischen Kirchenmusik angehören. Der Aufführungsstil der Unierten neigt einerseits zum Pathetischen, andererseits zum übermäßig Gefühlvollen. Der Gemeindegesang steht in hoher Blüte. Der Gottesdienst selbst war lange Zeit stark latinisiert (und ist es z.T. heute noch), was sich aber nur geringfügig auf die musikalische Gestaltung auswirkte (außer bei der der lateinischen Stillmesse entsprechenden "Gelesenen Liturgie", bei der dann eben überhaupt nicht gesungen wurde bzw. wird). Die kirchenslawische Sprache wurde und wird nach den phonetischen Gesetzen der neu-ukrainischen Hochsprache, oft aber auch nach denen der heimischen Dialekte ausgesprochen (z.B. *svjat* mancherorts als *śvjat*, ja sogar als *švjat*).

2. Die *Orthodoxen.* Sie folgten im mehrstimmigen Choralgesang (russisch *"osmoglasnoje penie"*, Gesang nach den 8 Kirchentönen) wie in der Mehrstimmigkeit überhaupt dem russi-

---

[21] Polen und Litauen waren seit 1385 in Personalunion verbunden, seit 1569 bildeten sie (bis zur 3. Teilung Polens) einen Staatenbund (Lubliner Union).

schen Vorbild, so wie es in dem für ihre Region zuständigen Kiewer Einflußbereich gepflegt wurde und an das sie nach den polnischen Teilungen (s.o.) angeglichen worden waren. Zur Kiewer Eigenart gehörte u.a., daß sowohl der Moskauer Stil als auch der der Petersburger Choralisten umgangen wurde (und im Grunde heute noch wird) und man sich auf den italienisch-deutschen Stil stützte (stützt), so wie ihn die Komponisten Bortnjanskij und Lvov geschaffen haben. Auch mag für die Bevorzugung maßgebend sein, daß sie bei ihren mehrstimmigen Choralsätzen in der Melodienauswahl dem Kiewer und dem diesem verwandten gräko-russischen Choralsystem den Vorzug gegeben haben. Im Unterschied zu den Unierten werden bei den Orthodoxen russische Komponisten weit häufiger gesungen. Dennoch läßt sich auch hier eine gewisse Bevorzugung von Komponisten ukrainischer Herkunft feststellen. Doch kann allgemein über den Gebrauch russischer Kompositionen gesagt werden, daß er sich in den orthodoxen Gemeinden Polens nicht nur dadurch erklären läßt, daß diese Gemeinden von der Zeit der polnischen Teilungen an bis 1918 politisch zum Russischen Kaiserreich und jurisdiktionell zur Russischen Orthodoxen Kirche gehörten, sondern auch dadurch, daß diese Komponisten orthodoxer Konfession waren und sie daher leichter von orthodoxen als von ukrainisch-katholischen Chören rezipiert werden konnten. Schließlich sei noch erwähnt, daß sich die orthodoxen Gläubigen in Polen zwischen 1918 und 1945 z.T. als Vertreter des Russentums in Polen fühlten und von daher gesehen sogar ein gewisses Interesse daran hatten, ihrem Gottesdienst eine - wenn auch nicht allzu starke, so doch auch nicht zu überhörende - russische Note zu geben. Dies wirkte sich in der Kirchenmusik in der Auswahl russo-ukrainischer Komponisten aus.

Ganz anders bei den Unierten, die sich völlig mit dem neuukrainischen Nationalismus identifizierten und sowohl dem

Polen- wie dem Russentum gleichermaßen ablehnend gegenüberstanden. Sie übernahmen die Kompositionen Bortnjanskijs und Vedels einzig und allein wegen deren ukrainischer Herkunft.

Im allgemeinen kann gesagt werden, daß der musikalische Aufführungsstil der Orthodoxen weniger sentimental ist als der der Unierten, jedoch denselben Hang zur Pathetik hat. Der Gemeindegesang wird bei den Orthodoxen wenig, bei den Unierten stark gepflegt. Latinismen waren bei den Orthodoxen - soweit sie vor 1875 einmal zur Unierten Kirche gehört hatten - vor dem Jahre 1939 nicht festzustellen. Man befolgte in der Liturgie die Vorschriften der Russischen Kirche. Im Brauchtum mag sich Lateinisches gehalten haben, musikalisch war es aber nicht von Belang. Die kirchenslawische Sprache wurde nach russischem Vorbild, gelegentlich mit kleinen Ukrainismen ausgesprochen, jedoch nur mit solchen, die auch auf russischem Territorium üblich waren (z.B. auslautendes "-g" als "-h" oder "-ch", also Aussprache "*boh / boch*" für "*bog*", nie dagegen "-i" für "-e", also Aussprache stets "*vo Iordane*", nie "*vo Iordani*").

Nach dem Ausbruch des Zweiten Weltkrieges wurden die ostpolnischen Gebiete von Hitler großenteils der UdSSR übergeben. Ein Teil von ihnen kam 1945 an Polen zurück. Die einst nach den drei Teilungen österreichisch gewordenen Gebiete fielen 1945 fast alle an die Sowjetunion. Im heutigen polnischen Staatsgebiet leben nur noch etwa 400000 Orthodoxe und 40000 Unierte. Sie halten, wenn auch teilweise in beschränktem Umfang, ihre oben beschriebenen musikalischen Traditionen aufrecht. Eine Sonderstellung nimmt hierbei nach wie vor die Magdalenenkirche von Warschau ein, die Kathedrale des polnisch-orthodoxen Metropoliten. Deren Chor steht seit seiner Gründung vor etwa 100 Jahren (zunächst als Pfarrkirchenchor) auf erstaunlich hohem Niveau. Da er stets (heimlich) die russische Kultur symbolisierte, neigte er in Aufführungsstil und Repertoire mehr zur Petersburger Hofkapelle als zum Kiewer Kathedralchor. Da die Hofkapelle seit 1917 nicht mehr besteht, kann man den Warschauer Magdalenenchor als ihren geistigen Nachfolger bezeichnen[22].

3. Die *austro-polnischen Gebiete*. Für die 1772 und 1795 an Österreich gefallenen unierten Diözesen wurde 1807 die alte Metropolie Galič (Halyč) neu errichtet, jetzt mit dem Sitz in Lemberg. Die nicht sehr zahlreichen orthodoxen Pfarreien dieses Gebietes wurden von Kiew aus religiös betreut. Die Kathedrale des Hl. Georg in Lemberg bildete den kirchenmusikalischen Mittelpunkt der Unierten. Sehr wahrscheinlich kamen nunmehr auch Einflüsse der österreichischen Musik (Wiener Klassik) zur Geltung, doch harrt auch diese Periode ukrainischer Kirchenmusik noch der Erforschung.

Im übrigen pflegte man Sätze und Kompositionen einheimischer Komponisten, die teils unter russischem, teils unter österreichisch-deutschem Einfluß ihre Werke schufen. Unter diesen ragt heraus der auch in Deutschland bekanntgewordene Stanisław Ludkiewicz (1879 - 1965).

Nach dem Ersten Weltkrieg kamen die austro-polnischen Gebiete zu Polen, nach dem Zweiten größtenteils zur UdSSR. Alle unierten Diözesen wurden der Orthodoxie angegliedert. Ritusmäßig wurden fast alle Latinismen entfernt, doch halten sich zahlreiche Eigenheiten aus der unierten Zeit bis heute, z.B. die viereckige Mitra der Bischöfe, der Volksgesang und vor allem die galizische Aussprache des Kirchenslawischen. In der

---

[22] Unlängst wurde vom Tabor-Verlag / Gaildorf eine Platte mit Aufnahmen dieses Chors produziert. Sie stellt den Petersburger italienisch-deutsch-russischen Mischstil in Vollendung dar.

Kirchenmusik werden erstmals verstärkt Werke russischer Komponisten gesungen, sogar solche der Moskauer Schule (Kastalskij). Daneben kommen weiterhin die einheimischen Komponisten zur Geltung.

4. Die *Ukrainer im Exil.* Nach dem Ersten und während des Zweiten Weltkrieges kam es zu großen Flucht- und Auswanderungsbewegungen der Ukrainer nach dem Westen. Die nunmehr über die ganze Welt verstreuten Ukrainer - mit besonderem Schwerpunkt in Kanada - pflegen ihre angestammte Musik weiter, die Orthodoxen durchwegs in der neu-ukrainischen Umgangssprache, die Unierten bis zum 2. Vatikanischen Konzil in der kirchenslawischen, seitdem in einer am Kirchenslawischen orientierten Umgangssprache. Die Musik der Orthodoxen weist wiederum einen größeren Prozentsatz russischer Kompositionen auf als die der Unierten.

Die russische Kirchenmusik in der Tschechoslowakei

Aus Böhmen, Mähren, einem Teil Schlesiens, aus der Slowakei und Karpatho-Rußland wurde 1918 die Tschechoslowakische Republik gebildet. Sie hatte rund 800000 unierte und knapp 200000 orthodoxe Christen. Die Unierten teilten sich auf in Karpatho-Russen (auch Karpatho-Ruthenen genannt) und Slowaken, die Orthodoxen in Karpatho-Russen und Russen. Da die Russen großenteils russische Emigranten waren, pflegten sie ihre mitgebrachte Musik. Die Karpatho-Russen haben als Grundlage ihres kanonischen Gesanges eine eigene Fortentwicklung bzw. südwestliche Variante des Kiewer Chorals. Zur Bildung einer eigenen Schule der Mehrstimmigkeit ist es nicht gekommen. Da meistens die ganze Gemeinde sang, bewegte sich der Gesang im Rahmen improvisierter volkstümlicher Mehrstimmigkeit. In großen Pfarrkirchen und in den Bischofskirchen wurden, je nach Ausbildungsstand des Chorleiters, russische und ukrainische Kompositionen gesungen. Die Slowaken folgten in allem dem Vorbild der - zahlenmäßig weit überlegenen Ruthenen. Das eigentlich Wertvolle an der karpathischen Überlieferung ist der karpathische Choral. Er ist leider bis jetzt nicht erforscht. Einigen wenigen Notenausgaben zufolge, die mir zu Gesicht kamen, scheint es in späterer Zeit Beeinflussung durch den bulgarischen Kirchengesang gegeben zu haben. Doch ist auch hierüber nichts Sicheres bekannt. In der Tschechei überwiegt bei den Orthodoxen das russische Element, in der Slowakei das karpathische. Karpatho-Rußland wurde 1945 an die Sowjetunion abgetreten, die unierten Gläubigen 1949 an die Orthodoxie angegliedert. Das gleiche geschah 1950 mit den Unierten in der Slowakei, doch gelang es diesen teilweise im Jahre 1968 (während der Dubček-Ära), die Union mit Rom wiederherzustellen. Musikalisch hat sich im einzelnen dabei nichts geändert. Doch ist es nicht unwichtig zu bemerken, daß dadurch, daß der Metropolit der orthodoxen Kirche der Tschechoslowakei in Prag residiert, wo das russische Element überwiegt, der Musik der ganzen Kirche eine gewisse russische Note verliehen wird.

Die russische Kirchenmusik in Ungarn

Die im heutigen Ungarn lebenden 200000 Unierten und 40000 Orthodoxen halten den Gottesdienst, sofern sie Ungarn sind, in ungarischer Sprache und pflegen dazu, gemäß ungarischer Eigenart, streng einstimmigen Volks- und Chorgesang. Da aber die orthodoxen Christen des Landes, Ungarn wie Ruthenen, alle einstmals zur karpathischen Diözese Mukačevo (Munkács) gehörten, ist anzunehmen, daß wir es bei ihrem Gesang mit einer madjarisierten Form des karpatho-russischen Chorals, also mit der am weitesten entfernten Variante des alten Kiewer Chorals zu tun haben. Dies wurde mir gelegentlich auch von unierten Ungarn bestätigt.

Die russische Kirchenmusik in Serbien

Die altrussische einstimmige Choralmusik ist ein Zweig der byzantinischen Musik. Während sich die bulgarische Musik aber immer eng, ja fast sklavisch an das byzantino-griechische Vorbild hielt (s.u.) und die russische sich so weit von diesem entfernte, daß immer wieder gefragt wird, ob sie überhaupt von diesem abstamme, stellt die serbische Musik[23] den mittleren Weg dar: Sie entwickelte sich eigenständig, ohne ihren Ursprung zu verleugnen. Anfang des XIX., vielleicht schon Ende des XVIII. Jahrhunderts werden erste Versuche unternommen, die Mehrstimmigkeit einzuführen. Es steht bis jetzt nicht fest, ob dies freie Kompositionen nach österreichischem[24] oder Choralmehrstimmigkeit nach russischem Vorbild war. Fest scheint zu stehen, daß als ganzes gesehen der russische Einfluß bei weitem geringer als etwa in Rumänien war. Von der russischen Musik wurde etwa übernommen, kurze Responsorien ("Und mit deinem Geiste", "Dir o Herr", "Amen" usw.) auf ein oder zwei Akkorden zu singen, doch hat sich diese Praxis nicht allgemein durchgesetzt.

Alle bedeutenden serbischen Kirchenkomponisten wie Stevan Mokranjac (1856 - 1914), Josif Marinković (1851 - 1931) oder Marko Tajčević (geb. 1900) haben immer wieder die Responso-

---

[23] Zur serbischen Kirchenmusik allgemein vgl. "Die Musik der bulgarischen, serbischen und rumänischen Kirche sowie anderer orthodoxer Kirchen" im Zweiten Teil

[24] Die serbischen Diözesen waren jahrhundertelang teils unter österreichischer, teils unter ungarischer, teils unter türkischer Herrschaft.

rien auch in melodischer Form mehrstimmig gesetzt. Auch scheint bei der mehrstimmigen Fassung des Chorals - die sich übrigens als Ganzes auch nicht durchgesetzt hat - lediglich die russische Idee, den Choral mehrstimmig auszuführen, Pate gestanden zu haben. Die Art und Weise der Harmonisation (etwa bei Kornelije Stanković, † 1865) ist eher von westlichen Vorbildern abhängig. Dies nimmt nicht wunder, wenn man bedenkt, daß alle bedeutenden serbischen Komponisten nicht etwa in Rußland, sondern in Österreich oder Deutschland studierten. Der berühmteste von ihnen, Stevan Mokranjac, ist ein Schüler Joseph Rheinbergers. Und dennoch ist die russische Musik nicht ohne Einfluß geblieben. Offenbar sind in der Zeit vor 1850, als die serbischen Komponisten noch nicht den Anschluß an das zeitgenössische Musikschaffen gefunden hatten, viele Übernahmen aus dem Repertoire der Petersburger Hofkapelle erfolgt, die sich zum Teil bis heute gehalten haben. Ja, es gibt Stücke, die aus dem Repertoire der russischen Chöre ganz verschwunden sind und heute nur noch in Serbien gesungen werden. Hierzu zählt der Karfreitagsgesang "Blagoobraznyj Josif" ("Der edle Josef") von Bortnjanskij, der in ganz Rußland nicht mehr zu hören ist, aber zum festen Bestand des Belgrader Domchores gehört. Aber auch in späterer Zeit sind noch Übernahmen erfolgt, wovon die Werke Tschajkovskijs und Kastalskijs Zeugnis ablegen, die ja alle erst nach 1850 entstanden sind. Hierbei ist dann sicher der individuelle Geschmack eines Dirigenten maßgebend gewesen, der von sich aus entschied, welche russischen Werke er in sein Repertoire aufnahm. Dies erklärt, warum man bisweilen in serbischen Gottesdiensten viele russische Werke, manchmal weniger, manchmal gar keine zu hören bekommt. Bedenklich, wenn nicht verurteilenswert, ist die Gewohnheit mancher serbischer Chorleiter, in ein und demselben Stück russische und serbische Komponisten zu mischen[25]. Auch kommt es vor, daß

---

[25] Ein jüngst verstorbener Belgrader Dirigent hatte die Unart, für den ersten

man ein Werk, dessen Herkunft man nicht weiß, schnell einem russischen Tonsetzer zuschreibt. Auf diese Weise wird der russischen Musik oft ein unguter Dienst getan[26].

Die Übernahme russischer Werke durch serbische Chöre wird übrigens durch die Tatsache erleichtert, daß beide Kirchen die gleiche liturgische Sprache, das Kirchenslawische, gebrauchen. Auch die gelegentliche Verwendung des Neuserbischen hat hier, da meist auf die Priesterteile des Gottesdienstes beschränkt, noch keine Änderung gebracht. Auch sollte nicht unerwähnt bleiben, daß die Stadt Karlowitz (Sremski Karlovci) zwischen den beiden Weltkriegen Verwaltungszentrum der Russischen Auslandskirche[27] war und sich auch von daher viele Möglichkeiten der Begegnung zwischen den beiden verwandten Musikkulturen ergaben. Die kleine russische Pfarrkirche neben der großen St. Markus-Kirche (Sveti Mark) in Belgrad ist bis heute für viele Serben die bedeutendste Begegnungsstätte mit russischer kirchlicher Kultur. Mehrere Jahre übte hier auch der russische Musikgelehrte Ivan von Gardner - teils durch die Auswahl im Repertoire, teils durch volkspädagogische Unternehmungen[28] - auf die serbische kirchenmusikalisch interessierte Gesellschaft einen bedeutsamen Einfluß aus. Bemerkenswert ist auch die

---

Teil des Cherubikons Mokranjac' berühmtes Werk im 1. Ton und für den zweiten Teil Bortnjanskijs No. 7 zu verwenden!

26) So wird ein geistliches Konzert namens "Osanna" dem Theoretiker des Strengen Stils Smolenskij zugeschrieben und bei vielen Anlässen, gottesdienstlich und außergottesdienstlich, gesungen. Mit Sicherheit stammt es aber nicht von ihm, sondern kommt aus jenen Niederungen der Kirchenmusik, die v. Gardner mit dem Ausdruck "restorannyj rospev" ("Wirtshaus-Choral") belegt.

27) Diese Kirche wird daher bis heute oft inoffiziell "Karlowitzer Jurisdiktion" genannt.

28) Neben vielen Vorträgen, die er hielt, übte er auch mit dem ganzen Volk, Russen wie Serben, das Kanonarchen-Singen wieder ein, d.h. das Singen mit einem laut skandierenden Souffleur.

Tatsache, daß ein ganzes serbisches Nonnenkloster, nämlich das in Nikolje, musikalisch zur russischen Tradition übergewechselt ist und nun sämtliche klösterlichen Gottesdienste gemäß russischer Choraltradition singt.

Die russische Kirchenmusik in Bulgarien

Ähnlich wie in Serbien liegen die Verhältnisse in Bulgarien. Die Grundlage des Kirchengesanges ist auch hier der byzantinische Choral, ebenfalls in kirchenslawischer Sprache, aber im Gegensatz zu Serbien in äußerster Angleichung an den Gesang der Griechen. Ab dem XIX. Jahrhundert gibt es im kirchlichen Gesang die Mehrstimmigkeit. Unklar ist nach wie vor die Frage, ob der sogenannte "Bulgarische Choral" "(*bolgarskij rospev*") der Russischen Kirche, der seit dem XVIII. Jahrhundert bekannt ist, etwas mit dem Gesang der Bulgarischen Kirche zu tun hat. Wenn ja, dann wäre die bulgarische Mehrstimmigkeit wesentlich früher anzusetzen. Solange das Problem aber nicht gelöst und die Mehrheit der Forscher der Meinung ist, daß es sich hier um einen Namensirrtum handelt, müssen wir davon ausgehen, daß sich die eigene bulgarische Mehrstimmigkeit erst im XIX. Jahrhundert entwickelte. Während für Serbien der österreichisch-deutsche Einfluß richtungsweisend wurde, ist es für Bulgarien der österreichisch-böhmische: der erste bedeutende bulgarische Kirchenkomponist, Dobri Christov (1875 - 1941), ist ein Schüler Dvořaks. Er beeinflußte alle anderen Komponisten. Die traditionelle Bindung Bulgariens an Rußland aber und der individuelle Geschmack der Chorleiter haben dazu geführt, daß im Gottesdienst immer wieder auch russische Werke aufgeführt werden, ja man hat den Eindruck, daß dies häufiger als in Serien der Fall ist. Desgleichen bringen bulgarische Schallplatten weitaus mehr russische Kompositionen zu Gehör, als dies bei serbischen Platten zu bemerken ist[29].

Die russische Kirchenmusik in Rumänien

Die Stammlande Rumäniens sind die Moldau und die Walachei. Sie zuerst bildeten (1861) den neuen Staat Rumänien. Inwieweit sich in den später zu Rumänien gekommenen Gebieten kirchenmusikalisch österreichischer oder serbischer Einfluß (Siebenbürgen bzw. Banat) ausgewirkt hat, ist bisher nicht untersucht. Die Moldau stand mit Sicherheit - und mittelbar durch sie auch die Walachei - sehr lange unter russischem musikalischen Einfluß. Auch hier sind Einzelheiten noch nicht bekannt, doch kann man bis heute einen großen Unterschied in der musikalischen Gestaltung der Gottesdienste beider Gegenden feststellen: Die aus der russischen Liturgie her bekannten schnellen Rezitative sind in der Moldau weitaus häufiger zu hören als in der Walachei. Auch kann man dort noch häufiger russische Kompositionen hören, was in der Walachei höchstens noch in der Provinz möglich ist. Freilich gibt es eine große Ausnahme: das geistliche Konzert, das nach russischer Sitte seinen Platz während der Kommunion des Klerus hat[30]. Hier werden in ganz Rumänien noch russische Kompositionen, freilich in rumänischer Übersetzung, dargeboten.

---

29) Gegenwärtig sind sieben bulgarische Schallplatten mit orthodoxer Kirchenmusik im Handel. Manche von ihnen bringen mehr als zur Hälfte russische Kirchenmusik. Auch ist die berühmt-berüchtigte "Liturgia domestica" (Orthodoxe Liturgie mit Orchesterbegleitung!) von Grečaninov nur in einer bulgarischen Einspielung zu haben.

30) Das geistliche Konzert hat sich in der Ukraine im XVII. Jahrhundert unter polnischem Einfluß entwickelt. Wie in der katholischen Messe steht es als Freie Communio anstelle eines an sich vorgeschriebenen Liturgischen Gesanges. Freie Communio-Kompositionen waren in Polen zu jener Zeit äußerst beliebt und sind es bis heute geblieben.

Die russische Kirchenmusik im griechischen Bereich

Im allgemeinen hat sich der gesamte Bereich der gräkophonen Orthodoxie der russischen Musik nicht geöffnet. Wie in keiner andren europäischen orthodoxen Kirche wird hier beharrlich als das kostbarste Erbe der Väter der byzantinische Choral gepflegt, der als ebenbürtiges, wenn nicht gar höherwertiges Pendant zum Gregorianischen Choral betrachtet werden muß. Auf den westlichen Inseln kann man gelegentlich volkstümliche Dreistimmigkeit hören, der Komponist Sakellaridis hat in den 30er Jahren drei- und vierstimmige Sätze veröffentlicht. Bei beiden ist italienischer, nicht russischer Einfluß zu spüren. Das gleiche gilt für gewisse Männerchöre (wie der von Theodor Vassilikos), die byzantinische Melodien im Liedertafelstil des XIX. Jahrhunderts harmonisieren, das gleiche gilt für die bei den griechischen Gemeinden in Amerika unseligerweise eingeführte Orgelbegleitung. Allerdings kann es bisweilen vorkommen, daß hier und da ein west-griechischer Chorleiter eine russische Komposition an die griechische Sprache adaptiert (so war z.B. in München in der Salvator-Kirche ungefähr zwei Jahre lang die Sakellaridis-Liturgie mit dem Cherubikon Nr. 5 von Bortnjanskij [!] zu hören). Der verstorbene ökumenische Patriarch Athenagoras I. war als gebürtiger West-Grieche ein großer Anhänger der Mehrstimmigkeit. Er gab einem in Konstantinopel ansässigen russischen Chorleiter den Auftrag, die wichtigsten Ordinarien und Proprien des Kirchenjahres mehrstimmig zu setzen, doch fand diese Arbeit keinen Anklang auf Seiten der Gläubigen.

Die russische Kirchenmusik und Albanien

Der in Amerika gestorbene bedeutende albanische Bischof, Theologe, Politiker, Dichter und Musiker Fan Noli führte um

1940 offiziell für alle ihm unterstehenden Gemeinden die russische Kirchenmusik ein. Mehrere Bände redigierte er selbst. Sie sind alle in englischer Sprache gehalten, leiden aber sämtlich unter dem Nachteil, daß er, nur um die originale musikalische Paktur zu erhalten, bei verschiedenen Vertonungen ein und desselben Textes jedesmal eine neue Übersetzung anfertigte. Dies ist im liturgischen Bereich unmöglich; ästhetische Prinzipien werden hier über liturgische gestellt. Ein anderer Nachteil der Fan-Noli-Ausgaben ist, daß sie sich allzu einseitig an die deutsch-romantische Petersburger Schule halten, gegen die seinerzeit schon in Petersburg selbst der Strenge Stil ins Leben gerufen worden war.

Die russische Kirchenmusik in der westlichen Orthodoxie

Bei vielen orthodoxen Gemeinden des Westens wird die russische Kirchenmusik gepflegt. Dies ist ohne weiteres verständlich, wenn es sich um Gründungen russischer Gemeinden handelt, etwa wenn in Frankreich Angehörige der dritten oder vierten Generation nach der russischen Einwanderung jetzt eine frankophone Gemeinde gründen. Bedeutsamer ist in diesem Zusammenhang aber, wenn konversionswillige Westeuropäer mit Vorliebe in russischen Gemeinden ihren Übertritt vollziehen und von vornherein bestrebt sind, eine Gemeinde nach russischer Tradition zu bilden. Auf diese Weise sind in Amerika, England, Frankreich und Deutschland wichtige Entwicklungen zustandegekommen, die auch schon in Schallplatten- und Notenausgaben ihren Niederschlag gefunden haben. Es ist eine nicht zu übersehende Tatsache, daß die jungen westlichen orthodoxen Gemeinden sich mit Vorliebe der russischen Musiktradition zuwenden.

Die russische Kirchenmusik und die nicht-östliche Christenheit

Gegenwärtig geht durch die westliche Christenheit ein großer spiritueller Aufbruch. Er zeigt sich auf verschiedenste Weise. Eine davon ist die Hinwendung zur Orthodoxie, zu ihrer Frömmigkeit, zu ihrer Liturgie, zu ihrer Kunst und damit zu ihrer Musik. Hierbei wird wieder der russischen Musik der Vorzug gegeben. Dies aus zwei Gründen: sie wird sowohl als genuin "östlich" als auch als genuin europäisch empfunden. Das Neue und Erneuernde tritt nicht im Gewande des Fremdartigen auf. Die einmalige Schönheit des griechischen Gesanges wird in Mitteleuropa dagegen nur von wenigen Kennern empfunden; den meisten Menschen hierzulande erscheint sie fremd. Andererseits wird rumänische oder bulgarische Musik oft als zu westlich, als nicht genuin orthodox empfunden. Anders die russische Musik, in der man - von Ausnahmen abgesehen - eben beides findet: das Östlich-Orthodoxe und das Vertraute.

Charismatische Gruppierungen aller Richtungen haben seit langem russische Melodien in ihre Liederbücher aufgenommen. In der Anglikanischen Kirche zeigte man mir schon vor mehr als 20 Jahren gedruckte russische vierstimmige Sätze zum Gebrauch beim Gottesdienst. In der Evangelischen Kirche der Union in Deutschland waren 150 Jahre lang bei der gesungenen Liturgie Sätze von Bortnjanskij in Gebrauch. Evangelische Kommunitäten in der Bundesrepublik (Gnadenthal, Imshausen u.a.) singen Psalmen und Hymnen nach russischem Modell, katholische Klöster in der Schweiz tun ähnliches. Taizé scheint seinerzeit den Anfang gemacht zu haben, im deutschsprachigen Bereich tritt der Verlag Aux Arts Byzantins (Vitovec) mit entsprechenden Notenausgaben an die Öffentlichkeit. In Deutschland pflegen zahlreiche Chöre, die meisten von ihnen katholisch, die Byzantinische Liturgie, meist in ihrer russischen Gestalt, doch oft eben in deutscher Sprache! Die Byzantinische Dekanie der Abtei Niederaltaich mit ihren Platten- und Notenausgaben war hier das Vorbild. Kein Kirchen- oder Katholikentag, auf dem nicht orthodoxe Hymnen erklingen, keine größere Notenausgabe westlicher Kirchen ohne östliche Beiträge ...

Zusammenfassung

Selbst wenn manches am gegenwärtigen kirchlichen Leben im Westen der Mode unterliegt so bleibt doch genügend Ernstes zur Betrachtung übrig. Nachdem jahrhundertelang im abendländischen Christentum Kopf und Herz auseinanderfielen, sieht es nun so aus, als ob man die Einheit beider im östlichen Christentum findet. Aus den obengenannten Gründen bietet sich hierbei das russische Christentum als der geeignetste Vermittler an.

Es ist aber ebensowenig zu übersehen, daß auch innerhalb der orthodoxen Kirche der russischen Kirchenmusik eine Bedeutung zukommt, wie sie sie früher nicht besaß. Sie hat die Grenzen ihres Entstehungsgebietes weit überschritten, sie ist in allen Ländern des Ostens und des Westens - und das nicht nur bei Orthodoxen, sondern auch bei Altorientalen, Katholiken und Protestanten - zu Hause. Historisch gesehen könnte man sagen: Nach dem gregorianischen und dem byzantinischen erobert sich nun der russische Choral die Erde: von der Weltgeltung der gegenwärtigen geistlichen Musikkulturen her aber betrachtet kann man sagen: Die russische Musik ist dabei, neben der katholischen und protestantischen Kirchenmusik die dritte christliche Weltmusik zu werden. Sie ist übernational und überkonfessionell geworden.

DIE TRADITION DER BYZANTINISCHEN MUSIK IM ORTHODOXEN NORDEN[*]

Die Tradition der byzantinischen Musik im orthodoxen Norden kann deutlich in drei Perioden unterschieden werden. Diese Perioden hängen aufs engste mit der Geschichte der russischen Kirchenmusik zusammen, zugleich aber stellen sie auch Etappen der byzantinischen Musikentwicklung dar. Es handelt sich um das XI., um das XVII. und um das XX. Jahrhundert. Die erste Periode ist charakterisiert durch die Christianisierung der Kiewer Rus, die zweite durch das Entstehen neuer Gesangssysteme ("rospevy") im Moskauer Gebiet, die dritte durch eine Expansion der Russischen Kirchenmusik über die Grenzen des russischen Staates, des russischen Volkes, der russischen Kirche, ja sogar über die Grenzen der Orthodoxie hinweg.

Die drei genannten Perioden fallen außerdem mit den Etappen der paläo-, meso- und neo-byzantinischen Musik mehr oder weniger zusammen. Beginnen wir mit der *ersten Periode*, die durch die Annahme und die Verbreitung des Christentums im Kiewer Rus-Reich gekennzeichnet ist.

Sowohl in allgemein historischer als auch in speziell kirchenmusikgeschichtlicher Hinsicht stellen sich in dieser Periode für

---

[*] entnommen aus: Byzantium and the North, Acta Byzantina Fennica, Volume I 1985, Helsinki 1985

den Forscher viele Probleme. Da immer noch nicht mit ausreichender Klarheit festgestellt werden konnte, wer das Christentum nach Rußland gebracht hat, bleibt auch die Herkunft der Musik im Dunklen. Rein musikalisch stellt sich das Problem folgendermassen dar:[1)]

Byzantinische Musikaufzeichnung ist seit dem IX. Jahrhundert bekannt, slawische seit dem XI. Jahrhundert. Denkmäler sind im ost-slawischen Raum in verhältnismäßig großer Anzahl vorhanden. Eine große Übereinstimmung der Zeichen zwingt zu der Frage, ob es sich bei byzantinischen und slawischen Neumen um ein und dasselbe System handelt. Ist ferner gleiche Notation eine Garantie für gleiche Musik? Hierüber gibt es verschiedene Ansichten. Die eine besagt, daß es sich um das gleiche System und die gleiche Musik handelt. Die andere sagt, daß es das gleiche System, nicht aber die gleiche Musik sei. Schwierigkeiten ergeben sich auch daraus, daß die byzantinische Notation bis zu einem gewissen Grade entziffert ist (wenn auch die angewandten Methoden nicht überall anerkannt sind[2)]), die russische dagegen erst seit dem XVI. / XVII. Jahrhundert wegen der zu dieser Zeit eingeführten Tonhöhezeichen lesbar ist. Wegen der Identität der Neumen ist sie noch ein gutes Stück rückwärts lesbar, doch nur bis zum XIV. Jahrhundert, und zwar mit abnehmender Genauigkeit. Da wir über Geschichte und tieferen Sinn. der im XIV. Jahrhundert erfolgten Notationsreform so gut wie nichts wissen, können wir über die russische Musik vor dieser Zeit

---

1) Vgl. Irenäus Totzke, Round Table "Byzantinische Elemente in der frühen slawischen Kirchenmusik", in: Bericht über den 9. Internationalen Musikwissenschaftlichen Kongreß Salzburg 1964, Band II, Kassel 1965, S. 167.

2) Die Münchener Forscher Georgiades, Koschmieder und Gardner z.B. stehen der heute weit verbreiteten, von Egon Wellesz entwickelten Entzifferungsmethode skeptisch bis ablehnend gegenüber, da diese Methode die Tradition nicht berücksichtigt.

auch kaum eine Aussage machen. Alle Theorien über Identität oder Nicht-Identität der russischen *Neumen* mit den byzantinischen sind insofern nicht entscheidend, als uns eine genaue Kenntnis der russischen *Melodien* fehlt.[3]

Hinsichtlich der Form der Neumen ist zu sagen, daß zwischen russischen und byzantinischen Neumen nur teilweise eine Identität zu finden ist. Diese teilweise Nicht-Identität begegnet uns schon in den ältesten Denkmälern, die - obgleich aus dem XI. Jahrhundert stammend - teilweise noch, in Byzanz schon ausgestorbene, Neumen des X. Jahrhunderts verwenden. Diese Tatsache veranlaßt den Forscher O. Strunk, die russische Notation als eine eigene Erfindung zu bezeichnen,[4] die darin bestanden habe, daß die Kiewer Russen byzantinische Neumen des X. und des XI. Jahrhunderts selbständig zu einem neuen System zusammenfaßten. Doch endet die Aktualität dieser Frage, wie schon gesagt, an der Barriere, die durch die Unkenntnis der altrussischen Melodien aufgerichtet ist.

Die in Rede stehende Problematik wird erhöht durch die ominösen "drei griechischen Sänger", denen erst in jüngster Zeit wieder verstärkte Aufmerksamkeit gewidmet worden ist.[5] Im berühmten Stufenbuch ("stepennaja kniga") aus dem XVI. Jahrhundert ist nämlich zu lesen, daß gegen Ende der Regierungszeit Jaroslaws des Weisen (um 1050) "drei gottbewegte griechische Sänger mit ihren Leuten kamen, von welchen im reußischem Lande begonnen wurde der engelgleiche Gesang, die hervorragende Oktotonie (System der acht Kirchentöne), des weiteren auch der dreifach zusammengesetzte Süßklang (Melodie?) und

---

[3] Vgl. hierzu auch Ivan v. Gardner. Bogoslužebnoje penie russkoj pravoslavnoj cerkvi, Kapitel 6, Jordanville 1978.

[4] I. Totzke, op.cit., S. 169.

[5] Gardner, op.cit., S. 231 - 243, dort auch weitere Literaturangaben.

der wunderschöne demestische Gesang zu Gottes Lob und Ruhm."[6]

Abgesehen davon, ob mit "demestischem Gesang" und "dreifach zusammengesetztem Süßklang" (Dreistimmigkeit?) die sich im XVI. Jahrhundert entwickelnden neuen Formen des Gesanges auf die kanonische Urzeit, auf das idealische "illud tempus" zurückgeführt und damit legitimiert werden, oder ob Vorformen dieser Gesangsarten tatsächlich im XI. Jahrhundert schon bestanden haben - abgesehen also davon taucht die Frage auf, ob die Oktotonie ("osmoglasie", Acht-Töne-System) wirklich erst unter Jaroslaw eingeführt wurde und - wenn ja -, was für ein Gesang vorher in Übung war. Ein undifferenziertes Rezitieren? Eine - aus der Not des missionarischen Anfangs geborene - falsche musikalische Einheitlichkeit aller Texte? Oder war im Anfang nur die - hauptsächlich aus nicht-oktotonal gebundenen Texten bestehende - Liturgie beim Volk in Gebrauch, und erst ab dem XI. Jahrhundert auch das Stundengebet, das ohne Kenntnis der 8 Kirchentöne bekanntlich nicht vollzogen werden kann? (Es sei denn, man rezitiert es recto tono; doch ist diese, für einen Werktag denkbare, Notlösung an einem Sonn- oder Feiertag nicht vorstellbar. Man vergegenwärtige sich eine rezitierte Pontifikalvesper! In einer Liturgie aber können die oktotonal-gebundenen Troparien, Kondakien und Prokimena rezitiert werden!) Und wenn nur die Liturgie, nicht aber das Stundengebet in Übung waren: läßt das nicht auf vorhandene römische Einflüsse schließen, da die Römische Kirche bekanntlich kein Volks-Stundengebet kennt? Gab es vielleicht eine lebendige, im XI. Jahrhundert noch vorhandene "Tradition der Kiewer Blätter"? Und war der Gesang vielleicht noch von westlichen Elementen durchsetzt, die dann allmählich ausge-

---

6) Zitiert in Metallov, Bogoslužebnoje penie russkoj cerkvi v period domongolskij, Moskau 1912, S. 118.

merzt werden mußten?[7] Würde damit von neuem der Theorie Unterstützung gegeben, daß vor der Einführung des byzantinischen Christentums eine inoffizielle römische Vorform existierte? Gardner neigt in seiner Erörterung der Frage zusammenfassend zu der Ansicht,[8] daß es sich um Griechen handelte (weniger wahrscheinlich um griechisch gebildete Slawen), die unter dem Schutz des damals noch griechischen Metropoliten von Kiew eine "Synthese von griechischem und slawischem gottesdienstlichem Gesang" vornahmen im Sinne einer "Regulierung" der bisher üblichen bulgarischen Modelle, d.h. ihrer Einfügung in das 8-Töne-System.[9]

Wie die Sache sich auch verhält: auf jeden Fall darf angenommen werden, daß wir es im Kiewer Raum spätestens seit der Tätigkeit der "drei griechischen Sänger" mit einem nach griechischem Vorbild organisierten und sich entwickelnden Kirchengesang zu tun haben. Leider wissen wir immer noch nicht wie die Melodien damals geklungen haben. Daß jedenfalls der heute bekannte "znamennyj rospev" (die älteste Form des russischen kanonischen Gesanges) so gut wie nichts mit dem heute griechischen üblichen Gesang zu tun hat, weiß jeder, der die betreffenden Kirchen besucht und ihrem Gesange lauscht.

Die *zweite Periode*, die für unser Thema in Betracht kommt, ist das XVII. Jahrhundert. Zum zweiten Mal können wir von einem Einfluß der griechischen auf die russische Musik sprechen. Ja, es ist erlaubt, zum ersten Mal von einem richtigen Ein-

---

[7] Zur Frage nach dem russischen Christentum vor 988 vgl. Gardner, op.cit., S. 193 und Nikolaj Uspenskij, Drevne-russkoje pevčeskoje iskusstvo, Moskau 1971, S. 29/30.

[8] Gardner, op.cit., S. 242 f.

[9] Gardner neigt zur bulgarischen Hypothese, d.h. zu der seit Golubinskijs Forschungen in der russischen Wissenschaft vorherrschenden Annahme, das Christentum sei nach Rußland zwar in byzantinischer Form, aber nicht von Byzanz, sondern von Bulgarien gekommen.

fluß zu sprechen, denn in der ersten Periode handelte es sich doch wohl eher um eine creatio ex nihilo bzw. quasi ex nihilo, während wir es nun mit den Einfluß einer musikalischen Kultur auf eine schon bestehende - noch dazu verwandte - Kultur zu tun haben.

Leider muß man aber auch hier gleich zu Anfang betonen, daß es über die anstehenden Probleme mehr Unklarheit als Klarheit gibt, und daß wir trotz mehr als 100-jähriger intensiver Forschung mehr Fragen als Antworten haben.[10]

Genau gesagt: es handelt sich um die Periode des sogenannten "grečeskij rospev", ein Gesangssystem, dessen Name uns schon Schwierigkeit bereitet, da es mit dem Gesang der griechischen Kirche augenscheinlich wenig zu tun hat. Ivan von Gardner ist mit andren Autoren der Meinung, daß die gräko-russische Gesangsart in der Mitte des XVII. Jahrhunderts von Kiewer Sängern aus dem Munde von griechischen Psalten in Moskau niedergeschrieben wurde. Fest steht, daß diese Gesangsart in Moskau ihren Ursprung hat. Die aufkommende Frage lautet aber, ob die Aufzeichnung dem damaligen byzantinischen Gesang entsprach. Gardner nimmt an, daß die griechischen Melodien bei der Niederschrift "bis zur Unkenntlichkeit russifiziert" wurden. Die Frage erhebt sich, ob die Niederschrift vielleicht erst nach erfolgter Russifizierung erfolgte?

Von den damals in Moskau weilenden griechischen Sängern ist namentlich ein Diakon Meletios bekannt, von dem gesagt wird daß er "den Sängern des Zaren, dann auch denen des Patriarchen den griechischen Gesang beibrachte".[11] Auch habe er zu

---

10) Vgl. Gardner. op.cit., S. 127 f; ferner Gardner, System und Wesen des russischen Kirchengesanges, Wiesbaden, 1975, S. 69; ferner Uspenskij, op.cit. S. 31O ff.

11) Vukol Undolskij, Zamecānija dlja istorii cerkovnago penija v Rossii, Moskau 1846, S. 17 und 33 f.

Ostern des Jahres 1667 "mit seinen Genossen" in der Mariä-Entschlafungs-Kathedrale den Kanon auf griechisch gesungen, die Patriarchal-Sänger aber "im griechischen Gesang der russischen Rede" ("grečeskim peniem reči russkija"), also in russischer (kirchenslawischer) Sprache, aber mit griechischer Musik.[12)]

Dennoch ist bemerkenswert, daß die Manuskripte und Druckausgaben jener Stücke, die im "grečeskij rospev" gehalten sind, mit dem Gesang der griechischen Kirche wenig oder gar nichts zu tun haben, dafür aber umso mehr Ähnlichkeit mit dem Kiewer Choral-System aufweisen.[13)]

A. Preobraženskij hält den "grečeskij rospev" für einen slawischen Gesang, entstanden unter dem Einfluß des griechischgeprägten süd-slawischen (serbischen oder bulgarischen) Gesanges.[14)]

S. Skrebkov geht sogar so weit anzunehmen, daß der gräkorussische Choral nichts anderes sei als "der südliche Zweig des neumatischen Gesanges".[15)]

Betont sollte außerdem werden, daß der "grečeskij rospev" im XVIII. Jahrhundert eine ungeheure Verbreitung erlangte und viel mehr Stücke von ihm - Kanones vor allem - im Umlauf waren, als heute gedruckt vorhanden sind. Da das ganze gräko-russische System noch weitgehend unerforscht ist, war es im vorigen Jahr eine Pioniertat von Dr. Hilkka Seppälä, den Psalm 136 (137) untersucht und dabei zum ersten Mal eine deutliche

---

12) Prot. Dmitrij Razumovskij, Cerkovnoje penie v Rossii, Moskau 1867-69, 117.

13) z.B. die Troparien des 1. Tones und das gräko-russische Cherubikon ("Cheruvimskaja grečeskago rospeva") mit dem Smolenskijschen Cherubikon. Vgl. letzteres in Uspenskij, op.cit., S. 302.

14) Antonin Preobraženskij, Kultovaja muzyka v Rossii, Leningrad 1924, S. 52.

15) S. Skrebkov, Evolucija stilja v russkoj chorovoj muzyke XVII. v., in "Musica antiqua Europae Orientalis", Bromberg 1966, Bd. I, S. 478.

Abhängigkeit des "grečeskij rospev" vom griechischen Gesang festgestellt zu haben.

Da wir uns im Einflußgebiet der karelisch-orthodoxen Kultur befinden, muß unbedingt erwähnt werden, daß im Obichod (Gesangbuch) des Klosters Valaam ebenfalls zahlreiche Zeugnisse des gräko-russischen Chorals-Systems sich finden, darunter der erwähnte Psalm 136, aber auch das bekannte Graduale "Ot junosti". Besondere Erwähnung verdient der im Anhang des Valaamischen Obichods sich befindende Gesang "dostojno trapeznaja", ein Gesang zur Gottesmutter, der im Kloster offenbar zur Zeremonie der Panagia gesungen wurde. (Der Zusatz "trapeznaja" deutet daraufhin, daß dieses Stück im Refectorium - trapeza - und nicht in der Kirche gesungen werden sollte, wo es sonst seine Verwendung findet.) Die Melodie des "dostojno trapeznaja" ist nahezu identisch mit einem Werk des Moskauer Komponisten Žukov (Vorname unbekannt), der im XVII. Jahrhundert lebte und u.a. mehrere einstimmige Kompositionen hinterließ. Sein Stück trägt aber auch den Zusatz "im 5. Ton des gräko-russischen Chorals" ("glas pjatyj grečeskago rospeva"). Die Komposition ist ein Beispiel dafür, daß nicht nur griechische Melodien im XVII. Jahrhundert in Moskau in Übung waren, sondern daß auch Moskauer Komponisten nach griechischen Modellen komponierten.

Zusammenfassend können wir sagen: Im XVII. Jahrhundert fand in Moskau eine starke Beeinflussung entweder durch griechisch geprägte andere slawische Musik-Kulturen oder durch griechische Sänger oder durch beide statt. Diese Beeinflussung war so stark, daß sie zur Schaffung eines neuen Choral-Systems führte, eben des gräko-russischen Systems ("grečeskij rospev"). Diese gräzisierte Form des russischen Kirchengesanges fand weiteste Verbreitung im ganzen russischen Staatsgebiet und hinterließ auch deutliche Spuren in Karelien, nämlich im Valaamskij Obichod.[16]

Die *dritte Periode* ist die des XIX. und XX. Jahrhunderts, in welcher russische und nicht-russische Komponisten Originalmelodien der gegenwärtigen Byzantinischen Kirche, ja sogar die rekonstruierten Melodien der meso- und paläo-byzantinischen Zeit als Grundlage ihrer Komposition verwendeten bzw. verwenden. Ende des XIX. Jahrhunderts war der russische Komponist Lissicyn einer der ersten, die neo-byzantinische Melodien mehrstimmig setzten. Ihm folgten im XX. Jahrhundert viele bulgarische und rumänische Komponisten, deren Kirchen ja von vornherein im Stundengebet über eine ungebrochene byzantinische Tradition verfügen.

Am stärksten aber muß in dieser Beziehung das gegenwärtige Oberhaupt der Finnisch-Orthodoxen Kirche, S.E. Erzbischof Paavali hervorgehoben werden, der ganz bewußt an der byzantinischen Tradition anknüpft - sowohl in der Chormusik wie in der Ekphonetik[17] -, und der zahlreiche Werke verfaßt hat, die nicht nur lebhafte Diskussion, sondern auch internationale Anerkennung gefunden haben.

Wenn man die Werke Erzbischof Paavalis untersucht, stellt man fest, daß er die vorhandenen griechischen Melodien nicht einfach dem System der traditionellen okzidentalen Harmonie anpaßt, sondern versucht, eine Harmonie zu finden, die dem Geist der alten, noch ganz aus dem Geist der frühen Kirche lebenden, griechischen Melodien angemessen ist. Hierbei lehnt er sich naturgemäß an die alten abendländischen Kirchentonarten

---

[16] Vgl. Obichod odnogolosnyj Valaamskago monastyrja, Valaam 1909², Reprint Gersau (Schweiz) 1984, und Obichod notnago penija, Moskau 1909

[17] Man erinnere sich seiner Ekphonetik in der Anaphora des 5. Tones!

an und schafft auf diese Weise eine Modal-Harmonie, die als Synthese zwischen östlicher und westlicher Tradition betrachtet werden kann, eine Synthese, die der geistigen Situation Finnlands genau entspricht. Ohne Übertreibung können wir sagen, daß gegenwärtig in Finnland eine orthodoxe Kirchenmusik-Kultur im Entstehen begriffen ist, die unter direkter Beeinflussung der gegenwärtigen, aber auch der älteren byzantinischen Musik zustande kommt. Gleichzeitig wird dabei die überkommene russische Tradition - die ja ihrerseits eine Synthese aus Ost und West war - transformiert, und gleichzeitig wird die alte westliche Tradition in Form der Modal-Harmonik berücksichtigt. In der lateinischen Sprache wird der Bischof "pontifex" genannt d.h. "Brückenbauer". Erzbischof Paavali[*)] ist solch ein Brückenbauer, der Brücken von Ost nach West und von West nach Ost schlägt. Man kann für das finnische Modell die beste Zukunft erhoffen.

[*)] zwischenzeitlich verstorben (1988)

DER ALTARGESANG IN DER RUSSISCHEN ORTHODOXEN KIRCHE[*]

Der Altar in orthodoxem Sprachgebrauch

Im Westen wird, sowohl in der Katholischen wie in der Evangelischen Kirche, unter "Altar" der Altartisch verstanden, also jener aus verschiedenen Materialien, meist aus Stein angefertigte Gegenstand, auf welchen die Abendmahlsgeräte - Kelch und Patene als deren wichtigste - zu stehen kommen[1]. Meistens haben darauf auch heilige Bücher, wie Bibel oder Lektionarien, ihren ordentlichen Platz, desgleichen die zur Ausübung des Kultes notwendigen Agenden, Missalien, Sakramentare u.ä. Selbst in jenen reformatorischen Kirchen, in denen der Gebrauch des Wortes "Altar", ja auch der feste Platz für einen solchen nicht üblich ist und man statt dessen lieber "Abendmahlstisch" oder - englisch - "communion table" sagt, ist, gebraucht man das Wort "Altar", der oben beschriebene Gegenstand gemeint.

---

*) entnommen aus: P. Hauptmann (Hrsg.), Kirche im Osten, Studien zur osteuropäischen Kirchengeschichte und Kirchenkunde, Band 34/1991, Verlag Vandenhoeck & Ruprecht Göttingen 1991

1) Vgl. H. Claussen: Altar III A. Geschichtlich, in: RGG³ 1, Sp. 255 - 262; G. Merkle: Altar III B. Im Katholizismus der Gegenwart, in: RGG³ 1, Sp. 262 - 263; W. Jannasch: Altar III C. In der evangelischen Kirche, in: RGG³ 1, Sp. 263 - 264.

Nicht ganz so im Osten! Innerhalb der Orthodoxen Kirche - die Alt-Orientalischen Kirchen der Syrer, Kopten, Äthiopier und Armenier lassen wir hier außer acht - sind die griechische und die slawische Tradition, auch in sprachlicher Hinsicht, von besonderer Bedeutung[2]. Nach griechischer Tradition wird der Altartisch als ἁγία τράπεζα ("*ajía trápeza*"), gelegentlich auch als θυσιαστήριον ("*thisiastírion*"), der Altarraum als βῆμα ("*víma*"), gelegentlich auch als ἱερόν ("*ierón*") bezeichnet[3]. Innerhalb der slawischen Tradition heißt der Altar*tisch* "*prestol*" ("Hochtisch", nach späterem, insbesondere russischem Sprachverständnis auch mit "Thronsitz" zu übersetzen) und der Altar*raum* im süd-slawischen Bereich "*óltar*", im ost-slawischen "*altár*". Das Wort ist lateinischer Herkunft - "altare": Ivan v. Gardner widmet dem Faktum, daß ein zentral-liturgischer Ausdruck des russisch-orthodoxen Kultes lateinischer Herkunft ist, in seiner Geschichte der russischen Kirchenmusik besondere Aufmerksamkeit[4]. Wenn im folgenden also von "Altargesang" die Rede ist, dann ist jener Gesang gemeint, der im orthodoxen,

---

[2]) K. Onasch: Altar III D. In der orthodoxen Kirche, in: RGG^3, Sp. 264; Ders.: Kunst und Liturgie der Ostkirche in Stichworten, Wien-Köln-Graz 1981, S. 24.

[3]) τράπεζα: Tisch, Bank; θυσιαστήριον: Opferstätte, Opfertisch, Schlachtbank; βῆμα: (vom syrischen "*bema*"): Tribüne, Hochraum; ἱερόν: Heiligtum. Dieser Ausdruck ist der Jerusalemer Tempelarchitektur entnommen. Vgl. LThK^2 9, Sp. 1350 - 1357. Die Aussprache des Griechischen ist in der gesamten Ostkirche grundsätzlich, da der lebendigen Tradition folgend, itazistisch. Nur in der theologischen Wissenschaft - doch nie in der Liturgie! - wird von russischen Professoren der Etazismus verwendet.

[4]) v. Gardner: Gesang der Russisch-Orthodoxen Kirche, Bd. I: Bis zur Mitte des XVII. Jahrhunderts, Wiesbaden 1983, S. 20, Anm. 28. - Das Buch stellt eine leicht gekürzte, vom Verfasser selber vorgenommene Übersetzung seines russischen Werkes "*Bogoslužebnoje penie russkoj pravoslavnoj cerkvi*" Bd. I, Jordanville / N.Y. 1978 (ohne dessen 1. Kapitel) dar. Die Anmerkungen über den Altar finden sich hier auf S. 202. Das 1. Kapitel dieses Buches erschien deutsch separat unter dem Titel "System und Wesen des russischen Kirchengesanges" 1967 in Wiesbaden.

speziell im russisch-orthodoxen Gottesdienst im Altarraum erklingt.

Altargesang als liturgischer Ausdruck

Das Wort "Altargesang" ist, strenggenommen, protestantischer Herkunft. Man bezeichnet damit den Gesang des Liturgen sowie allgemein alle gregorianisch gesungenen Teile des evangelischen (lutherischen, aber auch unierten) Gottesdienstes[5]. Außer in Deutschland ist evangelischer Altargesang u.a. im Baltikum, in Polen und in Skandinavien bekannt. Desgleichen hat die Anglikanische Kirche ihn aus alter Zeit - nach Einführung der Landessprache - beibehalten. Es handelt sich um den Gesang, der sowohl am Altartisch als auch im Altarraum erklingt.

Im katholischen Bereich ist der Ausdruck so gut wie unbekannt. Man spricht von "Gregorianischem Gesang" bzw. "Gregorianischem Choral, soweit es sich um die Gesänge des Chores, und von "Orations-" bzw. "Lektionstönen", soweit es sich um die Gesänge der zelebrierenden Geistlichkeit handelt.

In der Orthodoxen Kirche ist der Ausdruck im Sinne von "Gesang im Altarraum" mehr oder weniger wörtlich bekannt. Im Griechischen heißt es z.B., daß in der Pontifikalliturgie das dritte "*Ajios o Theos*" "vom hl. Altarraum gesprochen" werde (λέγε–ται ἀπὸ τοῦ ἱεροῦ βήματος)[6]. In der Umgangssprache nennt man deshalb dieses dritte Trishagion "*trisájion vímatos*", also "Altar-Trishagion".

---

5) W. Blankenburg: Altargesang 1. Kirchenmusikalisch, in: RGG[3] 1, Sp. 266; H. Urner: Altargesang 2. Liturgisch, in: RGG[3] 1, Sp. 266 f.

6) *Ieratikon*, Athen 1962, S. 117.

Im russischen Bereich, der uns hier besonders interessiert, heißt es entweder "*v altare vse pojut*"[7] ("alle im Altarraum singen") oder "*pojutsja pesni v altare*"[8] ("die Hymnen werden im Altarraum gesungen") oder "*ierei v altare pojut*"[9] ("die Priester im Altarraum singen") oder auch "*pri penii vsemi svjaščennoslužiteljami v altare*" ("unter dem Gesang aller Hiero-Liturgen im Altarraum")[10]. Gelegentlich kann man im Umgang auch den Ausdruck "*altarnoje penie*" ("Gesang im Altarraum", "Altargesang") hören.

Sänger und Gesänge

Die Ausführenden des russischen Altargesanges sind alle im Altarraum liturgisch Tätigen, darüber hinaus aber auch sehr oft alle Geistlichen, die sich im Altarraum befinden, also auch solche, die im Altarraum privat, ohne zu zelebrieren, dem Gottesdienst beiwohnen. Handelt es sich um einen Pontifikal-Gottesdienst, dann ist der erste Altarsänger der Bischof, ihm folgen die Priester und Diakone. Da die Hypodiakone (Subdiakone) lediglich als Assistenten des Bischofs fungieren, haben sie mit dem Gesang wenig oder gar nichts zu tun. Beteiligt am Altargesang sind aber auch die im Altarraum tätigen niederen Kleriker bzw. Altardiener (Ministranten). Der Ausdruck "*vse v altare pojut*" ("alle im Altar singen") bezieht sich ausdrücklich auf die liturgisch-musikalische Funktion aller im Altarraum amtlich Tätigen,

---

[7]) *Nastolnaja kniga svjačvennoslužitelej*, Moskva 1977, S. 321.

[8]) K. Nikolskij: *Posobie k izučeniju ustava bogosluženija pravoslavnoj cerkvi*, SPB[6] 1900, S. 707.

[9]) Ebd., S. 708.

[10]) A. A. Dmitrievskij: *Stavlennik*, Kiew 1904; auszugsweise veröffentlicht in *Treboispolnenie, Tom IV*: Svjaščenstvo; a.i.m. Roma 1951, Pont. Coll. Russicum, S. 90.

eine Funktion, die, wie gesagt, manchmal im Sinne von "aller im Altarraum Anwesenden" gedeutet wird.

Im Gegensatz zum westlichen Gebrauch des Wortes "Altargesang" werden im Osten die Lesungen, ebenso die Gebete, nicht zum Gesang gerechnet. Sie zählen daher auch nicht zum Altargesang. Für die Lesungen wurden um die Jahrtausendwende spezielle Neumen (Notationszeichen), sogenannte "ekphonetische Neumen", erfunden. Die Lesung fällt daher nach östlicher Auffassung nicht in das Gebiet des Gesanges, sondern der Ekphonetik[11]. Die ekphonetischen Neumen verloren indessen mit dem Wandel der musikalischen Auffassungen ihre Bedeutung. Heute werden Lesungen und Gebete nach mündlich tradierten Schemata vorgetragen.

Der Ort des Altargesanges ist zunächst der Altarraum, doch treten die verschiedenen, mit liturgischen Aufgaben Betrauten, Geweihte wie Ungeweihte, auch außerhalb des Altarraumes in Funktion, z.B. im Kirchenschiff, bei Prozessionen im Freien oder bei Beerdigungen am Grabe des Beerdigten[12]. Da es sich aber stets um jene Personen handelt, deren vornehmster Betätigungsort der Altarraum ist, darf man auch diese Gesänge zum Bereich des Altargesanges zählen.

Gottesdienste mit Altargesang

Unter "Gesang aller im Altare" versteht man also im Bereich der Orthodoxen Kirche weder Lesungen, noch Gebete, noch Responsorialgesänge (wie etwa "Friede sei mit allen", "Empor

---

11) Vgl. Gardner, Bd. I (deutsche Ausgabe), S. 88 ff.

12) Der orthodoxe Gottesdienst, namentlich das feierliche Stundengebet, bezieht mehr als die westlichen gottesdienstlichen Formen den ganzen Kirchenraum in die heiligen Feiern mit ein.

die Herzen" o.ä.), sondern kurze Verse bzw. Hymnen, die eben nicht nur von einem Zelebranten, sondern von "allen im Altare" gesungen werden sollen. Hierfür kommen folgende Gottesdienst-Formen in Betracht: die Liturgien (d.h. die eucharistischen Liturgien des Hl. Johannes Chrysostomus und des Hl. Basilius sowie die Liturgie der Vorgeweihten Gaben), die Vesper und die Matutin (nach russischer Tradition an jedem Sonn- und Feiertag zur Vigil - "*vsenoščnaja*" - zusammengefaßt), die Votiv-Matutin "*moleben*" (im griechischen Bereich Paraklese - παράκλκσις ["*paráklisis*"] - genannt, doch außer in der Fastenzeit fast nie zelebriert), die Toten-Votiv-Matutin "pannychida" (in der griechischen Kirche unbekannt, dort nur in der Kurzform des "trisajion nekrosimon" oder in der Großform der Parastase - παράστασις ["parástasis"] - zelebriert), das Begräbnis (mit Gesängen der Liturgen ad libitum), die Höheren Weihen.

Die drei Liturgien

Mit dem Wort "Liturgie" wird im Bereich der Ostkirchen lediglich die Eucharistiefeier bezeichnet. In Übung sind in der Orthodoxen Kirche für fast alle Tage des Jahres die Chrysostomus-Liturgie, für zehn hohe Feiertage die Basilius-Liturgie und für die Große Fastenzeit vor Ostern die Liturgie der Vorgeweihten Gaben, die eigentlich eine Vesper mit Kommunionausteilung ist, aber in ihrem Aufbau viele Teile der Liturgie übernommen hat, wie Ektenien, Vater Unser u.a.m. Die alte Liturgie von Jerusalem, die mit dem Namen Jakobus' des Herrenbruders geschmückt ist, wird außerhalb der Heiligen Stadt und des Hl. Landes nur ganz gelegentlich gefeiert und kommt für unsere Betrachtung nicht in Frage.

Nach russischer Praxis kommt Altargesang in den eucharistischen Liturgien nur zur Anwendung, wenn sie pontificaliter gefeiert werden[13]. Hierbei gibt es keinen Unterschied zwischen der Chrysostomus- und der Basilius-Liturgie. Die vorgesehenen Stellen sind: der Kleine Einzug, das Schluß-Kondakion und das Trishagion (bzw. das Anti-Trishagion). Da die Höheren Weihen innerhalb der Liturgie erteilt werden, können die dafür vorgesehenen Gesänge als vierte Möglichkeit ins Auge gefaßt werden.

a) *Der Kleine Einzug*: Er wird in der bischöflichen Liturgie mit ergreifender Feierlichkeit vollzogen. Er entspricht dem "Introitus" der westlichen Liturgien. Der orthodoxe Bischof wird vor Beginn der Liturgie mitten im Kirchenschiff feierlich in seinen Ornat gekleidet und bleibt hier bis zum Kleinen Einzug, also bis zum eigentlichen "Introitus" stehen. Die konzelebrierenden Priester samt den Diakonen, Hypodiakonen und übrigen Altardienern holen ihn hier ab und geleiten ihn unter Vorantragen des Evangelienbuches zum Altar. Der Diakon hebt das Evangeliar in die Höhe und ruft: "Weisheit. Stehet aufrecht!" (slawisch: "*premudrost. prosti!*"). Während der Pontifex mit seinen Pontifikal-Leuchtern die vier Weltgegenden segnet, beginnen die Konzelebranten und alle in einen liturgischen Ornat Gekleideten den Einzugsvers: "*priidite poklonimsja ...*" ("Kommt, laßt uns anbeten und niederfallen vor Christus: Rette uns, Sohn Gottes [hier folgt das Epitheton festivum, z.B. "von einer Jungfrau geboren"], die wir Dir singen: Alleluja."). Hierfür ist eine eigene

---

13) Dies ist in anderen orthodoxen Kirchen nicht der Fall. Zum Beispiel können in der griechischen und in der rumänischen Kirche Trishagion und Anti-Trishagia auch in der Priester-Liturgie abwechselnd von Chor (Volk) und Zelebranten gesungen werden, ebenso der Kleine Einzug Δεῦτε προσκυνήσωμεν ("Kommt, laßt uns anbeten"). - In den mit Rom unierten Kirchen werden außerdem die eucharistischen Einsetzungsworte wegen der den Unierten eigenen römischen (lateinischen) Eucharistielehre von allen Priestern gemeinsam gesungen.

Melodie vorgesehen, das sogenannte "*archierejskoje priidite*"[14]. Die Melodie ist indessen nicht eigens für das Pontifikalamt geschaffen, sondern hat sich im Lauf der letzten 250 Jahre (fast) nur noch in der bischöflichen Liturgie erhalten. Sie ist von erhabener Feierlichkeit und sieht im Choraldruck so aus:

Epitheton festivum ist in diesem Beispiel "*voskresyj iz mertvych*" ("von den Toten erstanden"). Die Melodie entstammt dem sogenannten Gräko-russischen Choralsystem, das erst im XVII. Jahrhundert in Rußland eingeführt wurde[15]. Sie hat aber gleichzeitig große Ähnlichkeit mit der betreffenden Melodie des Kie-

14) Wörtlich: "das hohepriesterliche *priidite*". Gardner übersetzt sinngemäß mit "Pontifikalweise". v. Gardner: Die Göttliche Liturgie, Ausgabe für Männerchor, Krefeld-Traar 1952, S. 15.

15) Zu dem gräko-russischen Choralsystem vgl. "Die Bedeutung des Patriarchen Nikon für die Kirchenmusik" im Zweiten Teil, außerdem I. v. Gardner: Gesang der Russisch-Orthodoxen Kirche, Bd. II, Wiesbaden 1987. Der gräkorussische Choral wird dort an zahlreichen Stellen erwähnt. - Unser Beispiel entstammt dem "*Obichod*", dem offiziellen Choralbuch der Russischen Orthodoxen Kirche, 1. Bd., *Synodalnaja typografija*, Moskva 1909; Reprint Cureglia / Chevetogne 1966, S. 9 (Teil 2).

wer Choralsystems[16], nur wird sie in verdoppelten Notenwerten geschrieben und soll wohl zum langsamen Schreiten einer bischöflichen Prozession entsprechend langsam gesungen werden.

Bemerkenswert ist in diesem Zusammenhang, daß Choralmelodien nach wie vor fast immer einstimmig notiert, aber ebenso fast immer mehrstimmig ausgeführt werden. Es handelt sich um ein Terz-Organum, das sich wahrscheinlich erst im XVII. Jahrhundert herausgebildet hat. Es besteht darin, daß zu einer gegebenen Melodie eine Oberterz (seltener, so hier, eine Unterterz) gesungen wird und daß eine Baßstimme die sich hierbei ergebenden Dreiklänge ergänzt. Eine 4. Stimme kann als Füllstimme fungieren. Nicht nur die Zelebranten, auch die Sänger verfahren, wenn sie keine komponierten Stücke singen, nach diesem Prinzip[17]. Auf diese Weise kann fast das gesamte Repertorium - gelegentlich widersetzen sich freilich einige schwierige Melodien der mehrstimmigen Improvisation - mehrstimmig gesungen werden, ohne daß eine mehrstimmige Auf-

---

16) Da die "griechischen" (gräko-russischen) Melodien z.T. durch Zusammenarbeit mit griechischen Kantoren in Moskau entstanden, z.T. aber aus dem Kiewer Reußenland, wo sie bereits seit einiger Zeit üblich waren, nach Moskau importiert wurden, verwechselten die großrussischen Kopisten oft die Stücke, nannten Kiewer Melodien "griechisch" oder umgekehrt. Da die Erforschung der neueren Choralsysteme der russischen Kirche, des Kiewer, des gräko-russischen und des russo-bulgarischen zugunsten des ältesten, des sogenannten "Neumatischen Chorals ("*znamennyj rospev*") ziemlich vernachlässigt wurde, ist es bis zum heutigen Tage oft nicht leicht, die genaue Herkunft einer Choralmelodie zu bestimmen.

17) Seit dem XX. Jahrhundert werden in liturgischen Direktorien auch mehrstimmige Sätze abgedruckt. Unser Satz stammt aus *Treboispolnenie*, Rom 1951, S. 116. Die römischen - russisch-katholischen - Liturgieausgaben und Direktorien erfreuten sich in den sogenannten Ländern hinter dem Eisernen Vorhang, als dort kein religiöser Buchdruck möglich war, neben den Ausgaben der Russischen Auslandskirche großer Beliebtheit. Aus unterschiedlichen Erwägungen hervorgebracht, füllten beide die gleiche Lücke aus.

zeichnung nötig ist. Die erwähnte Einzugs-Melodie sieht in mehrstimmiger Fassung so aus:

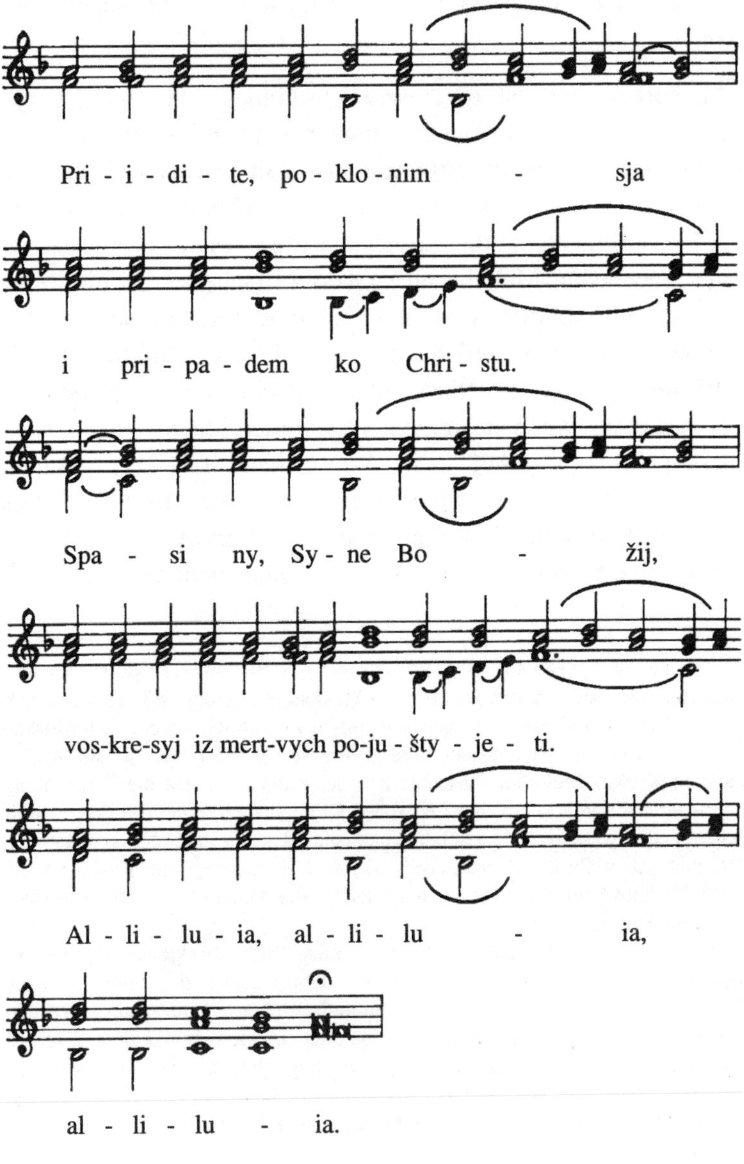

Die Melodie liegt in der Oberstimme. Wenn man sie mit der oben wiedergegebenen Choralmelodie vergleicht, sieht man, daß es sich nicht nur um die mehrstimmige Fassung, sondern gleichzeitig um eine Variante der Melodie handelt, ein Faktum, das in der Choralüberlieferung häufig zu beobachten ist[18].

b) *Laudes pontificales*: Zu den Charakteristika des byzantinischen Pontifikalamtes gehören die auch im Westen bei außerordentlichen Angelegenheiten nicht unbekannten Laudes pontificales, russisch "*Archierejskie pochvalý*". Sie wurden vor 1917 in jeder Bischofsliturgie gesungen, heute sind sie dem Patriarchalamt vorbehalten. Bei den Griechen sind sie ganz außer Gebrauch gekommen. Der Diakon nennt die einzelnen Standespersonen des Reiches: Kaiser, kaiserliche Familie (z.Zt. in Rußland ausgelassen), Patriarch, Bischöfe, Heeres-, Staats- und Stadtverwaltung, und fügt als Glückwunsch hinzu: "*na mnoga leta*" ("auf viele Jahre"). Die Zelebranten (und Anwesenden im Altarraum) wiederholen jeweils eine solche Glückwunschzeile, desgleichen der Chor[19]. Die Zelebranten singen folgendermaßen:

(Für N.N. wird der Name bzw. die Klasse der Standesperson(en) eingesetzt.)

18) Wie in der Ikonenmalerei gibt es auch in der Choralmusik örtliche "Schulen".

19) Die liturgie-typischen Teile des russischen Pontifikalamtes wurden von v. Gardner auf einer Schallplatte mustergültig zusammengestellt: Russisches Pontifikalamt, Koch - Schwann LP 113 017 BD (1988). Es handelt sich um die (leicht verbesserte) Neupressung einer älteren Schallplatte (ca. 1970). Der ersten Ausgabe lag ein ausführliches Textheft bei.

Ist die Zahl der Konzelebranten und Altardiener groß, geschieht es leicht, daß sie in "weiter Harmonie" singen[20]:

c) *Troparien und Kondakien*: Dem Gesang des Kleinen Einzugs und der ersten Inzensation des Bischofs schließt sich der Gesang der Troparien (Tagesgesänge) an. Normalerweise werden sie vom Chor (und Volk) gesungen. An großen Festen singen die Zelebranten aber aus Begeisterung oft mit. Nach den Troparien folgen die pontifikalen Segenswünsche (Laudes pontificales), dann das Schluß-Kondakion, gewöhnlich eine Muttergottes-Strophe (Theotokíon, slawisch: *Bogorodičen*), an Herrenfesten aber eine diesbezügliche Christus-Strophe. Wir bringen als Beispiel die beliebte Akathistos-Strophe im 8. Ton "*Vzbrannoj Voevode*" ("Der siegreichen Herzogin"). Das Lied kann - wie alle Choralsätze - in weiter oder enger Harmonie gesungen werden. Der 8. Ton besteht hier aus einer einzigen

---

20) Die Ausdrücke "enge" bzw. "weite Harmonie" decken sich nicht mit unserer "engen" bzw. "weiten Lage". Sie beziehen sich in Rußland auf den Gesang für gleiche Stimmen und meinen mit "enger Harmonie" ("*uzkaja garmonija*") den Satz, bei dem die Melodie in der 3. Stimme liegt und meist mit dem Baß zusammenfällt, so daß praktisch nur ein 3-stimmiger Satz entsteht, und mit "weiter Harmonie" ("*širokaja garmonija*") den Satz, bei dem die Melodie in der 2. Stimme liegt, so daß ein realer 4-stimmiger Satz entsteht. - Einfache Dirigenten nennen den engen Satz "singen auf do-la-fa" ("petna do-lja-fa"), ganz gleich, auf welcher realen Tonhöhe sich die Stücke befinden oder in welcher Tonart sie notiert sind (die Noten dienen in solchen Fällen nur als Anhaltspunkt für grundsätzliches Auswendig-Singen); ungebildete Dirigenten (Der Verfasser erinnert sich seiner Studienzeit!) geben sogar Moll-Akkorde als "do-la-fa" an in der Hoffnung, daß sich der Chor schon zurechtfindet.

Zeile, die sich ständig wiederholt. Am Schluß wird seit dem vorigen Jahrhundert ein Septakkord frei eingefügt[21]:

d) *Trishagion und Anti-Trishagia*: Dem Schluß-Kondakion folgt das Trishagion: "Heiliger Gott, Heiliger Starker, heiliger Unsterblicher, erbarme Dich unser." Wohl weil das Trishagion ursprünglich ein Prozessionsgesang war, wird es bis heute, auch wenn keine Prozession mehr stattfindet[22], langsam und gedehnt gesungen, desgleichen die gelegentlich an seine Stelle tretenden Anti-Trishagia. Auch dieser Teil zählt zu den ergreifendsten und feierlich-intensivsten Stücken des russischen Pontifikalamtes. In

---

21) Der *Hýmnos Akathistos* (slawisch "*pesn nesedalnaja*", nach neuerem Sprachgebrauch serbisch "*akatist*", russisch "*akafist*") ist der umfangreichste Muttergottes-Hymnus der frühen griechischen Kirche. Er stammt wahrscheinlich aus dem VI Jahrhundert, seine Verfasserschaft ist ungeklärt. Seine Eingangsstrophe Τῇ ὑπερμάχῳ στρατηγῷ ("Der siegreichen Herzogin") dient zahlreichen Marienfesten, besonders in der russischen Landeskirche, als Hymnen-Schlußstrophe, bisweilen in variierter Form. - Unser Beispiel bringt die kanonische Form des Kiewer 8. Troparientones. Daneben sind zahlreiche "zersungene" Varianten in Übung. Unter dem Einfluß des harmonischen Denkens des XIX. Jahrhunderts sind die Choralmelodien oft zugunsten "schöner Akkorde" zurechtgestutzt worden.

22) Als Prozessionsgesang wird das Trishagion heute noch am Karsamstag und bei Begräbnissen, gelegentlich auch am 15. August (Mariä Entschlafung) gesungen.

ganz Rußland wird hierfür nur je eine einzige Melodie genommen. Sie weist zwar am Schluß gelegentlich kleine Varianten auf, ist aber in ihrem Hauptteil immer die gleiche. Chor und Zelebranten singen abwechselnd (hier in enger Harmonie notiert)[23]:

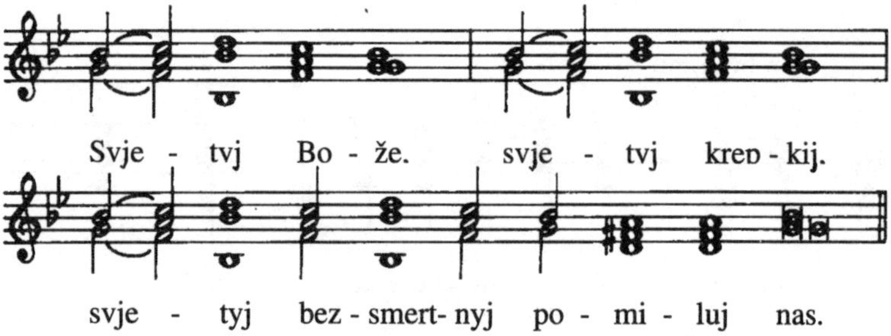

Die Melodie ist so sehr durch das Pontifikalamt in Beschlag genommen, daß man nicht wagen könnte, sie in einer anderen Liturgie zu singen.

An Weihnachten, Theophanie, Lazarus-Samstag, Ostern, Osterwoche und Pfingsten, mit anderen Worten: an den klassischen Tauftagen der alten Kirche, wird anstelle des Trishagion der Bibelvers gesungen: "Die ihr auf Christus seid getauft, habt Christum angezogen. Alleluja!" (Gal. 3,27). Obwohl hierfür mehrere Melodien überliefert worden sind, wird im Pontifikalamt stets nur eine verwendet, die sich sowohl durch große Einfachheit als auch durch große Schönheit auszeichnet. Auch hier gibt es - nach dem Vorbild der mittelalterlichen "differentiae" - im zweiten Satzteil gelegentlich Varianten, doch bleibt der Hauptteil immer derselbe[24]:

---

23) *Treboispolnenie*, S. 117.

24) Ebd. Diese Melodie kann auch in einer gewöhnlichen Liturgie verwendet werden.

An den beiden Kreuzfesten - 14. September und 3. Fastensonntag - wird als Anti-Trishagion der Hymnenvers gesungen: "Vor Deinem Kreuz fallen wir, Herr, anbetend nieder und lobpreisen Deine hl. Auferstehung".[25]

---

[25] Ebd. - Der Text stammt aus dem späten IV. oder frühen V. Jahrhundert Er findet sich auch in der römischen Karfreitagsliturgie als "Crucem Tuam adoramus, Domine, et sanctam resurrectionem Tuam glorificamus". - Zur Melodie ist anzumerken, daß sich in Rußland seit dem XVII. Jahrhundert der Leitton durchgesetzt hat. Da die Altargesänge ausschließlich auf mündlicher Tradition beruhen (erst im XX. Jahrhundert wurden sie aufgezeichnet, vgl. *Treboispolnenie*), werden sie stets mit Leitton ausgeführt. Nur eine zufällige Zusammensetzung der Konzelebranten aus Musikhistorikern könnte dazu führen, ohne Leitton zu singen. Ebenso benützen die Zelebranten bei ihren Improvisationen "unerlaubte" parallele Quinten und Oktaven, z.B.:

alte Melodie: dreistimmig improvisiert: strenger Satz:

e) Findet in der Pontifikal-Liturgie eine *Diakonats- oder Priesterweihe* statt, so wird der Weihe-Kandidat feierlich aus dem Kirchenschiff in den Altarraum geleitet und dreimal um den Altartisch herumgeführt, während die Zelebranten drei Troparien singen. Die ersten beiden stehen im 7., das dritte im 5. Ton. Wir bringen das erste und dritte Troparion[26]:

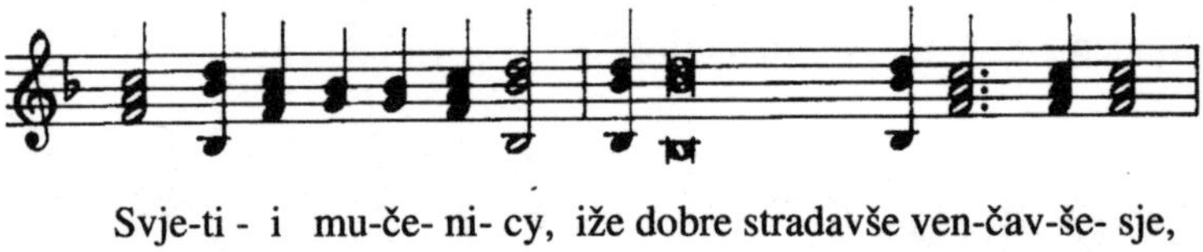

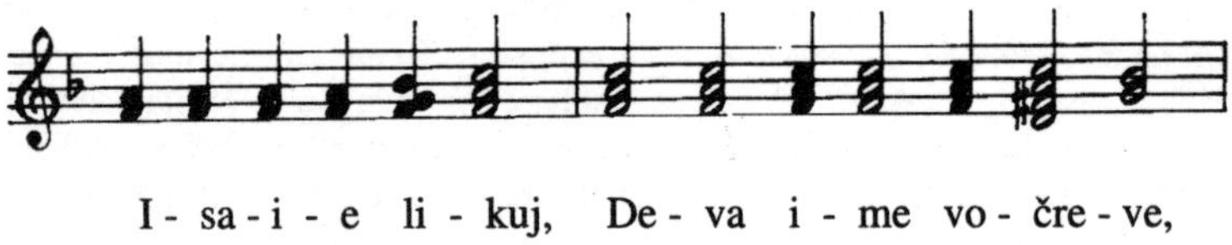

[26] Ebd., S. 118 f. Diese drei Umgangs-Troparien werden ziemlich rasch gesungen; vgl. die in Anm. 19 erwähnte Schallplatte. Die Texte lauten: "Heilige Märtyrer, die ihr gut gekämpft und (dafür) gekrönt worden seid: bittet den Herrn, daß Er unsere Seele rette" (1. Troparion). "Isaias, frohlocke, denn die Jungfrau empfing in ihrem Schoße und gebar (uns) den Emmanuel als Sohn; Gott ist Er und Mensch, 'Aufgang' ist Sein Name; und wenn wir Ihn erheben, preisen auch die Jungfrau wir selig" (3. Troparion).

Bei einer Priesterweihe singen die Zelebranten nach dem ersten Weihegebet dreimal "*Gospodi pomiluj*" ("Herr erbarme Dich"), langsam und gedehnt:

f) In der *Liturgie der Vorgeweihten Gaben* ist Altargesang nur im Vesperteil und auch nur dann vorgesehen, wenn die Liturgie pontificaliter gefeiert wird. Er fällt also unter das Kapitel "Vesper". Wenn man gelegentlich hören kann, daß die Zelebranten oder sonstige im Altar Anwesenden beim Rauchopfer zum Kehrvers "*Da ispravitsja molitva moja*" ("Aufsteige mein Gebet", Ps. 140,2) mitsingen, dann ist dies Ausdruck ihrer persönlichen Ergriffenheit; vorgesehen ist ihr Gesang an dieser Stelle nicht.

Die Vesper

Dieser Gottesdienst kann für sich separat oder zusammen mit der Matutin als Vigil gefeiert werden. Die slawischen Termini sind: "*večernja*" ("Vesper"), "*utrenja*" ("Matutin") und "*vsenoščnoje bdenie*" ("Ganznächtliche Wache") oder meist kürzer "*vsenoščnaja*" ("Die Ganznächtliche")[27].

Wird die Vesper allein zelebriert, kommt Altargesang nicht in Betracht, da sie dann (fast) immer nur von einem Priester (mit Diakon) gehalten wird. Ist sie aber - wie z.B. an Weihnachten - mit der Basilius-Liturgie oder in der Großen Fastenzeit mit der Liturgie der Vorgeweihten Gaben verbunden, dann singen die Zelebranten - im Falle pontifikaler Zelebration - den Lichthymnus "*Svete tichij*" ("Freundliches Licht"). Hierfür wird fast immer eine der zahlreichen Varianten der Kiewer Gesangsweise benützt[28]:

---

27) Über den Aufbau von Vesper und Matutin unterrichtet ausführlich Gardner, System und Wesen (s. Anm. 4), S. 75 - 102.

28) Φῶς ἱλαρόν ("Freundliches [heiteres] Licht") wurde im Slawischen mit "*Svete tichij*" ("Stilles [mildes] Licht") übersetzt. Doch ist es gut zu wissen, daß das Wort im Kirchenslawischen eine umfassendere Bedeutung als im heutigen Russisch hat. Es kann auch "lieb" und "freundlich" heißen. Bekannt sind die Ausdrücke "*tichaja ikona*" ("freundliches [wohl auch: frommes] Bild") und "*tišajšij carj*" ("der sehr fromme Zar" [auch: "freundlich-milde Zar"]). Der Text stammt aus den frühesten Zeiten des Christentums (wahrscheinlich III. Jahrhundert) und lautet: "Freundliches Licht heiliger Herrlichkeit des unsterblichen, himmlischen Vaters, des Heiligen, Seligen: Jesu Christe! Angelangt beim Untergang der Sonne sehen wir ihr abendliches Leuchten und singen den Vater und den Sohn und Gott den Hl. Geist! Würdig bist Du, zu allen Zeiten mit heiligen Stimmen besungen zu werden: Gottessohn, der Du das Leben gibst! Deshalb rühmt Dich auch die Welt!" Das Original bietet wegen seiner

Ist die Vesper mit der Matutin zur Vigil verbunden, dann beginnt sie mit dem feierlichen Invitatorium "*Priidite poklonimsja*" ("Kommt, laßt uns anbeten ..."). Der Gesang hierfür ist nicht einheitlich. Meist wird er nur vom zelebrierenden Priester und Diakon allein ausgeführt, gelegentlich singen "alle im Altar", oft kann man aber auch - besonders in Pfarrkirchen - diese Verse vom Chor vorgetragen hören. Eine einheitliche Melodie gibt es nicht, für Pfarr- und Kathedralkirchen haben Komponisten den Text sogar auskomponiert[29]. Bemerkenswert

---

inhaltlichen Vieldeutigkeit bei der Übersetzung große Schwierigkeiten. Z.B. könnte auch übersetzt werden: "Angelangt beim Untergang der Sonne, sehen wir die abendlichen Lichter", wenn mit φῶς ἑσπερινόν nicht die Sonne, sondern die von den Gläubigen zu diesem Zeitpunkt entzündeten Kerzen gemeint sind usw. - Der Hymnus existiert auch in lateinischer Sprache ("Lumen hilare ...").

[29] Die schönste musikalische Neufassung stammt von Sergej Rachmaninov. Sie wird am authentischsten vorgetragen vom Staatlichen Akademischen Russischen Chor unter Alexander Svešnikov. Die Platte, die von mehreren westlichen Firmen vertrieben wird, läuft in Deutschland meist unter dem Namen "Das große Abend- und Morgenlob", manchmal auch - fälschlich so genannt, da die Komposition mit Ostern nichts zu tun hat - "Russische Oster-Vesper". Eurodisc führt sie unter der Nummer 87448 XDK. - Der in Rede stehende Text lautet: "Kommt, laßt uns anbeten unsern Gott und König; kommt, laßt uns anbeten und niederfallen vor Christus, unserm Gott und König; kommt, laßt uns anbeten und niederfallen vor Christus Selbst, unserm König, unserm Gott; kommt, laßt uns anbeten und niederfallen vor Ihm!" - Zwei Grundmodelle der Melodie scheinen in Übung: eins mit dem Beginn a-h-c (transponiert d-e-f

ist, daß die alten Choralbücher, weder die gedruckten noch die handschriftlichen, keine Melodie für das Invitatorium überliefern. Wahrscheinlich sang man ursprünglich nur ein Rezitativ auf einem oder zwei Tönen.

Sehr weit darüber hinaus gehen im übrigen auch modernere Kompositionen nicht. Wir bringen im folgenden eine der zahlreichen einfachen Weisen:

o.ä.), eins mit dem Beginn c-d-e (f-g-a o.ä.). Daneben reine Akkordrezitationen ohne Initium, die aber jüngeren Datums (XIX. Jahrhundert) zu sein scheinen.

Bei einer großen Zahl von Geistlichen und Altardienern kann man gelegentlich dies Modell hören[30]:

Die Matutin

In der feiertäglichen Matutin ist der Höhepunkt die Verkündigung des Evangeliums durch den Bischof und das vorausgehende Hereintragen und Verehren der Festtagsikone. Während die Ikone vom Bischof unter Assistenz des Diakons und der Hypodiakone feierlich inzensiert wird, singen die Zelebranten und Altardiener das "*veličanie*", die "Lobpreisung" des gefeierten Festgeheimnisses. In Nord-Rußland wird hierbei die Melodie des Neumatischen Chorals, in Süd-Rußland die des Kiewer Chorals gesungen[31]. Wir bringen die Kiewer Melodie, einstimmig notiert; doch wird vorausgesetzt, daß sie mehrstimmig ausgeführt wird (mit Terzparallelen nach oben und ergänzten Dreiklangstönen nach unten). Die Melodie ist vorgesehen für Mariä Geburt (8. Sept.), Geburt Johannes d. Täufers (24. Juni) und für das Eliasfest (20. Juli)[32]:

---

[30] Die Melodie des Neumatischen Chorals findet man im *Obichod*, S. 43 v. (1. Teil).

[31] Unter dem Einfluß der hauptsächlich aus Ukrainern gebildeten Petersburger Hofkapelle kam es aber auch zur Einführung von Kiewer Melodien in der nord-russischen Provinz.

[32] Die Kiewer Melodie findet sich in ihrer strengen Choralform ebenfalls im *Obichod*, S. 47 v. Die bei uns abgedruckte Form ist eine für die Praxis etwas

---

vereinfachte Fassung, so wie sie durch die Zelebranten - z.T. aber auch unter tatkräftiger, von pädagogischen Gesichtspunkten geleiteter Nachhilfe der Kaiserlichen Hofkapelle! - "zurechtgesungen" worden ist. - Ausgabe: J. M. Schweigl: *Učebnye schemy cerkovnych služb*, Tom 4[2], Coll. Russicum, Rom 1954, S. 171 f.

Während weitaus die meisten Altargesänge mehrstimmig ausgeführte Choralmelodien sind, kommt es gelegentlich vor, daß kunstvolle Bearbeitungen zur Disposition gestellt werden. Dies ist z.B. am Verkündigungsfest der Fall (25. März), an welchem mit Vorliebe die von Bortnjanskij (1751 - 1825) vorgenommene Bearbeitung der Kiewer Melodie gesungen wird. Sie verlangt von den Zelebranten einige Kunstfertigkeit[33]:

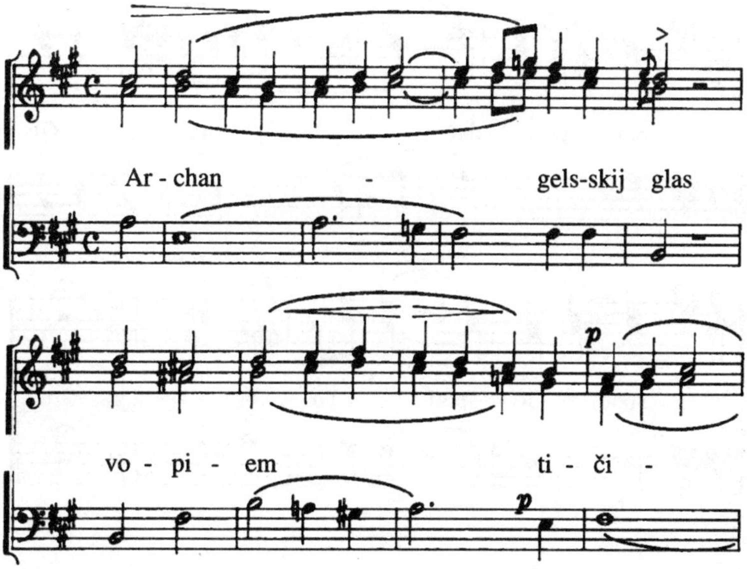

[33] Ebd., S. 185 f. Während die meisten Lobpreisungen mit dem Worte "Wir lobpreisen dich" beginnen, dann den Namen Christi bzw. des gefeierten Heiligen einsetzen und dann kurz das Fest erwähnen (z.B. "und rühmen deine hl. Geburt"), so lautet das *Veličanie* von Verkündigung: "(Mit) des Erzengels Stimme rufen wir dir zu, o Reine: sei gegrüßt, Holdselige, der Herr ist mit dir!"

Erheblich mehr an Altargesang wird von den Zelebranten in der Osterwoche, speziell in der Osternacht, erwartet. Zu Beginn singen sie das bekannte Ostertroparion "Christ ist erstanden", das wir hier wegen seines hohen Bekanntheitsgrades nicht abzudrucken brauchen[34]. Dieses Troparion wird - in wechselnder

34) Es findet sich in zahllosen Ausgaben kirchenmusikalischer Gesänge. Leider wird fast nie die alte kanonische Melodie gesungen, die etwa N. Rimskij-Korsakov in seinem bekannten Werk "Russische Ostern" verwendet, sondern eine zurechtgesungene Kurzfassung. Vgl. Schweigl: *Učebnye schemy*, Tom 3[2], S. 135.

Besetzung, teils in gesungener, teils in rezitierter Form - während der ganzen Osterzeit allen Gottesdienstarten vorangestellt.

Die Osternacht selbst beginnt mit Inzens des Altares und dem Gesang der Zelebranten: "*Voskresenie Tvoje, Christe Spase*" ("Deine Auferstehung, Christus Erretter")[35]:

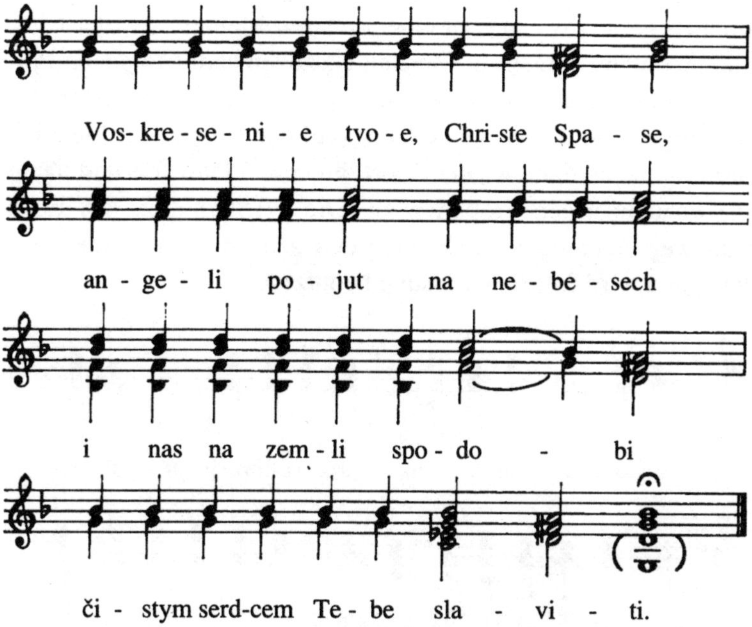

Der nächste Einsatz der Zelebranten ist der Kanon. Dieser kann sehr verschieden gestaltet werden. Maßgebend ist immer die Überlegung, wieviel von dem sehr langen Nachtgottesdienst gekürzt werden soll.

Die erste Strophe einer jeden Kanonode, der Irmos, soll nach den Vorschriften am Anfang zweimal (je vom linken und vom

[35] Ebd., S. 133. Die Melodie ist der 6. Kiewer Troparien- und Stichirenton. Die Schlußkadenz IV-V-I (mit Septime über der Subdominante) wurde erst im XIX. Jahrhundert eingeführt.

rechten Chor), am Ende von beiden Chören zusammen noch einmal gesungen werden. Die Zelebranten können die Rolle des rechten oder linken Chores oder beider Chöre (am Ende einer jeden Ode) übernehmen. Um der Kürzung willen kann entweder die Wiederholung am Anfang oder jene am Ende weggelassen werden. Um größere Varietät zu erlangen, läßt man die Zelebranten gern den Irmos in einer anderen Melodie, als der Chor sie gebraucht, singen. In Moskau ist gegenwärtig folgende Praxis üblich: Die Zelebranten singen nur den ersten Satz des jeweiligen Irmos, der rechte Chor (bei der 1. Ode, der linke bei der folgenden, dann wieder der rechte usw.) fährt fort und hängt die dazugehörigen Troparien an. Die Wiederholung am Ende fällt weg. Wenn die Zelebranten den ganzen Irmos singen sollen, dann wird folgende Fassung benützt[36]:

[36] Ebd., S. 139. Die Melodie ist der Kiewer 1. Kanonton, die sogenannte "gekürzte Form". Die "gekürzten" ("*sokraščennye*") Fassungen der verschiedenen Choralsysteme wurden im XVIII. Jahrhundert erstellt, um die im XVII. Jahrhundert durch Einführung überlanger Melodien zu lang gewordenen Gottesdienste wieder auf ein Mittelmaß zurückzuführen. Die Tendenzen zur Kürzung gingen vom Hofe aus, da das Zeremoniell verlangte, daß der Zar und die höchsten Reichsbeamten täglich dem Gottesdienst beiwohnten, die aufkommende entwickelte Kameralistik dies aller immer weniger ermöglichte.

Nach der 6. Ode singen alle Zelebranten und Altardiener das Kondakion im 8. Kirchenton (Modell siehe unter *Troparien und Kondakien*, "*Vzbrannoj Voevode*"). Meistens sind zu Ostern viele Zelebranten versammelt, so daß der Satz in "weiter Harmonie" gesungen werden kann. Bemerkenswerter ist freilich der Gesang nach der 9. Ode, der wiederum fast immer, wenn die Zelebranten es nur irgendwie zuwege bringen, in der beliebten (und beeindruckenden) Fassung von Bortnjanskij gesungen wird. Auch er verlangt erhebliche Kunstfertigkeit[37]:

[37] Die Melodie ist der 3. russo-bulgarische Kirchenton. Bortnjanskij hat ihn aber nach dem Vorbild der "*kanty*" - typischer geistlicher Volksgesänge des XVII. Jahrhunderts - umgestaltet.

ja - ko mertv Car - rju i Go - spo -
p
di, tri dne - ven vos - kresl e - si.
A - da - ma voz - dvig ot tli

Moleben, Pannychida und Akafist

Am Schluß unserer Betrachtung stehen die beliebten paraliturgischen Gottesdienste zu Ehren Gottes und der Heiligen bzw. zum Gedächtnis der Verstorbenen. Paraliturgisch sind sie zwar nicht in dem Sinne, daß ihre Gestaltung dem Zufall oder der Willkür überlassen bliebe, aber doch insofern, als sie nicht zum normalen Tagesoffizium gehören, sondern als Votiv-Matutin für besondere Anlässe eingeschaltet werden können. Sie erfreuen sich im Volke größter Beliebtheit. Ihre Form ist stets stark gekürzt, alle gelesenen Teile, auch manche gesungenen, werden ausgelassen. Vom Kanon z.B. werden nur die "*pripevy*", die zum Troparion hinleitenden Zugesänge gesungen. Da sowohl der Moleben wie die Pannychida alte studitische Formen darstellen, die im allgemeinen als ausgestorben gelten, kennen diese Matutinen auch keine Laudenstrophen[38]: Der Moleben geht nach dem - die 9. Ode beschließenden - Marienhymnus "*Dostojno est*" ("Wahrhaft würdig ist es, dich seligzupreisen") zur Schlußektenie über, der ein Schlußgebet (wie sonst nur in den Kleinen Horen üblich) mit den Schlußformeln folgt, die Pannychida kennt statt den Lauden nur Totentroparien. Der Zugesang für Herrenfeste lautet:

In Nord-Rußland hört man häufig diese Form:

Der Chor (und das Volk) wiederholt diesen Vers ("Ehre sei Dir, unser Gott, Ehre sei Dir"), daraufhin die Zelebranten: "Ehre sei dem Vater und dem Sohne und dem Hl. Geiste".

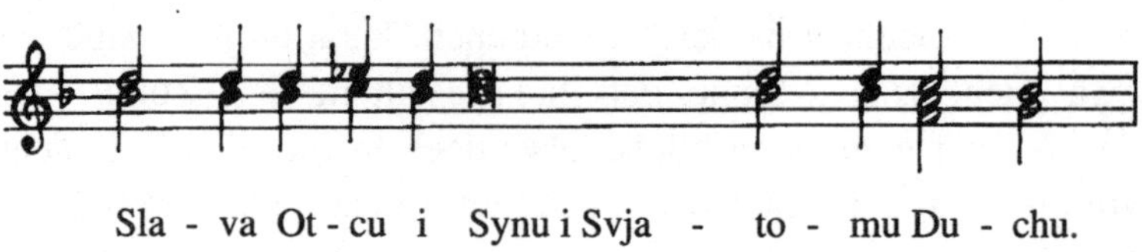

---

38) Über den Unterschied von altem und neuem gottesdienstlichen Typikon vgl. andeutungsweise Gardner, System und Wesen, S. 76.

Chor (und Volk): "Jetzt und allezeit ...", dieselbe Melodie. Mehrere Varianten sind in Übung[39].

In der Pannychida lauten die Zugesänge:

Darauf die Zelebranten:

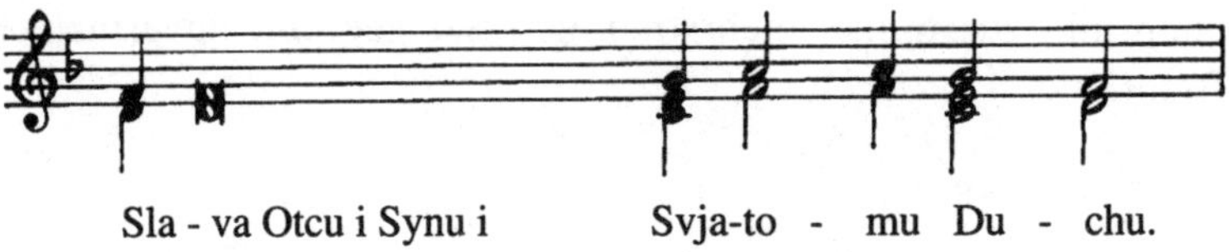

In deutscher Übersetzung: "Schenke Ruhe, Herr, der Seele deines Dieners (oder: Deiner Dienerin, oder: Deiner Diener)"; "Ehre sei dem Vater und dem Sohne und dem Hl. Geiste, jetzt und allezeit und von Ewigkeit zu Ewigkeit, Amen." Die Zelebranten stimmen diese Verse zum Zeichen der Trauer gewöhnlich auf einem sehr tiefen Ton an. Der Chor bemüht sich dann, diese Tonalität einzuhalten[40].

Ähnlich großer Beliebtheit wie Moleben und Pannychida erfreuen sich die Akafiste, deren Zahl ca. 250 beträgt. Der größte Teil von ihnen ist nur auf lokaler Ebene bekannt, einige

---

39) An Muttergottes-Festen wird "Allheilige Gottesgebärerin, rette uns" gesungen; an Heiligen-Festen "Heilige(r) NN., bitte Gott für uns".

40) Statt der hier angegebenen, von vielen Zelebranten benützten und aus alter Zeit stammenden modalen Harmonie wird von vielen das von der Hofkapelle im XIX. Jahrhundert eingeführte Moll benützt: bis "*usopšago*" d-moll, dann A^7, dann wieder d-moll, eine Harmonik, deren Ausdruck nicht christliche, hoffnungsgewisse Trauer, sondern heidnische bzw. neu-heidnische hoffnungslose Traurigkeit ist.

sind sogar nur handschriftlich (man denke an die Zeit der religiösen Unterdrückung im Rußland der letzten 70 Jahre!) verbreitet. Ausgeführt werden sie auf dreierlei Weise:

Entweder rezitiert der Geistliche den ganzen Akathistos, und Chor und Volk antworten nur mit dem Refrain, oder Vorsänger singen die "Begrüßungen", der Priester den übrigen Text, Chor und Volk den Refrain, *oder* - dies ist nur in Kathedralen oder größeren Klöstern möglich - 13 Zelebranten stellen sich auf (etwa: Bischof, 10 Priester und zwei Diakone), der Vorsteher singt den einleitenden Text, jeder Konzelebrant eine Begrüßung, dann alle zusammen mehrstimmig: "Sei gegrüßt, unvermählte Braut!"[41)]

---

41) Da im Ost-Slawischen das griechische "*th*" wie "f" ausgesprochen wird, heißt der Akathistos auf russisch "*akafist*". (Man sagte beispielsweise auch im XVIII. Jahrhundert noch "Featr" für "Theater".) - Im griechischen Bereich der Orthodoxie sind nur der Ur-Akathistos (s.o.) und ein etwas später nachgedichteter Christus-Akathistos bekannt. In Rußland schwoll die Akafist-Produktion im XVIII. und XIX. Jahrhundert ins Unermeßliche an. Nicht alle Erzeugnisse sind deshalb von hoher Qualität, vielmehr wurde oft nach literarischen Schemata gearbeitet. Ca. 200 Akafiste sind auf Muttergottes-Feste und -Ikonen bekannt, der Rest verteilt sich auf Christus und die Heiligen, einen gibt es für die Verstorbenen. Der Platz des Akathistos ist die Matutin, und zwar nach der 6. Ode. Diese Ordnung wird auch beim Moleben beachtet. Ein Akafist ohne Matutin oder Moleben ist eigentlich nicht denkbar. Er ist eingeteilt in Kondakien (russisch "*kondaki*", Sing: "*kondak*") und Iki (von griechisch "οἶκος", das Haus, russisch "*ikos*", Pl. "*ikosy*"). Jedes Kondakion endet mit "*Alleluja*", auf die gleiche Melodie wie der Refrain des Ikos gesungen. Jeder Ikos teilt sich in Einleitung und "Begrüßungen" (griechisch ῥχαιρετισμοί", vom Wort des Engels an die Jungfrau Maria χαῖρε κεχαριτωμένη, "sei gegrüßt, Holdselige"; slawisch "*celovanija*"; im heutigen Russisch jedoch nicht mehr als Ausdruck verwendet). Jeder Ikos hat 12 solcher Begrüßungen, jede beginnt mit "Sei gegrüßt" (slawisch "*radujsja*"). Die Akafiste an Christus oder an den Hl. Geist beginnen ihre Begrüßungen mit der Anrufung des Namens Gottes (Christi bzw. des Hl. Geistes), der Akathist für die Toten hat keine Anrufungen, sondern Flehrufe: "Schenke Ruhe, Herr, den Seelen Deiner Knechte (Mägde)" (Hebr. 12,23).

Während der Römische Westen im hohen Mittelalter mehrstimmige Lektionen entwickelte - von 3 Lektoren bzw. Diakonen vorgetragen -, entwickelte der russische Osten den mehrstimmigen Altargesang. Dadurch, daß dieser der Gesang der verschiedenen hohen und niederen Diener des Altares ist, wird er zum Symbol des Gesanges der den Altar des Himmels umstehenden hohen und niederen Ordnungen der Engel; dadurch aber, daß Geweihte und Nicht-Geweihte an ihm teilnehmen, wird er zum Gesang der ganzen verklärten Kirche, der "Kirche der Erstgeborenen, deren Namen im Himmel verzeichnet sind".

Dritter Teil

DIE MUSIK DER ALTORIENTALISCHEN KIRCHEN

DIE MUSIK DER SYRISCHEN KIRCHEN*)

Die ost-syrische Tradition

In musikalischer Hinsicht bilden die Kirchen der ost-syrischen Tradition zwei Gruppen. Die eine wird gebildet von den Ost-Syrern selbst, die ihre Kirchenmusik unter dem Einfluß des synagogalen Gesanges und der frühchristlichen Hymnodie schufen; die andere Gruppe stellt die Tochterkirche der Ost-Syrer, die Thomaskirche Indiens, dar, die von den Ost-Syrern Liturgie und Sprache übernahm, gelegentlich aber im Gesang lokale Varianten schuf, außerdem im XX. Jahrhundert vom Syrischen zur Volkssprache Malayalam überging und in ihrem mit Rom unierten Zweig, der sogenannten Syro-Malabarischen Kirche, auch Einflüsse aus dem Portugiesischen aufweist.

Sowohl der ost-syrische als auch der indische Kirchengesang sind, was ihre Geschichte betrifft, nur fragmentarisch erforscht. Da eine eigene Neumenschrift fehlt, kann man sich nur an die gegenwärtige Praxis und an heutige Aufzeichnungen halten.

An Gesangsstilen kennt die ost-syrische Kirche, wie die meisten anderen östlichen Kirchen, drei Arten: den ekphonetischen,

---

*) entnommen aus: W. Nyssen / H. J. Schulz / P. Wiertz (Hrsg.), Handbuch der Ostkirchenkunde, Bd. II, Patmos-Verlag Düsseldorf 1989, "Die Musik der altorientalischen Kirchen"

den syllabischen und den melismatischen Stil. Der ekphonetische Stil dient zum Vortrag der gottesdienstlichen Lesungen sowie einiger Gebete und Responsorien. Dem westlichen Hörer fallen bei diesem Stil die zahlreichen Fiorituren oder Verzierungen auf. Sie sind ein charakteristisches Merkmal aller vorderorientalischen - und zum Teil auch der asiatischen - Musikkulturen und werden vom Interpreten einem durch die Tradition bestimmten Melodiegerüst frei eingefügt. Die Interpretation bekommt dadurch einen ereignishaften Charakter, sie wird zu einem schöpferischen Vorgang. Das Melodieschema ist gewissermaßen das Gerippe, das der Interpret erst mit lebendem Fleisch umkleiden muß. Bei der Lectio solemnis wird dies folgendermaßen deutlich: Über einem Schema von vier Tönen gestaltet der Interpret den heiligen Text, wobei er sich einzig und allein von den Ausdrucksmöglichkeiten des Wortes leiten läßt; der Satzakzent wird durch Hebungen gekennzeichnet, Wichtiges in der Aussage wird durch Melismatik hervorgehoben. Die Fiorituren schließlich hauchen dem Vortrag Leben ein. Würde der Interpret sie auslassen, dann würden die orientalischen Zuhörer den Vortrag als langweilig, ja als tot empfinden. Für den Gesang der Ost-Syrer ist darüber hinaus charakteristisch, daß der einzelne Ton nicht nur mit Vor- und Nachschlägen verziert, sondern auch durch starke Vibrationen verändert wird. Für den Vortrag der Lesungen begegnete mir immer dieses Schema: Rezitation auf einem Tenor, Kadenzen in die Unterquart über Halbton und Tritonus (Beispiel 1), Akzente durch einen Ganzton nach oben angedeutet (Beispiel 2).

1 Ost-syrische Kirchenmusik - Vortrag der Lesungen (mit c als Rezitationston):

2 Akzente

oder

In den syllabischen und melismatischen Stil teilen sich die Gesänge und Hymnen der Messe und des Stundengebets, das bei den Ost-Syrern noch als Form des Gemeindegottesdienstes bis vor kurzem in hoher Blüte stand. Die häufig verwendeten chromatischen Leitern lassen westliche Ohren diese Gesänge oft als "melancholisch" empfinden, wie z.B. die traditionelle Melodie des Sanctus, die über der Leiter fis-g-a-b-cis-d aufgebaut ist (Beispiel 3)[1]. Doch soll hierzu gleich bemerkt werden, daß die Orientalen diese Tonfolgen keineswegs als traurig-wehmütig empfinden und es daher sehr verfehlt wäre, von dieser "Melancholie" etwa auf die Struktur ihrer Frömmigkeit oder gar ihres Charakters zu schließen.

3 Qaddīš (Sanctus): Sehr langsam

---

[1] Es handelt sich bei allen Tonangaben dieses Beitrags nie um die absolute Tonhöhe, sondern nur um Intervall-Angaben, wobei gleichzeitig einkalkuliert ist, daß die außereuropäischen von den europäischen sehr oft differieren.

Der Gesang wird in der ost-syrischen Kirche, im Gegensatz zu den meisten anderen Ostkirchen, meist von der ganzen Gemeinde ausgeführt, und zwar sehr häufig antiphonal, das heißt, die rechte Seite des Kirchenschiffs singt mit der linken im Wechsel. Sogar im Sologesang findet sich diese Praxis. So wird z.B. das Credo oft von zwei Kantoren antiphonisch vorgetragen. Die einzelnen Gesänge werden von den Sängern bzw. von der Gemeinde auswendig gesungen, das heißt, es gibt nur textliche Anhaltspunkte, nicht aber Musikaufzeichnung im Sinne von Neumen oder Noten. Durch die Tradition vererben sich die Gesänge von einer Generation auf die andere: Erst in unserem Jahrhundert wurden Melodiesammlungen in europäischer Notenschrift für die Forschung (nicht also für gottesdienstliche Zwecke) veranstaltet. Da aber das europäische Notationssystem weder die orientalische Intonation noch die Intervallverhältnisse richtig wiedergeben kann, bedeuten diese Ausgaben, zumal ohne Kenntnis der rhythmischen Ausführungs- und der Verzierungspraxis kaum mehr als einen Anhaltspunkt und sind vielleicht eher geeignet, sich ein falsches Bild von der syrischen Kirchenmusik zu machen.

Die Musik der chaldäischen, d.h. der mit Rom unierten ost-syrischen Kirche ist mit der der assyrischen Ost-Syrer ("Nestorianer") identisch.

Für die Musik der *Thomas-Christen* in Indien gilt, soweit sie den ost-syrischen Ritus befolgen, im wesentlichen dasselbe wie das, was über die Musik der Ost-Syrer gesagt wurde. Auch sie kennt die drei Stilarten des ekphonetischen, des syllabischen und des melismatischen Gesanges. Doch fällt gegenüber den Stimmen der Syrer bei den Indern eine eigene, dünne, flache, fast möchte man sagen zerbrechliche Tongebung auf. Dies ist nicht ohne weiteres selbstverständlich. So haben z.B. die Bulgaren von Byzanz nicht nur den Gesang, sondern auch, trotz verschiedener Kultsprache - in Konstantinopel griechisch, in Bulgarien kirchenslawisch! -, die byzantinische Intonation übernommen. Nur die Tatsache, daß die malabarische Kirche über tausend Jahre ein von der übrigen christlichen Welt abgeschiedenes Sonderdasein führte, macht es verständlich, daß sie in der musikalischen Praxis eigene Wege ging.

Hervorzuheben wäre noch, daß alle syrischen Traditionen gelegentlich noch das Organalsingen, d.h. das Singen mit einer zweiten Stimme in immer gleichem Abstand, kennen. Dies ist meist die Quart, gelegentlich die Quint. Wenn Terzen zu hören sind, darf man auf westliche Einflüsse schließen. In Indien gibt es bemerkenswerterweise auch Sekundparallelen, eine Praxis, die man z.B. auch auf dem Balkan kennt.

Die west-syrische Tradition

Was von der Musik der Ost-Syrer gesagt wurde, trifft auch für die der West-Syrer zu: Sie ist nur fragmentarisch erforscht, und zu ihrer Beurteilung kann man sich im wesentlichen nur an die heutige Praxis halten. In musikalischer Hinsicht bilden die Kirchen des west-syrischen Ritus drei Gruppen: die Syrer selbst (konfessionell gespalten in orthodoxe und unierte), die Maroniten (alle mit Rom uniert) und jener Teil der indischen Thomas-Christen, der seit 1654 dem west-syrischen Ritus folgt (konfessionell wie die Syrer in Orthodoxe und Unierte gespalten, daneben ein mit dem Anglikanismus sympathisierender Zweig, die sogenannten Mar-Thomiten).

Die west-syrische Kirchenmusik weist einerseits viele Gemeinsamkeiten mit der ost-syrischen auf, was ohne weiteres verständlich ist, da es sich ja im Grunde um ein und dasselbe Volk handelt; andererseits hebt sie sich durch eine Reihe von Besonderheiten, z.B. durch einen größeren Formenreichtum, von der ost-syrischen ab.

An Gesangsstilen kennt die west-syrische Kirche ebenfalls drei Arten: den ekphonetischen, den syllabischen und den melismatischen Stil. Bezüglich Improvisation und Verzierungskunst gilt das gleiche wie für die ost-syrische Musik. An Lektionsarten sind mir aber, im Unterschied zu den Ost-Syrern, drei Schemata begegnet; eins, das mit dem ost-syrischen identisch war; eins, das mit dem europäischen Dur verwandt war: angenommener Rezitationston c, Tonausweichungen nach oben große Sekund und große Terz, nach unten kleine Terz und kleine Quart (Beispiel 4); schließlich eins, das mit dem phrygischen Kirchenton Ähnlichkeit hat: angenommener Rezitationston e, Ausweichungen nach oben kleine Sekund und kleine Terz, nach unten große Sekund und große Terz (Beispiel 5).

4 *West-syrische Kirchenmusik - Vortrag der Lesungen (mit c als Rezitationston):*

5 *Vortrag der Lesungen (mit e als Rezitationston):*

Für die einzelnen Gesänge der Messe und des Stundengebetes konnte ich ebenfalls oft jeweils mehrere Melodien feststellen, während bei den Ost-Syrern eine größere Standardisierung vorzuliegen scheint.

Der Gemeindegesang steht bei den West-Syrern längst nicht mehr in so hoher Blüte wie bei den Ost-Syrern. Gewöhnlich werden die liturgischen Gesänge, ähnlich wie bei den Byzantinern, von einem Chor oder einer kleinen Schola ausgeführt. Der Solist nimmt einen hervorragenden Platz ein. In den Interpretationen durch den Solisten macht sich zur Zeit ein starker arabischer Einfluß bemerkbar, ein Phänomen, das sich bei den Ost-Syrern nicht beobachten läßt. Er zeigt sich in einer etwas unruhigen, bisweilen leidenschaftlichen Intonation, in starker Bevorzugung von Mikrointervallen und einem unwahrscheinlich großen Ambitus der Gesänge. Des öfteren konnte ich Gesänge hören, deren Tonumfang zwei Oktaven umfaßte. Die Vortragsweise ist manchmal, was die Schnelligkeit der Tonfolgen, die angebrachten Verzierungen und die Schattierung des einzelnen Tones betrifft, von blendender Virtuosität. Freilich wird dieser neuzeitliche arabische Einfluß nicht von allen gern gesehen und von vielen als unkirchlich abgelehnt.

Im unierten Teil der west-syrischen Kirche werden Versuche unternommen, die europäische Mehrstimmigkeit einzuführen. Doch sind diese Versuche wenig überzeugend und tragen den Stempel des Künstlichen und Aufgepfropften an sich, da sie einen temperierten Skalenaufbau voraussetzen, der aber bekanntlich in den semitischen Musikkulturen nicht vorhanden ist.

Weisen schon die drei Stilarten des Gesanges bei den West-Syrern eine größere Vielfalt als bei den Ost-Syrern auf, so muß eine weitere Eigenheit hervorgehoben werden, die sie indes nicht nur von den Ost-Syrern unterscheidet, sondern durch die sie Einfluß auf die Weltkirche gehabt haben: der Oktoichos[2], das System der acht Kirchentöne, das, jedenfalls in seinen Anfangsgründen, eine Schöpfung des west-syrischen Geistes zu sein scheint. Zum erstenmal taucht dieser Name in einer Handschrift des IV. Jahrhunderts auf, die eine sowohl nach Kirchenjahr als auch nach Kirchentönen geordnete Sammlung von Hymnen darstellt und dem Patriarchen Severos von Antiochia (512-518, † 538) zugeschrieben wird. Ähnlich dem byzantinischen System kennt auch der syrische Oktoichos den Brauch, die de-ea-Offizien eine Woche lang im selben Ton zu singen und nach dem 8. Ton (der 8. Woche) wieder mit dem 1. Ton zu beginnen. Doch im Unterschied zur byzantinischen Tradition sind die Texte in jeder Woche gleich. Das syrische System kennt keine Unterscheidung in authentische und plagale Töne, doch ordnet es, genau wie bei den Griechen, die Töne 1 und 5, 2 und 6 usw. komplementär an. Der Charakter der "Töne" scheint aber viel weniger ausgeprägt als bei den Byzantinern zu sein. Vor allem scheint ihm jede Finaltonalität zu fehlen; lediglich ein paar

---

[2] Im allgemeinen sagt man *die* Oktoichos, vom (weiblich) griechisch "biblos" (Buch) abgeleitet. Doch kann man das Wort auch auf "kyklos" (Zyklus) beziehen, dann ist *der* Oktoichos gerechtfertigt.

charakteristische Figuren bestimmen einen "Ton"; deren Auswahl scheint ebenfalls bei weitem kleiner als bei den Griechen zu sein. Varianten sind durchaus bekannt - aber (und dies scheint überaus bezeichnend für den Charakter der Musik als Tun und nicht als Werk) nur in Form individueller und familiärer (in Sängerfamilien tradierter), noch nicht aufgezeichneter, Abweichungen.

Die Musik der Thomas-Christen Indiens, soweit sie zur west-syrischen Tradition gehören, unterscheidet sich kaum von der Musik der Mutterkirche; doch ist bei ihr eine große liturgische Armut darin zu beobachten, daß sie bis heute nur einen Bruchteil des reichen syrischen Stundengebets ins Malayalam übersetzt hat und infolgedessen beispielsweise gar nicht dazu kommt, die acht Kirchentöne kennenzulernen. Auch vor der Einführung der Volkssprache war die Situation nicht besser, da die Kirche bis ins XX. Jahrhundert keine Klöster kannte, in denen das Stundengebet gepflegt worden wäre. Der Gemeindegottesdienst kannte nur die Eucharistiefeier.

Die Maronitische Kirche im Libanon kennt einerseits überhaupt kein Stundengebet mehr (außer dem stillen Breviergebet der Priester), weist hierin also eine noch größere Verarmung als die west-syrische Kirche Indiens auf zeigt andererseits aber in der Gestaltung der Messe bemerkenswerte Einflüsse aus dem Westen (Orgelspiel).

DIE MUSIK DER KOPTISCHEN UND DER ÄTHIOPISCHEN KIRCHE*)

Wie bei allen vorderorientalischen Musikkulturen ist es auch bei der koptischen müßig, nach Geschichte und Entwicklung zu fragen. Abgesehen davon, daß uns die Unterlagen zu einer genauen historischen Erforschung des koptischen Gesanges fehlen - die im übrigen nur spärlich vorhandenen koptischen Neumen können wir nicht deuten -, würden wir, selbst wenn wir alle Unterlagen hätten, doch nur zu dem Ergebnis kommen, daß es Entwicklung und Geschichte im abendländischen Sinne bei den Kopten - wie bei allen anderen Orientalen - nicht gibt. Vielmehr bedeutet Entwicklung dort: Anreicherung und Kommentierung des einmal Erreichten, Geschaffenen und als vollkommen Erkannten.

Literarische Hinweise auf die Musik finden sich bei Klemens von Alexandria und bei Athanasios dem Großen; auch der berühmte Oxyrhynchos-Hymnos aus dem III. Jahrhundert mit seiner Buchstaben-Notation gehört in den Bereich des alexandrinischen Patriarchats. Doch da diese Zeugnisse in die Zeit vor dem Jahr 451 fallen, also in eine Zeit, in der wir es noch nicht

---

*) entnommen aus: W. Nyssen / H. J. Schulz / P. Wiertz (Hrsg.), Handbuch der Ostkirchenkunde, Bd. II, Patmos-Verlag Düsseldorf 1989, "Die Musik der altorientalischen Kirchen"

mit einer koptischen Kirche im exklusiven Sinne zu tun haben, können sie auch nicht als genuine Beispiele koptischer Musik bzw. Musikauffassung gewertet werden. Viel eher verdienten sie, als spät-hellenistische Musikzeugnisse in Ägypten bezeichnet zu werden. Als genuin koptisch ist dagegen die Einführung eines eigenen Neumensystems im X. Jahrhundert anzusehen, einer Zeit, in der auch die koptische Hymnodie in Blüte steht. Doch haben diese Neumen sich nicht im ganzen Patriarchat Alexandria verbreitet und scheinen nach einigen Jahrhunderten auch wieder außer Gebrauch gekommen zu sein. Jedenfalls ist heute niemand, weder unter den westlichen noch unter den koptischen Gelehrten, imstande, diese Neumen zu lesen. Alle Gesänge werden auswendig vorgetragen; ihr Vortrag ist ausschließlich durch die Tradition bestimmt. Doch existieren im Gegensatz zum syrischen Bereich Sängerschulen, ähnlich wie in der heutigen Orthodoxie. In ihnen werden Chor- und Solosänger mit dem gesamten Musikrepertoire vertraut gemacht und sowohl musikalisch als auch liturgisch ausgebildet. Desgleichen wird vom Koptischen Institut in Kairo unter Leitung von Bischof Amba Gregorios eine umfangreiche Sammlung sämtlicher vorhandener geistlicher und weltlicher koptischer Musikzeugnisse durchgeführt.

Über vorhandene Tonarten, über Skalenaufbau und Struktur der "Töne" (Tonarten oder Melodietypen?) ist immer noch nichts Genaues bekannt. Doch sind koptische wie europäische Gelehrte dabei, die koptische Musik systematischer als bisher zu erforschen, so daß wir vielleicht in absehbarer Zeit mit bedeutsamen Ergebnissen rechnen dürfen.

Wenden wir uns der heutigen Praxis zu:

Wie schon gesagt, haben wir es bei den vorderorientalischen Musikkulturen, zumindest soweit sie den Kult betreffen, mit

Spätkulturen zu tun. Dies zeigt, so scheint uns, die koptische Musik in mustergültiger Weise. In ihr tritt uns eine grandios-virtuose Spätkunst entgegen. Die Kunst der Verzierung ist - echt alexandrinisch, möchte man sagen - bis zum Äußersten getrieben: Schöne und gefällige Motive werden unendlich oft wiederholt, die Stimme verändert den Ton ständig, läßt ihn nie los, bearbeitet und schleift ihn, umspielt kleine tonale Zentren mit einer Fülle von Mikrointervallen, so daß das Ganze wie ein Diamant geschliffen, facettenhaft glitzernd vor den Hörer tritt. Dazu bedient sich die Stimme, oft in schnellstem Wechsel, all ihrer technischen Möglichkeiten und verwendet gepreßte Klänge, Kopfstimme, rapiden Registerwechsel und Kehltriller. Diese Freude an gesanglicher Virtuosität führte dazu, daß der einfache syllabische Gesang heute nahezu ausgestorben ist. Sogar die einfachen Responsorien der Messe werden meist in überaus langen und kunstvollen Melodien vorgetragen (Beispiel 1). Die Folge ist, daß eine gewöhnliche Sonntagsliturgie in der Regel nicht unter drei Stunden anzutreffen ist. Doch scheiterten bisher alle Versuche, die langen Melodien und damit den Gottesdienst zu kürzen, am Widerstand der Priester, der Sänger und insbesondere des Volkes, das auf den musikalischen Reichtum der Liturgie nicht verzichten will.

1 *Koptischer Priestergruß*
Irini pasi (Friede allen)
Aufgezeichnet von René Ménard.

\- si

Zur Verzierungskunst gehört auch eine andere Eigenschaft der koptischen Musik: das "Initialsingen", das heißt, das erste Wort oder die erste Silbe eines Gebets wird mit einer reichen und verschlungenen melodischen Linie bedacht, so daß es wie ein dem Ganzen vorangesetztes gewaltiges Initial wirkt.

Ein weiteres Charakteristikum der koptischen Kirchenmusik ist, daß sich in ihr die Kunst der Chironomie bis heute erhalten hat: Der Chormeister deutet den Sängern durch Handstellungen und -bewegungen den Verlauf der melodischen Linie an.

Die Sprache der koptischen Liturgie ist, neben einigen alten griechischen Formeln, die sich bis jetzt erhalten haben, das Koptische und das Arabische, das die Umgangssprache der Kopten geworden ist. Der Vortrag der Lesungen ist im Gegensatz zu den übrigen Teilen der Liturgie auffallend einfach und kunstlos.

Schließlich muß noch erwähnt werden, daß die koptische Kirche (und die von ihr geistig abstammende äthiopische) als einzige östliche Konfession seit ältester Zeit ein Instrumentarium kennt, das sie beim Gottesdienst verwendet, nämlich Glocken und Sistren (Rasseln). Beide wurden wahrscheinlich aus dem Tempelkult des pharaonischen Ägypten übernommen. In neuerer Zeit werden die Sistren zunehmend durch Becken und Triangeln ersetzt. Die Instrumente dienen teils zur rhythmischen Unterstützung des Gesanges, teils sind sie bloße Lärmerzeuger, vergleichbar den Schellen, die katholische Meßknaben während der Fronleichnamsprozession schwingen.

Die *Äthiopier* übernahmen bei ihrer Christanisierung von den Kopten Liturgie und Brauchtum, nicht aber die koptische Sprache. Vielmehr wurden von Anfang an Heilige Schrift und Liturgie in die alte äthiopische Hochsprache, das Ge'ez, übertragen. Das bedeutete Umformung der koptischen Musik, ihre Adaption an die äthiopische Sprache und Weiterentwicklung.

Die historischen Beziehungen zwischen äthiopischer und koptischer Kirchenmusik sind völlig ungeklärt. Die Äthiopier betonen, daß ihre Kirchenmusik nichts mit ihrer Volksmusik gemein habe, also fremder Herkunft sein müsse; die Kopten ihrerseits erklären, in der äthiopischen Musik keine Gemeinsamkeiten mit der koptischen zu finden. Die Loslösung muß also schon in sehr früher Zeit erfolgt sein, wobei vorläufig völlig offenbleibt, ob etwa die heutige äthiopische Kirchenmusik einen archaischen Typ der koptischen darstellt und diese sich zu ihrem heutigen Zustand hin entwickelt hat oder ob die äthiopische Musik allmählich ihre heutigen Formen im Zuge eines Prozesses der Verselbständigung angenommen hat oder ob gar beide von einem gemeinsamen Ausgangspunkt aus besondere Wege der Entwicklung gegangen sind.

Der heutige äthiopische Gesang ist einfacher und kunstloser als der koptische, bisweilen etwas wildartig in seiner Ausführung. Im Gegensatz zum koptischen Gesang kennt er große Tonschritte, Terzen und Quarten, manchmal sogar zwei Quarten hintereinander. Mikrointervalle werden spärlich verwendet. Der einzelne Ton wird nur in geringem Umfang verändert oder verziert. Auch ist die Intonation, was ihre Sicherheit betrifft, weit von der koptischen entfernt. Ein im abendländischen Sinne unreines Singen" ist die Folge. Sie rührt nicht daher, daß jemand unter den Sängern "falsch" singt oder "kein Gehör hat", sondern daß die Intervallverhältnisse von vornherein nicht klar bestimmt sind. Darüber hinaus werden in hoher Stimmlage Intervallsprünge nach oben oft als Schrei formuliert, das heißt, sie enden auf keinem irgendwie fixierten oder fixierbaren Ton.

Nach der Tradition ist der heilige Yared, der im VI. Jahrhundert lebte, der Schöpfer der Kirchenmusik. Vom Himmel hat er als Offenbarung die drei Kirchentonarten Ge'ez, Ezl und Ararai (Einfach, Wehmut und Anmut) empfangen. Diese drei Modi haben, soweit man bis jetzt urteilen kann, keine Entsprechungen in der koptischen Musik. Dagegen hat die äthiopische Kirche das Instrumentarium ihrer koptischen Mutterkirche übernommen. Neben Glocken und Sistren verwendet sie aber noch die Pauke, die in der koptischen Musik nicht mehr verwendet wird. Dieses Instrumentarium wird besonders gern zur rhythmischen Unterstützung der - nur in der äthiopischen Kirche üblichen - Priestertänze verwendet. Diese in ihrem Charakter langsam-würdevollen Schreittänze werden bei bestimmten Teilen des Stundengebets eingeschaltet oder auch bei großen Festfeiern unter freiem Himmel verwendet. Sie sind Ausdruck alter semitischer Gottesfreude und als solche vielleicht Teile jenes Erbgutes, das der äthiopischen Kirche aus dem Judentum zugeflossen ist.

Eine Neumenschrift wurde im XVI. Jahrhundert entwickelt. Sie besteht aus Buchstaben und Zeichen, kann aber nur von Kantoren (Debteras) gelesen werden. Gewöhnlich werden alle Gesänge auswendig vorgetragen.

DIE MUSIK DER ARMENISCHEN KIRCHE*)

Als eine der musikalisch liebenswertesten und interessantesten Erscheinungen unter den Kirchen des Ostens muß die armenische Kirche angesehen werden. Sie ist, was die Zahl ihrer Gläubigen angeht, nicht sehr groß und hat fast seit ihrem Bestehen eine Diasporaexistenz geführt, aber durch ihre erstaunliche kulturelle Anpassungsfähigkeit und Dynamik immer wieder die Aufmerksamkeit der Forschung auf sich gelenkt.

In der Gestaltung der Liturgie zeigt der armenische Kirchengesang byzantinische Einflüsse, etwa in der Übernahme des Systems der acht Kirchentöne oder in dem Brauch, das Stundengebet des Kirchenjahres (in lateinischer Terminologie: die de-ea-Offizien) in einen sich wiederholenden Zyklus von acht Wochen einzuteilen, wobei jede Woche einem anderen Ton zugeordnet ist. Musikaufzeichnung erfolgt seit dem XII. Jahrhundert in einem eigenen armenischen Notationssystem. Ob vorher ein anderes System, etwa das byzantinische, an seiner Stelle stand, wissen wir nicht. Da das alt-armenische Neumensystem sehr kompliziert und die Lesbarkeit der Gesänge auf einen kleinen Kreis von Spezialisten beschränkt war, wurde es im XVIII.

*) entnommen aus: W. Nyssen / H. J. Schulz / P. Wiertz (Hrsg.), Handbuch der Ostkirchenkunde, Bd. II, Patmos-Verlag Düsseldorf 1989, "Die Musik der altorientalischen Kirchen"

Jahrhundert reformiert und ein neues, vereinfachtes System eingeführt. Die neuen Zeichen waren zudem diasthematisch, das heißt, sie gaben die genaue Tonhöhe an und bedeuteten in dieser Beziehung einen Fortschritt gegenüber dem alten System. Außerdem präzisierten kleine Zusatzzeichen wie Kreise, Striche und Punkte die Tondauer, eine Eigenschaft, die das ältere System ebenfalls nicht kannte. Schließlich bedeuteten die neuen Zeichen jeweils nur einen Ton, kamen also in ihrem Charakter eher einem Notensystem nahe. Dieses Neumensystem hielt sich etwa ein Jahrhundert lang. Dann kamen, von der Mehrstimmigkeit begünstigt, die europäischen Noten in Gebrauch.

Seit dem XVIII. Jahrhundert scheint sich die Praxis eingebürgert zu haben, die alten Choralmelodien in mehrstimmiger Ausführung zu singen. Der gleiche Prozeß ist uns, wenn auch zum Teil in früheren Jahrhunderten, aus der serbischen, der russischen und der westeuropäischen Musik bekannt. Die nächste Stufe einer solchen Entwicklung ist dann regelmäßig die, solche mehrstimmigen Gesänge aufzuzeichnen. Und von hier aus entwickelte sich die mehrstimmige Komposition. In Armenien tat dies als erster Makar Ekmalean. Er sammelte die mehrstimmig improvisierten Gesänge, modifizierte sie im Sinne der damaligen europäischen Harmonielehre und veröffentlichte sie 1896 in Leipzig. Den Kompositionen Ekmaleans liegt meistens als cantus firmus eine Melodie des armenischen Chorals zugrunde. Sie wirken schlicht, ungekünstelt, religiös. Sie sind im Grunde eine mehrstimmige Ausführung des einstimmigen kanonischen Gesanges. Eigenwilliger in seinen Bearbeitungen und Kompositionen war ein anderer Komponist, Vater Komitas, Priester der armenischen Kirche und bedeutender Musikhistoriker. Er edierte erstmals 1910 eine größere Sammlung von Gesängen. In der Bearbeitung der kanonischen Melodien ist Komitas freier und "interessanter" als Ekmalean, im übrigen sehr stark von der europäischen Harmonielehre abhängig.

Erwähnenswert ist außerdem die Tatsache, daß die armenische Kirche als einzige Ostkirche das europäische Instrumentarium in den Kult eingeführt hat. Bis ins XIX. Jahrhundert war die armenische Kultmusik rein vokal. Dann wurde zunächst die Orgel in den europäischen Gemeinden eingeführt, und im XX. Jahrhundert eroberten sich dann die übrigen europäischen Instrumente den armenischen Kirchenraum. Heute kann man bei feierlichen Gelegenheiten prunkvolle Orchesterliturgien hören. In der armenischen Kirchenmusik werden, wie auch in der Volksmusik, chromatische Leitern reich verwendet. Ein immer wiederkehrendes Tongerüst ist die Leiter a-b-c-des. Da sie auch den meisten Lektionen und Rezitationen zugrunde liegt, kann man sie als die charakteristischste Tonfolge der armenischen Kirchenmusik ansprechen. Sie begegnet dem Ohr des Hörers am häufigsten und verleiht den Gesängen jenen eigentümlich weichen, schwebenden Charakter, der das europäische Ohr immer wieder fasziniert (Beispiel 1).

1 Charakteristische Melodiefloskel

Mehr noch als der byzantinische ist der armenische Gottesdienst von hieratischer Strenge und Würde. Das liturgische Zeremoniell ist unwahrscheinlich reich und feierlich. Durch Übernahme abendländischer Riten und Kultgegenstände (zur Zeit der Union im XIII. Jahrhundert) und ihre Einschmelzung in das schon vorhandene, meist auf byzantinischer Grundlage entstandene Traditionsgut sind eine gottesdienstliche Vielfalt und ein ritueller Reichtum entstanden, wie sie sonst keine der östlichen Kirchen aufzuweisen hat. Verbunden mit der eigenen Kirchenmusik und der spezifischen Art, Gottesdienst zu feiern, ist jener mit nichts anderem verwechselbare Gesamtkomplex armenischer Liturgie entstanden, auf den das armenische Volk als eine seiner hervorragendsten Kulturschöpfungen stolz sein kann.

Die Sprache des Gottesdienstes ist Alt-Armenisch. Einige griechische Formeln haben sich auch hier bis heute erhalten.

Vierter Teil

AUS DER GOTTESDIENSTLICHEN PRAXIS

GRUNDSÄTZLICHES*)

Für den Dirigenten wie für den Sänger ist von größter Wichtigkeit, daß er sich zweier "Dogmen" ständig bewußt ist:

1. Alle östliche Kirchenmusik, sowohl die einstimmige der Griechen, Araber, Syrer etc. wie auch die mehrstimmige der Russen, Serben etc. ist AUS DEM WORT erwachsen und infolgedessen bei der Wiedergabe auch von dorther zu gestalten. Sie ist "Musik der Textaussprache" (Jammers).

2. Sie hat hymnischen Charakter.

Die Interpretation hat daher, besonders bei den psalmodischen Formen, jedes seelenlose, äqualistische Skandieren, aber auch jede pseudo-dramatische Dynamik zu vermeiden. Beide sind dem Geist der Liturgie völlig zuwider: das eine bringt dem Wort den Tod durch Verdorrung, das andere durch Ertränkung.

Die Ausführung der Rezitative erfolgt in gleichmäßigem, jedoch unsymmetrisch-rhythmischem Gesang. Die melodischen Akzente werden den textlichen untergeordnet. Die Akzente selbst werden weich, ohne Stoß, gleichsam "federnd" gesungen.

---

*) Aus dem Vorwort zur deutschen Noten-Ausgabe der "Göttlichen Liturgie unseres heiligen Vaters Johannes Chrysostomus", Niederaltaich 1967

Die Dynamik muß aus dem Inhalt des Textes, aus der Kraft der Worte herauswachsen.

In keinem Fall darf die Interpretation vom melodischen oder harmonischen Element ausgehen. "Nur der Text, und immer wieder der Text, ist für die Interpretation maßgebend" (Gardner).

Das Wort selbst aber, und dies ist das dritte "Dogma", ist der Handlung untergeordnet. Selbstverständlich ist Liturgie ohne Wort, und zwar ohne gesungenes Wort, undenkbar. Den Primat in der Liturgie hat aber, wie schon ihr Name besagt, die "Handlung", deren Explikation das Wort ist. Infolgedessen kann es vorkommen, daß - etwa wegen der Größe des Kirchenraumes - ein Hymnus etwas langsamer als gewöhnlich gesungen oder gar eine Strophe wiederholt werden muß. Bei unseren Ausgaben haben wir uns auf einen mittelgroßen Raum eingestellt, so daß derartige Rücksichtnahmen dort nicht nötig sind.

DER AUFBAU DER LITURGIE*)

Der Gottesdienst der Orthodoxen Kirche kennt drei Hauptformen: den Hesperinos (Vesper oder Abendoffizium), den Orthros (Matutin oder Morgenoffizium) und die Göttliche Liturgie (Eucharistiefeier). Diese wird ihrerseits nach zwei Formularen gefeiert: an einigen großen Feiertagen und an den Sonntagen der Fastenzeit die Liturgie des Heiligen Basilius und an den übrigen Tagen des Jahres - die a-liturgischen Tage wie den Karfreitag ausgenommen - die Liturgie des Heiligen Johannes Chrysostomus.

Die Orthodoxe Kirche ist eine Weltkirche. Sie umfaßt gegenwärtig etwa 200 Millionen Gläubige über den ganzen Erdball verstreut. Die geschlossen orthodoxen Gebiete liegen in Osteuropa. Etwa 5% der Ost-Christen stehen mit Rom in kanonischer Gemeinschaft. Sie werden Unierte genannt. Die Liturgie ist bei beiden Gruppen grundsätzlich die gleiche.

Durch die Im- und Emigrationsbewegungen der Neuzeit kam die Orthodoxie auch in die Länder des Westens: nach Amerika und Westeuropa. Notgedrungen stellte sich nach einiger Zeit, gewöhnlich in der dritten Generation, die Frage nach der Kirchensprache. Die orthodoxe Kirche ist bekanntlich landeskirch-

---

*) Aus dem Vorwort zur Schallplatte "Göttliche Liturgie unseres Heiligen Vaters Johannes Chrysostomus", Niederaltaich 1973

lich gegliedert. Da sie von Anfang an die jeweilige Landessprache zur Grundlage ihrer Mission machte, entwickelten sich im Lauf der Jahrhunderte zahlreiche Kirchensprachen und, auf diesen basierend, zahlreiche Musikkulturen. So unterscheiden sich heute etwa die griechische, die serbische und die russische Kirchenmusik beträchtlich voneinander.

In der westlichen Diaspora aber ist ein merkwürdiges neues Phänomen zu beobachten: wohl wird hier die neue Landessprache in zunehmendem Maße beim Gottesdienst gebraucht, die Musik des Ursprungslandes aber wird beibehalten. Dies zum einen deswegen, um die eigene Identität zu wahren, zum anderen, weil die westlichen Länder über keine eigene orthodoxe Musikkultur verfügen, musikalisch also so gut wie keine Hilfestellung leisten können.

Allerdings macht sich gleichzeitig eine interessante Akzentuierung bemerkbar: der russischen Musik wird - unabhängig vom Herkunftsland der betreffenden Gemeinde! - ein gewisser Vorzug gegeben: Dies hängt einerseits damit zusammen, daß die russische Musik schon seit langem einen mehr oder weniger starken Einfluß in der Gesamtorthodoxie, besonders aber in den balkanischen Kirchen (Serbien, Bulgarien und Rumänien) ausübt. Zum anderen aber damit, daß das westliche Ohr - und die Ohren der orthodoxen Diaspora werden durch die tägliche westliche Umgebung zwangsläufig zu "westlichen Ohren" - die russische Kirchenmusik zwar als genuin orthodox, aber auch als dem westlichen Musikempfinden sehr entgegenkommend empfindet. Dies etwa im Gegensatz zur griechischen oder arabischen Musik, die beide als für westliche Ohren fremd klingend empfunden werden.

Auf diese Weise scheint die russische Musik dazu prädestiniert, zum orthodoxen musikalischen Idiom schlechthin, wenigstens in der westlichen Welt - zu werden. Die albanische Kirche in Amerika z.B., die ursprünglich zum griechischen Musikbereich gehörte, hat diesen offiziell verlassen und die russische Musik in den Gottesdienst eingeführt. Bei anderen Kirchen kann man wenigstens einige Stücke russischer Herkunft im gottesdienstlichen Repertoire finden. Schließlich bevorzugen die Konvertiten aus den westlichen Bekenntnissen fast ausnahmslos die russische Musik. Doch wird es nicht bei bloßer Übernahme bleiben. Es ist sogar zu hoffen - und einige ermutigende Beispiele finden sich bereits in England, Frankreich und Deutschland -, daß sich eines Tages auf der Grundlage der westlichen Sprachen neue orthodoxe Musikkulturen entwickeln werden.[1)]

Der Aufbau der Liturgie ist leicht überschaubar. Er gliedert sich

1. in einen Vorbereitungs- und Sammlungsteil,
2. in den Wortgottesdienst und
3. in den Sakramentsgottesdienst.

Der erste Teil besteht aus Fürbitten und Psalmengesang. Der zweite Teil aus dem Einzugslied (Introitus), den Tageshymnen, dem dazwischengeschalteten Trishagion (Heiliger Gott, heiliger Starker, ...) und den Tageslesungen. Der dritte Teil umfaßt die sogenannte "Liturgie der Gläubigen" (die Ungläubigen bzw. Ungetauften mußten in alter Zeit nach dem Wortgottesdienst die Kirche verlassen!): Opferung - Wandlung - Kommunion und Entlassung.

Im XX. Jahrhundert wurde der Wunsch nach liturgischen Reformen laut. Im wesentlichen handelte es sich um zwei Hauptwünsche: die zahlreichen Stillgebete ganz oder doch

---

[1)] Vgl. die ausführliche Darstellung dieser Entwicklung im Zweiten Teil: "Die russische Kirchenmusik außerhalb Rußlands"

wenigstens teilweise laut zu beten, zum andren die ebenso zahlreichen Fürbitten (Ektenien) zu reduzieren. Die panorthodoxe Konferenz von 1923 machte Empfehlungen zugunsten der Kürzung der Ektenien, berührte aber noch nicht das Thema der Stillgebete. In den einzelnen Landeskirchen sind seitdem verschiedene Versuchsformen in Übung. Zu einer gesamt-orthodoxen Regelung ist es noch nicht gekommen.

DIE LITURGIEFORMEN DER FASTENZEIT*)

Die Fastenzeit zeichnet sich im byzantinischen Bereich sowohl durch ein besonders altertümliches wie auch durch ein besonderes reiches Gepräge aus. Gemeinsam mit anderen liturgischen Traditionen des Ostens und des Westens ist der altertümliche Charakter der Gottesdienste. Das von dem Liturgiker Baumstark entdeckte und nach ihm benannte Gesetz von der Erhaltung des Alten in liturgisch hochwertiger Zeit zeigt sich auch in Byzanz. Da die Fastenzeit der Vorbereitung auf den höchsten rituellen Akt, nämlich das Gedächtnis von Tod und Auferstehung Christi, dient, ist sie eine solch "liturgisch hochwertige Zeit". Das Altertümliche zeigt sich u.a. darin, daß die sonst nur den höchsten Feiertagen vorbehaltene alte Basilius-Liturgie nunmehr jeden Sonntag gefeiert wird. Auch enthält die Vesper täglich zwei Lesungen, ein Brauch, der im übrigen Kirchenjahr ebenfalls nur noch an Feiertagen (dann meist drei) beachtet wird. Das hervorstechendste Merkmal des Alten aber ist die Liturgie der Vorgeweihten Gaben, die im ersten Jahrtausend wohl immer dann - wenn auch in einfacherer Form als heute - gehalten werden konnte, wenn die Zelebration einer Eucharistiefeier nicht möglich war.

---

*) Aus dem Vorwort zur Schallplatte "Liturgie der Vorgeweihten Gaben" (Byzantinische Gregorius-Liturgie), Niederaltaich 1980

Dadurch, daß das Alte in der Fastenzeit weitgehend erhalten blieb, das Neue aber ebenfalls weitgehend seinen Platz behaupten konnte, hat die Tessarakoste (lateinisch Quadragesima, die 40-tägige Zeit, nach der Zahl der 40 Fasttage) im byzantinischen Bereich zugleich den Charakter des Reichen und Überquellenden.

Im Stundengebet sind die Horen (Prim, Terz, Sext, Non und Typica) durch kursorische Psalterlesung und Hymnengesang, teilweise auch durch Lesungen aus der Hl. Schrift erweitert. Die Vesper zeichnet sich durch zwei Lesungen und einen eigenen "Fastenschluß" aus; der Orthros (Matutin, Morgengottesdienst) hat vermehrte Psalterlesung und neben der neutestamentlichen Interpretation der alten Cantica, dem Kanon, auch noch diese selbst.

Die Cantica, griechisch Oden, sind Loblieder des Alten Testaments, die sich im Stundengebet des Ostens und des Westens finden. Dadurch, daß zwischen die einzelnen Verse neutestamentliche Interpretationen christlicher Dichter geschoben wurden, entstand im Osten eine neue Dichtungsform, der Kanon. Während des gewöhnlichen Kirchenjahres wird nur dieser Kanon gelesen bzw. gesungen; in der Fastenzeit aber noch das jeweilige Canticum.

Schließlich zeichnet sich die Fastenzeit durch eine eigene Form des Nachtgebetes, die Große Komplet aus; die sonst nur an Weihnachten und Theophanie zu hören ist. Was die Liturgie angeht (im Osten werden nur Eucharistie- bzw. Kommunionfeiern "Liturgie" genannt), so haben wir es in der Fastenzeit mit drei Formen zu tun: an jedem Samstag, am Hochfest der Verkündigung (25. März) und wahlweise am Patrozinium, wenn dies in die Fastenzeit fällt, wird die Chrysostomus-Liturgie gefeiert, an jedem Sonntag dagegen die Basilius-Liturgie. An jedem Mittwoch und Freitag aber (in manchen Gegenden sogar an jedem Tag) sowie am Andreas-Donnerstag der 4. Fastenwoche und an den drei ersten Tagen der Karwoche wird die Liturgie der Vorgeweihten Gaben gehalten. Sie besteht aus einem Vesper- und einem Kommunionteil.

Der Aufbau der Gregorius-Liturgie

Nach der Befreiung des Christentums durch Kaiser Konstantin den Großen (313) und der damit gegebenen Möglichkeit, sich in der Öffentlichkeit zu organisieren, wurde der schon vorher bestehende Brauch, den Sonntag als Auferstehungsgedächtnistag durch die Eucharistiefeier zu heiligen, allgemeine Kirchenordnung. Daneben bestand das Bedürfnis bei vielen Gläubigen, die Eucharistie auch öfters zu empfangen. Diesem Bedürfnis wurde dadurch Rechnung getragen, daß den Gläubigen erlaubt wurde, von der sonntäglichen Kommunion etwas mit nach Hause zu nehmen und täglich davon zu genießen. Doch wurde es bald üblich - wohl wegen geschehener Unehrerbietigkeiten bei der Hauskommunion - diese Kommunionfeiern in der Kirche zu veranstalten. Außerdem zeigte sich die Tendenz, neben dem Sonntag auch an anderen Tagen die Eucharistie zu feiern, sodaß die Notwendigkeit einer Kommunionfeier ohne vollständige Liturgiefeier geringer wurde. Im Osten ging die Entwicklung aber dahin, die tägliche Eucharistiefeier für die Fastenzeit nicht zuzulassen, sondern gerade im Verzicht auf das Abendmahl ein Wesensmerkmal der Fastenzeit zu sehen. Lediglich an den erhabenen Wochentagen Mittwoch und Freitag, die schon seit alters her dem Gedächtnis des Kreuzestodes Christi gewidmet waren, wurde es in Konstantinopel gestattet, in Verbindung mit der Vesper eine Kommunionfeier abzuhalten.

Allgemein gesprochen besteht die heutige Liturgie der Vorgeweihten Gaben aus einem Vesper- und einem Kommunionteil. Nach den profunden Forschungen von Gabriele Winkler[1] lassen sich noch weitere Unterteilungen gemäß Zeit und Herkunft der einzelnen Elemente vornehmen, sodaß wir es mit vier Teilen zu tun haben:

- Die heutige Vesper vom Beginn bis zum Einzug und Lichthymnus "Freundliches Licht"
- der syrische Fastenlesegottesdienst zur Non mit seinen alttestamentlichen Lesungen
- der syrische Vesperkern mit dem Lichtsegen ("Christi Licht leuchtet allen") und Rauchopfer ("Aufsteige mein Gebet")
- Kommunionfeier.

Im einzelnen ist der Gottesdienst also wie folgt gestaltet:

A) Vesperteil

1. Eingangsgebete
2. Eingangspsalm 103
3. Große Ektenie
4. Psalterlesung
5. Kekragarion: Vesperpsalmen 140, 141, 129 und 116 mit dazugehörigen Hymnenstrophen
6. Einzug mit Licht und Weihrauch unter dem Gesang "Freundliches Licht"
7. Lesung I
8. Lichtsegen
9. Lesung II

---

[1] Winkler, Gabriele, Der geschichtliche Hintergrund der Präsanktifikatenvesper, Oriens Christianus 1972

10. Rauchopfer (an das sich an Feiertagen Epistel und Evangelium, an den Kartagen nur das Evangelium anschließen)
11. die Ektenien für die Kirche, für die Taufbewerber und Taufkandidaten, sowie für die Gläubigen (diese Ektenien werden in jenen Landeskirchen, die der Liturgiereform von 1923 folgen, weggelassen).

B) Kommunionteil

1. Einzug, d.h. Übertragung der vor-konsekrierten Gaben vom Rüsttisch zum Altar
2. Bittektenie
3. Vater unser
4. Die Erhebung der Heiligen Gestalten ("Das Heilige den Heiligen")
5. Kommunion
6. Schlußgebete.

Die Liturgie heißt offiziell "Liturgie der Vorgeweihten Gaben". Aus dem Lateinischen abgeleitet wird auch oft im Deutschen als Fremdwort "Präsanktifikaten-Liturgie" gebraucht. in den liturgischen Texten, bisweilen auch auf liturgischen Abbildungen (auf griechischen Königstüren z.B.) wird der heilige Papst Gregor der Dialoge (Gregor der Große) als Autor genannt. Der Tradition zufolge soll er als römischer Apokrisiar (Gesandter) in Konstantinopel der dortigen Kirche den Rat gegeben haben, wenn man schon in der Fastenzeit nicht zelebriere, dann wenigstens zweimal in der Woche eine Kommunionfeier zu halten.

DIE PSALMODIE IN DER OSTKIRCHE*)

Die in den ersten Jahrhunderten der Christenheit ausgebildeten Formen psalmodischen Singens werden in den einzelnen orthodoxen Landeskirchen bis heute gepflegt. Die Skala reicht von schlichter Rezitation durch einen Lektor bis zu großen mehrchörigen Formen. Unter den chorischen Formen ragen heraus: die *direktane*, die *antiphonale* und die *responsoriale*.

1. *Direktan* (lateinisch: cantus directaneus) wird der Psalm Vers für Vers ohne Wiederholung vom gleichen Gremium (Chor oder Gemeinde) gesungen.

2. Bei *antiphonaler* Praxis sang ursprünglich (IV. Jahrhundert) eine Chorgemeinde die Psalmverse wechselweise (lateinisch: antiphonatim) zwischen rechter und linker Kirchenschiffseite. Dies wurde später dadurch variiert, daß man jedem Psalmvers einen Kehrvers (= Hypophon) folgen ließ, ein im Grunde schon gemischt-responsorialer Vorgang. Dieser Kehrvers konnte ebenfalls dem gesungenen Psalm entnommen oder auch außerpsalmodischer Herkunft sein (z.B. das Alleluja). In einer anderen Variante sang der eine Halbchor die laufenden Psalmverse, der andere die Kehrverse. In neuere Zeit bildete sich der

---

*) Aus dem Vorwort zur Schallplatte "Mit Hoheit und Pracht", Psalmengesänge im Gottesdienst, Niederaltaich 1971

Brauch aus, daß die Psalmverse nach wie vor vom Chor, die Kehrverse aber von der Gemeinde gesungen werden.

3. Bei der *responsorialen* Form steht ein Lektor der ganzen Gemeinde gegenüber. Er rezitiert die Psalmverse, die Gemeinde antwortet nach jedem einzelnen oder nach einer Gruppe von Versen einen Kehrvers (lateinisch: responsum). Dieser kann wie bei der antiphonalen Praxis dem gesungenen Psalm entnommen oder außerpsalmodischer Herkunft sein. Ein derartig vorgetragener Psalm heißt lateinisch: responsum, griechisch: prokimenon. Dafür charakteristisch ist ferner, daß nie der ganze Psalm, sondern nur einzelne, gewöhnlich nicht mehr als zwei in Bezug auf den jeweiligen Festtag interpretierte Psalmverse vom Lektor gelesen werden. Bei einer größeren Anzahl von Psalmversen spricht man lateinisch von responsorium prolixum, griechisch von prokimenon megalon.

4. Im Laufe der Jahrhunderte sind Mischformen aus den einzelnen Psalmodiearten entstanden, in der russischen Kirche z.B. antiphonal-responsorial-direktane Mischformen; beispielsweise führt ein Chor einen Psalm mit Hypophon (= responsoriales Element!) rein direktan aus.

Dementsprechend sei auch in unserer Zeit zu neuen Mischformen zur Bereicherung von Gottesdiensten angeregt.

DIE KARSAMSTAGS-GOTTESDIENSTE*)

Wo immer die byzantinische Liturgie in einer abendländischen Sprache gefeiert wird, stellt sich das Problem der musikalischen Gestaltung.

Eine aus der Orthodoxie herausgewachsene musikalische Tradition hat im Westen nicht existiert. Da eine creatio ex nihilo ein Unding wäre, war man gehalten, auf eine der vorhandenen östlichen Musiktraditionen zurückzugreifen. Hierbei hat allgemein die russische Tradition den Vorzug erhalten.

Auch die byzantinische Dekanie der Abtei Niederaltaich geht diesen Weg - mit einer Ausnahme: Die Matutin des Karsamstags wird nach griechischem Vorbild gestaltet. Dies geschieht zum einen, um die Verbindung mit der griechischen Mutterkirche, von der die meisten der heutigen orthodoxen Landeskirchen ja ihren Ausgang genommen haben, auch musikalisch nicht abreissen zu lassen, zum andren, weil die Karsamstags-Matutin durch besondere Dichte und Intensität ihrer musikalischen Sprache auszeichnet.

---

*) Aus dem Vorwort zur Schallplatte "Nimm von mir die Trauer", Matutin mit Marienklage, Niederaltaich 1971 und aus dem Vorwort zur Schallplatte "Erhebe Dich Gott und richte die Erde", Vesper mit Basilius-Liturgie, Niederaltaich 1971

Die liturgische Situation ist folgende:

Nachdem die Gemeinde am Karfreitag die Passion des Herrn miterlebt und Seinen Leib in einem ergreifenden Ritus symbolisch bestattet hat, versammelt sie sich am Karsamstag vor dem Heiligen Grab, um den Tod ihres Erlösers zu beweinen und zugleich Seine Auferstehung herbeizusehnen.

Immer wieder identifiziert sie sich mit der Gottesmutter (Marienklage) als dem Urbild der Kirche, übernimmt die Klage jener als die ihre: "Licht Du meiner Augen, mein geliebtes süßes Kind, wie wirst Du nun von einem Grabe bedeckt!" Daß es sich dabei trotz aller Erschütterung nicht nur um die Klage von Hinterbliebenen handelt, sonder zugleich um die unerschütterte Gewißheit, daß durch diesen Tod die Erlösung herbeigeführt wurde, zeigt u.a. der Name dieses Teiles des Gottesdienstes: Enkomia = Lobpreisungen.

Die Liturgie des Karsamstag-Abends ist Liturgie der Erwartung.

In der unumstößlichen Gewißheit, daß "die Sache Jesu" durch die Tat von Golgotha nicht aus der Welt geschafft ist, sondern ihr erst recht zum Siege verholfen wurde, versammelt sich die Gemeinde vor dem Heiligen Grab, um Zeuge der Auferstehung zu werden. Mit den Worten des Alten Testamentes beschwört sie den Herrn, die Schlünde der Unterwelt zu verlassen und als richtender Sieger zu erscheinen.

Zugleich weiß sich das Neue Israel als Erbe des Alten. Wie im Alten Bund das Passahfest an die wunderbare Errettung Israels aus der Hand des Pharao beim Durchgang durch das Rote Meer erinnerte, so sehen wir im Neuen Bund diese rettende Tat Gottes überhöht durch die Rettung aus der Hand des Dämons beim Durchgang Christi durch die Unterwelt.

Da wir alle durch die Taufe an dieser Errettung teilhaben, ist für die schauende Gemeinde der Durchgang durch das Rote Meer zugleich Vorbild der Taufe: Indem wir durch das Wasser der Taufe - im Osten stets durch Untertauchen gespendet! - gehen, erlangen wir Anteil an dem von Christus errungenen Sieg über die Unterwelt.

Die 15 Lesungen aus dem Alten Testament kreisen daher alle um das Thema der Erlösung, wobei es der meditierenden Gemeinde anheimgegeben ist, die damals gewirkten Zeichen an sich selbst in Erfüllung gegangen zu erfahren. Der Vigiltag von Ostern war deshalb auch der bevorzugte Tauftag der alten Kirche. In der sich der Vesper anschließenden Liturgie wurden die Neugetauften erstmals zum Eucharistischen Mahle geführt.

DIE ENTWICKLUNG DER DEUTSCHEN ORTHODOXEN MUSIK*)

Bei dem Bestreben, die deutsche Sprache in den orthodoxen Gottesdienst einzuführen, war es für alle daran Beteiligten von Anfang an selbstverständlich, daß man sich dabei an eine bestehende orthodoxe musikalische Tradition anzuschließen habe. Ähnlich wie vorher die russische, die serbische und andere osteuropäische sakrale Musikkulturen unter Anlehnung an die ältere griechisch-byzantinische oder im Westen etwa die deutsche (seit Luther) unter Anlehnung an die lateinisch-gregorianische entstanden waren, mußte nun etwas Ähnliches, den neuzeitlichen Verhältnissen Entsprechendes, geschehen.

Da bis zur Ankunft der griechischen Gastarbeiter die russische Orthodoxie die kultisch bei weitem einflußreichste orthodoxe Landeskirche im germanophonen Bereich war, geschah die Eindeutschung des Gottesdienstes denn auch vornehmlich unter Anlehnung an die russische kultische Musiktradition.

Dies aber auch aus einem anderen Grund: Die russische Kirchenmusik wird vom mitteleuropäischen Hörer sowohl als genuin orthodox als auch mit dem abendländischen Kulturkreis als eng verwandt betrachtet: er hört in ihr Fremdes und Vertrau-

---

*) Aus dem Vorwort zur Schallplatte "Doxologia", Niederaltaich 1978

tes zugleich; das für ihn Neuartige - die ost-christliche Religiosität - tritt ihm nicht in der Gestalt des Unbegreiflichen oder gar Unannehmbaren entgegen. Im Gegenteil: die Synthese von orthodoxer Geistigkeit und westlicher Klangwelt hat der russischen Kirchenmusik in hohem Maße den Charakter des Attraktiven, ja des religiös Faszinosen verliehen, dem sich der westliche Hörer gern öffnet.

Das gleiche, wenn auch in der Reihenfolge mit stärkeren Abstrichen, gilt von der serbischen, bulgarischen und rumänischen Kirchenmusik.

Weitaus schwieriger haben es da die alten orthodoxen Musikkulturen: die griechische, syrische und ägyptische (koptische). Sie werden vom westeuropäischen Hörer heute als so fremd empfunden, daß sie als musikalischer Brückenschlag zum östlichen Christentum kaum noch in Frage kommen. Lediglich die griechische Tradition hat - auf dem Umweg über die byzantino-bulgarische und italo-byzantinische Tradition - hier und da auch orthodoxe Kirchenmusiker aus dem Westen angeregt, liturgische Gesänge auf der Basis der byzantinischen Musik einzurichten.

Doch dürfte diesen Versuchen, so ernsthafter Natur sie auch sind, auf die Dauer kein bleibender Erfolg beschieden sein, da die byzantinische Musik - und erst recht in ihrer originalen griechischen Intonation von den meisten Menschen hierzulande als zu fremdartig empfunden wird.

Die Entwicklung im deutschen Sprachbereich verlief (und verläuft) parallel zu ähnlichen Prozessen in vergangenen Jahrhunderten. Die erste Stufe war die der Adaption: deutsche Texte wurden russischen Gesangsmodellen unterlegt. Naturgemäß hatten hier unsymmetrisch-freirhythmische Gebilde den Vorrang: Ekphonetik und Psalmodie. Da die russische Sprache (wie übrigens schon die byzantino-griechische!) nicht wie die antiken Sprachen Latein und Altgriechisch quantitierend (nach Silbenlängen und -kürzen unterscheidend), sondern wie die deutsche akzentuierend (nach Silbenhebungen und -senkungen unterscheidend) ist, gelang dieser Prozeß mühelos. Die Stufe einer "deutschen Russianik", parallel etwa zur "deutschen Gregorianik" konnte vermieden werden.

Ausgangspunkt war die Ekphonetik, die feierliche Lesung von Prophetie, Apostel, Evangelium und Gebet. Die russische, oft auch die italo-byzantinische Lektionsweise konnte mit Leichtigkeit übernommen werden. Lediglich die Kiewer Diakonsweise, d.h. die Art, in aufsteigender Linie von einem möglichst tiefen bis zu einem möglichst hohen Ton zu lesen, konnte sich im deutschen Sprachbereich nicht durchsetzen (vgl. auch hierfür die Platte "Byzantinische Osterliturgie", Apostel - und Evangelienlektion).

Der Ekphonetik folgte in der Adaption die Psalmodie. Da die seit dem späten XVII. Jahrhundert in der ganzen Russischen Kirche übliche Psalmengesangsweise Kiewer und gräko-russischer Herkunft ähnlich wie die gregorianische einen Zeilenaufbau zeigt, konnte sie sehr leicht für Psalmen - und die im byzantinischen Ritus dazugehörigen Hymnen - in deutscher Sprache verwendet werden.

Begünstigend kam außerdem hinzu, daß die russische Psalmodie gewöhnlich nicht auf zwei, sondern auf mehreren Zeilen aufgebaut ist und der Psalm bzw. Hymnentext nach Belieben in Kurzzeilen aufgeteilt werden kann. Hierdurch konnten die für die deutsche Sprache besonders ungünstigen langen Textzeilen vermieden werden. Schließlich kam der Verwendung von Kiewer und gräko-russischer Psalmodie für deutsche Psalm- und Hymnentexte entgegen, daß beide kein silbenzählendes und äqualistisches, sondern nur ein allein vom Satz- und Wortakzent her bestimmtes Skandieren der Texte kennen.

Da alle christliche Kirchenmusik "im Wort und nur im Wort" (Gardner) gründet, verstand es sich von selbst, daß auch in der Adaptionsphase orthodoxer Kirchenmusik an die deutsche Sprache das Wort vor der Musik den Vorrang hatte. Infolgedessen wandte man sich auch (in der 2. Hälfte des vorigen Jahrhunderts) zunächst der Ekphonetik und der Psalmodie zu, die in ihrem freien unsymmetrischen Rezitationsvortrag die geringsten Schwierigkeiten boten.

Doch wie sollte man mit melodisch entwickelten Hymnen verfahren? Vor allem wie mit neuzeitlichen Kompositionen, die aufgrund ihres seit dem XVIII. Jahrhundert immer mehr nach vorn drängenden Taktschemas kaum noch eine Eindeutschung zuließen, ohne der Musik Gewalt anzutun? Da, wie gesagt, der umgekehrte Weg einer genauen Musikübernahme bei gleichzeitig nur ungefährer oder von Stück zu Stück differierender Textübertragung von vornherein ausschied, mußte eine neue entsprechende Lösung gefunden werden.

Zur Adaption gelangten nun, als zweite Stufe der Entwicklung, Kompositionen, die einen quasi-psalmodischen Charakter hatten, d.h. Werke, in denen das Rezitativ eine größere Rolle spielt (vgl. hierzu Psalm 133 von M. Ippolitov-Ivanov auf der schon erwähnten Osterschallplatte); ferner melismatische Gesänge, die schon in ihrem Ursprungslande, als Mustermelodien für verschiedene Texte dienen (z.B. die russo-bulgarische Melodie des 3. Tones "Die Jungfrau gebiert heute", die auch zum Text des Cherubikons verwendet werden kann; vgl. wiederum die Osterschallplatte. Ebenso benützt der Abendmahlshymnus der vorliegenden Schallplatte einige charakteristische

Wendungen des 6. und des 8. Kirchentones, die auch in zahlreichen andren Stücken auftauchen.

Doch genügte dies auf die Dauer nicht. Gerade die im östlichen Christentum besonders betonte Einheit von Musik und Sprache verlangte mehr und mehr ein musikalisches Setzen vom deutschen Wort her. So kam es zur dritten Stufe der Entwicklung, für welche Igor Stravinskij mit seinen Umtextierungen das große Vorbild war. Nach wie vor sollte einerseits die Autorität eines orthodoxen Komponisten das orthodoxe religiöse Denken und Empfinden garantieren, sollte andererseits aber auch die Authentizität eines komponierten Werkes nicht durch Eingriffe von fremder Hand beeinträchtigt werden.

Die Lösung bestand darin, Komponisten zu bewegen, Neutextierungen ihrer Werke und die damit eventuell verbundenen musikalischen Änderungen selber vorzunehmen. Das Vorbild hierzu war, wie bereits erwähnt, Stravinskij, der seine eigenen, ursprünglich kirchenslawisch geschriebenen, geistlichen Werke lateinisch umtextierte, um sie auf diese Weise westlichen Chören zugänglich zu machen. Da der lateinische Text im Satz-, namentlich aber im Wortakzent nicht mit dem kirchenslawischen übereinstimmt, mußte der Komponist einige Änderungen in der musikalischen Faktur vornehmen. Für den Bereich der deutschen Sprache konnte hierzu der bekannte, in Deutschland lebende und inzwischen verstorbene russisch-orthodoxe Komponist und Musikwissenschaftler Ivan v. Gardner gewonnen werden, der in Zusammenarbeit mit seinem ehemaligen Schüler Irenäus Totzke einige seiner Werke deutsch umtextierte.

Die vierte Stufe schließlich war die Komposition von, auf und mit einem deutschen Text. Dies wiederum in zweierlei Gestalt: mit einem Choral-cantus-firmus und ohne einen solchen. Doch sei gleich angemerkt, daß die Komposition ohne c.f. in den orthodoxen Kirchen nicht ohne weiteres als Fortschritt oder als unbedingt erstrebenswert betrachtet wird. Vielmehr neigen die ernsthaften Komponisten alle dazu, die Gediegenheit einer Komposition an ihrer Ausrichtung am Choral zu prüfen. Diese Choralorientierung muß nicht in Form einer einfachen Choralharmonisierung erfolgen (obgleich wir auch hierfür sehr schöne Beispiele aus der alten und neuen Geschichte haben; vgl. dazu auch die beiden Alleluja-Sätze dieser Schallplatte). Als erstrebenswert gilt vielmehr gute kompositoriscbe Arbeit unter Einbeziehung aller zeitgenössischen Möglichkeiten (soweit diese in der Kirche vertretbar sind!) und unter einer wie immer gearteten Orientierung am Choral. Der Einwand, daß dieser selbst in unserem Fall nicht in der deutschen, sondern in der slawischen Sprache seinen Ursprung hat, kann durch den Hinweis auf zahlreiche Werke Schütz' und Bachs entkräftet werden, die ebenfalls an einem - und zwar aus der lateinischen Sprache gezeugten - Choral-c.f. orientiert sind, ohne daß ihnen deswegen nachgesagt werden könnte, sie seien gegen die deutsche Sprache geschrieben. In dem Maße, wie diese Großmeister deutscher Sprachbehandlung den lateinischen Choral in ihre deutschen Kompositionen einbauten und dabei nicht gegen, sondern gemäß deutschen Sprachgesetzen komponierten, soll auch - wenigstens ist dies das Ziel - der russische Choral in seinen vielfachen Ausformungen als Grundlage einer kommenden, d.h. im Kommen begriffenen, deutschen orthodoxen Kirchenmusik dienen.

ERRATA

S. XVIII, Z. 9:	eine eigene
S. XX, Z. 14:	zerteilte Er die Völker
S. 9, Z. 25:	mit innerer Aktivität
S. 42, Z. 3:	rannee
S. 46, Z. 7:	obščenarodnoe
S. 54, Z. 25:	ἦχοι
S. 58, Z. 13-15:	Gospodi, vozzvach k'Tebe, uslyši mja, uslyši mja, Gospodi.
S. 69, Z. 4:	XVII. Jahrhundert
S. 72, Z. 13:	službu
S. 93, Z. 21:	malo-znamennyj
S. 114, Z. 15:	milostj
S. 117, Z. 10:	triodj; Z. 11: pentikostarj
S. 140, Anm. 8, Z. 2:	Aussprache
S. 168, Anm. 11, Z. 1:	Zamečanija
S. 169, Anm. 13, Z. 2:	Smolensker
S. 174, Z. 6:	ἁγία
S. 175, Z. 22:	ἱεροῦ
S. 178, Z. 10:	παράκλησις
S. 180, Z. 8 und S. 182, Z. 6:	po-ju-ščy-ja Ti
S. 184, Anm. 20, Z. 8:	petj na do-lja-fa
S. 185, Anm. 21, Z. 1:	Akáthistos; Z. 3: der frühen christlichen Kirche
S. 186, Z. 6-7:	svjatyj (drei-mal); krepkij
S. 187, Z. 1:	krestistesja; Z. 2: oblekostesja; Z. 7: poklanjaemsja; Anm. 25, Z. 10: parallele Quinten
S. 188, Z. 1:	svjatoe; Z. 8: svjatii; venčavšesja; Z. 9: molitesja
S. 189, Z. 3:	veličajušče
S. 191, Z. 1:	Svete
S. 192, Z. 8-11:	Priidite poklonimsja Carevi našemu Bogu, priidite poklonimsja i pripadem Christu Carevi našemu Bogu, priidite poklonimsja i pripadem Samomu Christu, Carevi i Bogu našemu, priidite poklonimsja i pripadem Emu!
S. 196, Z. 3:	Gospodj
S. 198, Z. 15:	Voskresenija denj; Z. 16: bo k'žizni
S. 199, Z. 1:	i ot zemli k'nebesi; Z. 2: privede; Z. 12: usnuv
S. 201, Z. 1:	smertj; Z. 2: miru spasenię
S. 204, Anm. 41, Z. 16:	χαιρετισμοί; Z. 23: Die Schriftstelle (Hebr 12,23) bezieht sich auf das Schriftzitat am Ende des Artikels (S. 205, Z. 11)

BIBLIOGRAPHIE

Allgemeine Darstellungen, Sammelwerke

C. Floros, Das Buch der Hl. Gesänge der Ostkirche, Hamburg 1962

J. v. Gardner, Die Rolle der Musik im orthodoxen Gottesdienst, in: Kult und Kontemplation in Ost und West, Regensburg 1967, 86-109

Th. G. Georgiades, Sakral und Profan in der Musik, in: Kleine Schriften, Tutzing 1977, S. 97 - 106

L. Mokry (Hrsg.), Anfänge der Slavischen Musik (Slowakische Akademie der Wissenschaften. Institut für Musikwissenschaft. Symposia I), Bratislava 1966

I. Totzke, Musik der Ostkirche, in: Musica Sacra, Regensburg 1982/5, 324f

Ders., Sakral und profan in der Kirchenmusik, in: K. Chr. Felmy, G. Kretschmar, F. v. Lilienfeld, T. Rendtorff und Cl. J. Roepke (Hrsg.), Kirchen im Kontext unterschiedlicher Kulturen, Göttingen 1991, S. 863 - 868

Ders., Round Table "Byzantinische Elemente in der frühen slawischen Kirchenmusik", in: Bericht über den 9. Internationalen Musikwissenschaftlichen Kongreß Salzburg 1964, Band II, Kassel 1965, S. 167.

Ders., Die Musik der altorientalischen Kirchen, in: W. Nyssen / H. J. Schulz / P. Wiertz (Hrsg.), Handbuch der Ostkirchenkunde, Bd. II, Patmos-Verlag Düsseldorf 1989, S. 192 - 210

Ders., Die Musik der Orthodoxen Kirchen, in: W. Nyssen / H. J. Schulz / P. Wiertz (Hrsg.), Handbuch der Ostkirchenkunde, Bd. II, Patmos-Verlag Düsseldorf 1989, S. 211 - 235

E. Wellesz, Die Hymnen der Ostkirche (Basilienses de Musica Orationes, hrsg. von L. Schrade, 1. Heft), Basel 1962

Griechische Musik

Chr. Bentas, The Treatise on Music by John Laskaris, in: ECh II (1971) 21-27

C. Cavarnos, Byzantin Sacred Music, Belmont (USA)^{2} 1974

M. Ph. Dragoumis, The Survival of Byzantine Chant in the Monophon. Music of the Modern Greek Church, in: ECh I (1966) 9-36

E. Follieri, The "Living Heirmologion" in the Hymnographic Production of John Mauropus, in: ECh IV (1979) 54-75

Th. G. Georgiades, Bemerkungen zur Erforschung der byzantinischen Kirchenmusik, in: Kleine Schriften, Tutzing 1977, S. 193 - 214

Chr. Hannick, Les Lectures Grecs de l'Apostolos avec Notation Ekphonetique, in: ECh IV (1979) 76-80

M. Huglo, L'introduction en Occident des formules byzantines d'intonation, in: ECh III (1973) 81-90

G. Papadopoulos, Συμβολαὶ εἰς τὴυ ἱστορίαν τῆς παρ‘ ἡμῖν ἐκκλησιαστικῆς μουσικῆς, Athen 1890

Μουσικὸς Πανδέκτης, in acht Teilen, Athen 1934, 1936, 1937, 1938, 1955. Praktische Neumen-Ausgabe der griechischen Kirche

R. Palikarova-Verdeil, La musique byzantine chez les bulgares et les russes (du IXe au XIVe siècle), Kopenhagen 1953

Chr. Patrimelis, Protopsaltae, Lampadarii and Domestiki of the Great Church during the post-Byzantine Period, in: ECh III (1973) 141-170

I. D. Petresco, Études de Paléographie Musicale Byzantine, Bukarest 1967

J. Raasted, Some Reflections on Byzantine Musical Style, in: ECh I (1966) 57-66

J. B. Rebours, Traité de psaltique, Paris 1906 (Lehrbuch der aktuellen Notation und Formen des griechischen Kirchengesanges)

E. J. Revell, Hebrew Accents and Greek Ekphonetic Neumes, in: ECh IV (1979) 140-170

L. Richter, "Psellus" Treatise of Music in Mizlers "Bibliothek", in: ECh II (1971) 112-128

O. Tiby, La musica bizantina. Teoria e storia, Milano 1938

E. Wellesz, Aufgaben und Probleme auf dem Gebiet der byzantinischen und orientalischen Kirchenmusik, Münster 1923

Ders., Byzantinische Musik, Breslau 1927

Ders., A history of byzantine music and hymnography, Oxford² 1961

E. V. Williams, The Treatment of Text in the Kalophonic Chant of Psalm 2, in: ECh II (1971) 173-194

Ders., The Kalophonic Tradition and Chants for the Polyeleos, in: ECh IV (1979) 228-241

Bulgarische Musik

A. Arnaudov, Die Byzantinische Kirchenmusik in Bulgarien, in: Staatsbibliothek Preußischer Kulturbesitz, Veröffentlichung der Osteuropa-Abteilung Bd. 3, 189-209 (mit ausführlichen weiteren Literatur-Angaben), Berlin 1984

L. Braschowanowa, Die mittelalterliche bulgarische Musik und Joan Kukuzel, Wien - Köln - Graz 1984

P. Dinev, Cerkovno-pevčeski sbornik, I: Krat'k osmoglasnik i božestvena liturgija, Sofia 1947. (Praktische Noten-Ausgabe des aktuellen kanonischen Gesanges, mit einem Vorwort über die Tonarten und Formen.)

St. Lazarov, The Synodikon of Tsar Boris and the Problem of Byzantine-Bulgarian Music Relations, in: ECh II (1971) 69-85

Ders., A Few Pages from the History of Bulgarian Music, in: ECh III (1973) 98-111

S. Kujumdžieva, Dynamics between written and oral Church-Music, in: Cantus Planus 1990, S. 283-292

P. Sarafov, Rukovodstvo za prakticeskoto i teoretičeskoto izučavane na vostočnota crkovna muzika, Sofia 1912 (Lehrbuch des Kirchengesangs)

Kr. Stančev - E. Tončeva, B'lgarskite pesnopenija v vizantijskite akolutii, in: Muzikoznanie, Sofia 1978, 39-70

Verschiedene Artikel über die Geschichte des bulgarischen Kirchengesanges in der Zeitschrift "C'rkoven Vestnik" (Sofia), Nr. 4, 7, 21 , 22, 23, 25, 27, 28, 31

Serbische Musik

N. Baracki, Notni sbornik, Novi Sad 1926 (Praktische Noten-Ausgabe des aktuellen Gesanges der serbischen Kirche, einstimmig)

G. Boljarić - N. Tajšanović, Srpsko pravoslavno pjenije po karlovačkom starom načinu, Sarajevo, Heft II, 1887; Heft IV, 1889; Band II, 1891 (mit historischer Übersicht; praktische Noten-Ausgabe)

Br. Cvejić, Karlovačko pojanje-srbljak, Belgrad 1970 (Vorwort D. Stefanović)

Ders., Karlovačko pojanje triod, Belgrad 1973 (Vorwort D. Stefanović)

A. Jakovljević, Bibliografija srpskog crkvenog narodnog pojanja (Bibliographie des serbischen Kirchengesangs), in: Pravoslavna misao (Belgrad 1963), Nr. 1-2

J. Milojković-Djurić, A Papadike from Skople, in: ECh I (1966) 50-56

St. Mokranjac, Pravoslavno srpsko narodno crkveno pojanje, Belgrad 1935 (Praktische Noten-Ausgabe, einstimmig, mit einem Vorwort von K. Manojlović)

Ders., Srpsko narodno crkveno pojanje, Bd. I, Osmoglasnik, Belgrad 1964 (Photomechanische Reproduktion der Ausgabe von 1922. Praktische Noten-Ausgabe, mit einem Vorwort von St. Mokranjac)

D. Petrović, Osmoglasnik u muzičkoj tradiciji južnih slovena, Bd. 1 und 2, Belgrad 1982

Ders., Hymns in Musical Mss. and Modern Editions in Honour of Serbian Saints, in: ECh IV (1979) 134-139

Srpska Akademija Nauka i Umetnosti, Srpska Muzika kroz vekove (La Musique Serbe à travers les siècles), zweisprachiges Werk, das die Geschichte der geistlichen u. weltlichen serbischen Musik behandelt, Belgrad 1973

D. Stefanović, Stara Srpska Muzika (Photokopien serbischer Musikdokumente des XV. Jahrhunderts), Belgrad 1974

Ders., Stara Srpska Muzika (mit englischem Resümee), Belgrad 1975

D. Stefanović - M. Velimirović, Petros Lampadarios and Metropolitan Seraphim of Bosnia, in: ECh I (1966) 67-88

Russische Musik

V. Beljaev, Early Russian Polyphony, in: Studia memoriae B. Bartok sacra, Budapest 1957, 307-326

Ders., Drevne-russkaja muzykalnaja pismennost, Moskau 1962

Cerkovno-pevčeskij sbornik, St. Petersburg 1903-1908, Reprint Jordanville 1970 - 1971 (Part.) Bd. 1 - 5 (es fehlt noch Bd. 6) für alle Gottesdienste des Kirchenjahres

C. Floros, Die Entzifferung der Kondakarien-Notation, in: Musik des Ostens 3 und 4, Kassel-Basel 1965-1967

I. v. Gardner, Ukazatel russkoj i inostrannoj literatury po voprosam russkogo cerkovnogo penija, München 1958

Ders., Komu prinadležit melodija "Dostojno rospeva Carja Feodora"?, in: Nasledie, Southbury (Conn.) 1964

Ders., A. F. Lvov, Jordanville 1970

Ders., Bogoslužebnoje penie russkoj pravoslavnoj cerkvi, 2 Bde., Jordanville 1978-1982

Ders., Stilistische Richtungen im russischen liturgischen Chorgesang, in: OstkSt (1962), Heft 2/3

Ders., Das Problem des altrussischen demestischen Kirchengesanges und seiner linienlosen Notation, München 1967

Ders., System und Wesen des russischen Kirchengesanges, Wiesbaden 1976

Ders., Gesang der russisch-orthodoxen Kirche, 2 Bde., Wiesbaden 1983-1987

Ders., Diskographie des russischen Kirchengesanges, in: OstkSt 1. Folge: 9 (1960), Heft 4; 2. Folge: 10 (1961), Heft 2/3; 3. Folge: 12 (1963), Heft 1; 4. Folge: 13 (1964), Heft 4; 5. Folge: 15 (1966), Heft 2/3; 6. Folge: 17 (1968), Heft 2/3; 7. Folge: 18 (1969), Heft 1; 8. Folge: 19 (1970), Heft 2/3

J. von Gardner - E. Koschmieder, Ein handschriftliches Lehrbuch der altrussischen Neumenschrift, Band 1: Text, München 1963; Band II: Kommentar zum Zeichensystem, München 1966; Band III: Kommentar zum Tropensystem, München 1972

J. Gołos, Ms. Sources of Eastern Chant before 1700 in Polish Libraries, in: ECh 111 (1973) 74-80

Chr. Hannick, Sprache, Literatur und Geschichte der Altgläubigen, in: Heidelberger Slawische Forschungen, Akten des Heidelberger Symposions, Heidelberg 1989

I. Ivanova, Westliche Musiktraditionen und russische Kirchenmusik, in: Tausend Jahre zwischen Wolga und Rhein, Zürich 188, S. 374 - 382 (wegen mangelhafter Übersetzung aus dem Russischen fast wertlos)

A. Kastalskij, Osobennosti narodno-russkoj muzykalnoj sistemy, Moskau 1923

E. Koschmieder, Die ältesten Novgoroder Hirmologien-Fragmente, München I (1952), II (1955), III (1958)

P. Macenko, Narisi do istorii ukrainskoj cerkovnoj musiki, Roblin-Winnipeg 1968

V. M. Metallov, Očerk istorii pravoslavnago cerkovnago penija v Rossii (Umriß der Geschichte des orthodoxen Kirchengesanges in Rußland), Moskau[3] 1900 (auch spätere Auflagen), jetzt in manchen Teilen etwas veraltet, gutes Literaturverzeichnis

Ders., Bogoslužebnoje penie russkoj cerkvi v period domongolskij, Moskau 1912

Notnyj sbornik pravoslavnogo russkogo cerkovnogo penija, I: Liturgija, London 1962, College of the Faith, St. Stephen's Church, Walbrook, London E.C.4 (Partitur für verschiedene Chortypen, enthält Gesänge verschiedenster Komponisten, vorwiegend der Petersburger Schule, teilweise von den Redakteuren nach ihrem eigenen Geschmack stark geändert, insofern ohne dokumentarischen Wert); II: Vsenoščnaja, Častj pervaja, London 1975 (stilistisch bessere Auswahl ohne verfälschende Eingriffe von Seiten der Redaktoren)

Obichod notnago penija, I: Vsenoščnoje bdenie, II: Božestvennaja liturgija, Moskau 1909, reediert von Benediktinern in Cureglia (Schweiz) und Chevetogne (Belgien) 1966 (Liturgisches Kantional, einstimmig, in Fünflinien-Quadratnotation, enthält die Ordinarien der Vesper, Matutin und der Heiligen Liturgie sowie einige Sonntags-Proprien. Erste Ausgabe: Moskau 1772)

O. von Riesemann, Die Notationen des altrussischen Kirchengesanges, Leipzig 1909

A. Rudnickij, Ukrainska muzika, München 1963 (Kirchengesang: 43-70)

St. Sava, Die Gesänge des altrussischen Oktoechos, Bd. 1-2, München 1984

St. Smolenskij, Paläographischer Atlas der altrussischen linienlosen Gesangsnotationen (Kommentar I. v. Gardner), München 1976

Sputnik Psalomščika (Handbuch des Psalmensängers), St. Petersburg 1916, reediert von Holy Trinity Orthodox Monastery, Jordanville, N.Y. (USA), 1959 (eine Sammlung der wichtigsten kanonischen Melodien, in Fünflinien-Quadratnotation, Exzerpt aus den Synodalen liturgischen Noten-Büchern, die seit 1772 bis 1913 mehrmals ediert wurden und den aktuellen cantus receptus der russischen Kirche enthalten; einstimmig)

A. Tcherepnin, Russische Musik-Anthologie, Bonn - Frankfurt 1966 (Kirchengesang V-XI u. 1-13 sowie (mehrstimmig) 59-69)

I. Totzke, zahlreiche Schallplatten (mit wissenschaftlichem Kommentar) bei den Verlagen Tabor (Gaildorf) und Psallite (Bohnhorst), alle in deutscher Sprache

Ders., Liturgie und Vesper (Partitur), Würzburg 1975

Ders., Osterliturgie (Partitur), Gersau (Schweiz) 1980

Ders., Russische Kirchenmusik in Deutschland: Una Sancta 36 (1981) 112f

Ders., Über einige deutsche ostkirchliche Gesänge, in: E. Chr. Suttner, Das Evangelium in Farbe, Regensburg 1982, 149 u.a.

Ders., Ostermatutin (Partitur), Gersau (Schweiz) 1985

Ders., Die Russische Kirchenmusik außerhalb Rußlands, in: Jahrbuch Kirche im Osten 27 (Göttingen 1984) 36-56

Ders., Die Tradition der byzantinischen Musik im orthodoxen Norden, in: Acta Byzantina Fennica 1,Volume I 1985, Helsinki 1985, S. 135 - 143

Ders., Die frühen Erneuerungsbestrebungen in der russischen Kirchenmusik des XIX. Jahrhunderts, in: Una Sancta 42 (1987) S. 308-315, ebenso in: Tausend Jahre zwischen Wolga und Rhein, Zürich 1988, S. 367-373

Ders., Die Rückwirkungen der im XVII. Jahrhundert in die russische Kirchenmusik eingeführten westlichen Mehrstimmigkeit, in: Tausend Jahre Christentum in Rußland, Göttingen 1988, S. 1013-1021

Ders., Verbindende Klangfülle (Originaltitel: Venedig - Kiew: eine vergessene musikalische Verbindungslinie), in: Stimme der Orthodoxie 1988/12, S. 38,39,46

Ders., Evropejskoje značenie partesnogo penija, in: Akten der 3. Internationalen Wissenschaftlichen Konferenz der ROK aus Anlaß des Millenniums 1989

Ders., Die Bedeutung des Patriarchen Nikon für die Kirchenmusik, in: Patriarch Jeremias II., Reihe OIKONOMIA, Bd. 27, Erlangen 1991, S. 345-354

Ders., Der Altargesang in der Russisch-Orthodoxen Kirche, in: Kirche im Osten, Bd. 34, Göttingen 1991, S. 70-91

N. Uspenskij, Drevne-russkoje pevčeskoje iskusstvo, Moskau 1965[2] 1971

Ders., Obrazcy drevne-russkogo pevčeskogo iskusstva, Leningrad 1968

Ders., Russkij chorovoj koncert, Leningrad 1976

M. M. Velimirovič, Byzantine Elements in early slavic chant, 2 Bände, Kopenhagen 1960

Rumänische Musik

G. Cucu, Cîntarile sf. Liturghii (Partitur), Bukarest 1970

Institut biblic şi de misiune ortodoxa, Iubi-te-voi, Doamne (Partitur), Bukarest ca. 1965

Dass., Cîntarile sf. Liturghii şi podobiile celor opt glasuri (kanonische Gesänge zur Liturgie sowie die Prosomia der 8 Kirchentöne, doppelsystemig), Bukarest 1969

N. Lungu, Liturghia Psaltica (Partitur), Bukarest 1957

G. Panţiru, Une nouvelle interprétation de la notation ecphonétique d'un ms. à Iaşi, in: ECh III (1973) 124-140

A. Šumski, Theoretikon der rumänischen Psaltikie, Gersau (Schweiz) 1982

Ders., Studien zur Rumänischen Kirchenmusik um 1900, Gersau (Schweiz) 1986

Utrenierul (kanonische Gesänge zur Matutin), Bukarest 1954, beide Bände doppelsystemig mit Neumen und Noten

Vecernierul (kanonische Gesänge zur Vesper), Bukarest 1953

Äthiopische Musik

H. Helfritz, Kunst im Verborgenen, o.O. o.J., 118-133

J. Herrscher-Clément, Chants d'Abyssinie: ZfvglMwiss II, 2 - 3, S. 51 ff

H. Hickmann, Äthiopische Musik, in: MGG I, S. 107 f

G. Reese, Music in the Middle-Ages, London 1941

C. Sachs, The Rise of Music in the Ancient World, East and West, New York 1943, S. 86 f u. 97 f

B. Velat, Äthiopische Kirchenmusik, in: LThK[2], Bd. 1, S. 1006 f

E. Wellesz, Studien zur äthiopischen Kirchenmusik, Leipzig 1920

Armenische Musik

P. Aubry, Le rhythme tonique dans la poésie liturgique et dans le chant des églises chrétiennes au Moyen Age, Paris 1903

Congregazione Mechitarista, Canti Corali Armeni, Venezia 1977

L. Dayan, Armenische Kirchenmusik, in: LThK[2], Bd. 1, 873 f

Divine Liturgy of the Armenian Church (armenisch-englische Ausgabe der Liturgie mit Noten), Diocese of the Armenian Church of America, o.O. 1982[5]

A. Ertlbauer, Armenische Kirchenmusik, Wien 1985

A. Gastoué, La musique byzantine et le chant des églises d'Orient, Encyclopédie musicale Larousse. 554 ff

H. Hickmann, Armenische Musik, in: MGG I, 654 f

A. Hissarlean, Histoire de la notation arménienne, und: Biographie des chanteurs arméniens 1768 - 1909, Konstantinopel 1914

E. Mäcler, La musique en Arménie, o.O. 1917

C. Sachs, The Rise of Music (s. o.) 87 und 96

N. Taschadjian, Manuel de la notation musicale d'église, Wagharschapat 1874

Koptische Musik

L. Badet, Chants liturgiques coptes, Kairo 1899

J. Blin, Chants liturgiques coptes, Kairo 1888

I. Borsai, Deux chants characteristiques de la Semaine Sainte Copte, in: ECh IV (1979) 5-27

A. Hemsi, La musique orientale en Egypte, Alexandria 1930

H. Hickmann, Sur les survivances de la chironomie égyptienne dans le chant liturgique copte, Kairo 1949

Ders., Quelques observations sur la musique liturgique copte, in: Atti del Congresso internazionale di Musica Sacra, Tournai 1953

Ders., Musicologie pharaonique, Kehl 1956

D. Jourdan-Hemmendinger, Nouveaux fragments musicaux sur papyrus, in: ECh IV (1979) 81-111

Labib l'Aqub Salib, Origine e proprietà della musica nella Chiesa Copta: Studia Orientalia Christiana, Collectanea 4 (1959) 185-211

R. Ménard, La musique copte: problème insoluble? in: CahCoptes I (1952)

Ders., Note sur les musiques arabes et coptes, in: CahCoptes II (1952)

Ders., Notation et transcription de la musique copte, in: CahCoptes III (1953)

Ders., Une étape de l'art musical égyptien: la musique copte, in: RMI 36 (1954)

Ders., Koptische Musik, in: MGG VII, 1961 ff

E. Newlandsmith, The Ancient Music of the Coptic Church, Oxford 1931

Riemanns Musiklexikon, Sachteil, 495 ("Koptische Musik")

B. Stäblein, Frühchristliche Musik, in: MGG IV, 1036-1064

Syrische Musik (Ost und West)

H. Husmann, The Practise of Organum Singing in the Christian Syrian Churches of the Near and Middle Orient, in: Aspects of Medieval and Renaissance Music, Festschrift G. Reese, New York 1964

Ders., Syrische Kirchenmusik, in: MGG XIII, 1 ff

A. Z. Idelsohn, Der Kirchengesang der Jakobiten: AMwiss 4 (1922) 364ff

Jeannin / Puyade / Chibas-Lasalle, Mélodies liturgiques syriennes et chaldéennes, Band I: Paris 1925, Band II: Beirut 1928

Riemanns Musiklexikon, Sachteil, 929 ("Syrischer Kirchengesang")

Vadakel-Aurelius, Liturgical melodies of the Chaldean Syrian Rite, Alwaye (Indien) 1954

E. Wellesz, Aufgaben und Probleme der byzantinischen und orientalischen Kirchenmusik, Münster 1923

ABKÜRZUNGEN

ACV	Allgemeiner Cäcilien-Verband
AMwiss	Archiv für Musikwissenschaft
c.f.	cantus firmus
ECh	Eastern Chant
LThK	Lexikon für Theologie und Kirche
MGG	Musik in Geschichte und Gegenwart
OstkSt	Ostkirchliche Studien
PPrBEncSl	Polnyj Pravoslavnyj Bogoslovskij Enciklopedičeskij Slovarj
PWM	Polskie Wydawnictwo Muzyczne
RGG	Religion in Geschichte und Gegenwart
RMI	Rivista musicale italiana
ROK	Russische Orthodoxe Kirche
ZfvglMwiss	Zeitschrift für vergleichende Musikwissenschaft

NAMENSREGISTER

Das Namensregister enthält nur die im Text erwähnten Komponisten und Musikhistoriker.